"十二五"国家重点出版物出版规划项目

汉语言专业本科系列教材·综合类

# BASIC CHINESE: COMPREHENSIVE COURSE (II)

# 基础汉语综合教程

下

本册主编：全 军
编 者：全 军 徐京梅 柯润兰 李靖华
翻 译：何 洁

ERYA CHINESE
尔雅中文

北京语言大学出版社
BEIJING LANGUAGE AND CULTURE UNIVERSITY PRESS

**图书在版编目（CIP）数据**

基础汉语综合教程．下 / 全军主编．—北京：北京语言大学出版社，2013.11（2025.3 重印）
（尔雅中文）
ISBN 978-7-5619-3702-0

Ⅰ．①基… Ⅱ．①全… Ⅲ．①汉语—对外汉语教学—教材 Ⅳ．①H195.4

中国版本图书馆 CIP 数据核字（2013）第 273887 号

"十二五"国家重点出版物出版规划项目

书　　名：尔雅中文　基础汉语综合教程（下）
ERYA ZHONGWEN JICHU HANYU ZONGHE JIAOCHENG (XIA)
责任印制：邝　天

出版发行：北京语言大学出版社
社　　址：北京市海淀区学院路 15 号　　**邮政编码：**100083
网　　址：www.blcup.com
电　　话：发行部　010-82303650 / 3591 / 3648
编辑部　010-82303647 / 3592 / 3395
读者服务部　010-82303653 / 3908
网上订购　010-82303653　service@blcup.com
印　　刷：北京富资园科技发展有限公司
经　　销：全国新华书店

版　　次：2014 年 1 月第 1 版　　2025 年 3 月第 2 次印刷
开　　本：889 毫米 × 1194 毫米　1/16
印　　张：课本 19.75　练习活页 12.625
字　　数：540 千字
书　　号：ISBN 978-7-5619-3702-0 / H · 13291
定　　价：98.00 元

PRINTED IN CHINA

# 总　序

《尔雅中文——汉语言专业本科系列教材》（以下简称《尔雅中文》）是面向以汉语作为第二语言的学习者的汉语言专业本科学历教育教材，是继上世纪 90 年代至本世纪初出版的《对外汉语本科系列教材》之后推出的新一代大型系列教材。

近年来，国际职场对复合型汉语人才的需求猛增，对专业建设、教学改革、课程建设以及教材编写都提出了新的要求。我们顺应这一发展趋势，将汉语言专业的人才培养目标由以往单纯强调语言技能的“汉语专门型人才”调整为目前的具备“语言 + 专业”复合能力的“汉语通用型人才”，在汉语言专业陆续增设一些新的方向，凸显出汉语言专业课程体系的时代特色。但是，我们充分认识到，对于汉语言专业的学生而言，核心问题仍是如何更有利于自身语言能力的提高，特别是语言交际能力、认知能力、跨文化交流能力等综合性、复合型能力的提升。因此，虽在语言技能、语言知识课程外增设了较为系统的历史文化、国情社会、经济商务等方向课程，但是，这些课程不是仅用来灌输知识的，而是为更好地扩展语言能力而服务，以语言能力培养为核心的理念并未改变。

《尔雅中文》教材体系与专业课程体系紧密相连，包含了横向和纵向两个序列：横向上，在不断完善语言技能、语言知识、文化系列教材的基础上，增设了较为系统的商务、翻译、教学等专业方向的专业语言技能和专业知识教材；纵向上，建立起更为缜密的综合课与听、说、读、写、译各分技能课的一至四年级的梯度等级，平衡了一般技能课跟各序列的专业技能课、知识课的比例。横向与纵向协调发展，形成了汉语言专业本科大型教材的网状系统，最大程度地体现出专业教学的系统性、关联性、层级性和针对性，也为以汉语言专业为依托、面向汉语作为第二语言学习者的本科专业群的建设奠定了坚实的基础。《尔雅中文》教材相对应的课程序列与梯度等级如图所示：

## 课程序列与梯度等级示意图

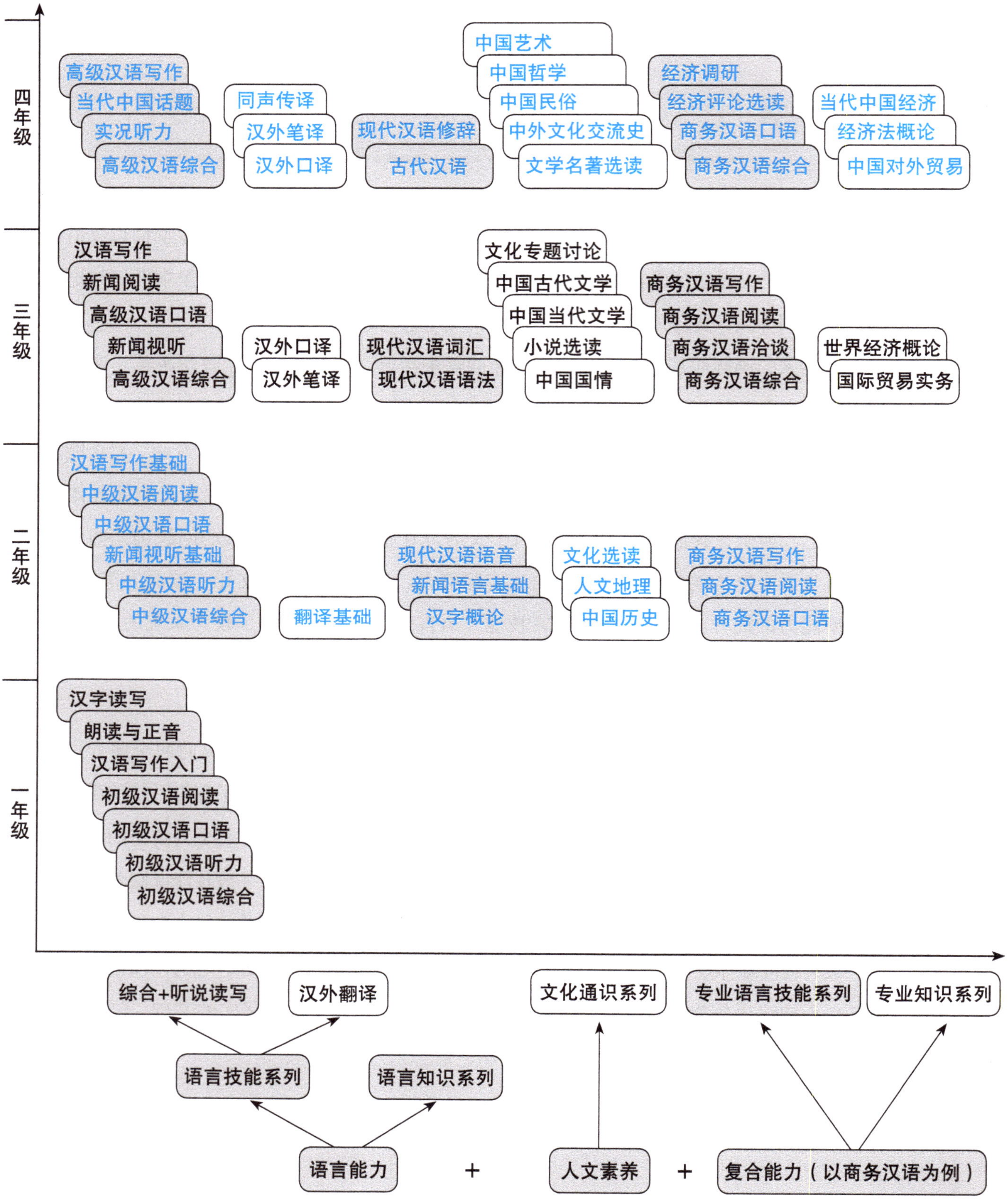

《尔雅中文》系列教材在继承上一代《对外汉语本科系列教材》长处的同时，更加贴近现实社会需要和学习者的需求，也融入了近些年汉语言专业课程建设与教学改革的多方面成果，从而呈现出崭新的面貌，形成了自己的特点。概括起来有以下四点：

## 一、总体设计更具系统性和前瞻性，最大程度地反映出专业人才培养的新目标

语言技能、语言知识、文化知识、专业语言技能、专业知识五大板块既相互关联，又各自独立。语言技能课程贯穿始终，凸显以养成语言能力为主的专业发展理念；文化知识序列不断丰富，体现出对汉语国际教育本质的全面认识，自觉地将提升人文素质、培养全面发展的人作为汉语言专业本科教育的最终目标。专业技能和知识课程在中高级阶段逐步增加，循序渐进，实现由初级的"语言技能＋语言知识"基础能力向中高级的"语言＋专业"综合能力的自然过渡。同时，各专业方向的教材都具有自身特色，自成体系，体现了统一中的多样性，也体现了专业人才培养模式向厚基础、宽口径、复合型的转变。

## 二、语言技能序列的设计更具延展性，结构更加合理

作为面向汉语作为第二语言学习者的汉语言专业本科系列教材，由汉语综合技能与以"听、说、读、写"分立形成的各分技能训练无疑是其主干部分。这套教材的设计与编写，不仅填补了中高级阶段"听、说、读、写"分技能教材的诸多空白，而且增强"译"这一重要的技能，形成了"听、说、读、写、译"各自独立并相互关联的完整的分技能序列。与此同时，初、中、高各教学阶段逐层递进，且横向延伸，使得语言技能教材序列更加协调和完整。由于汉语综合课以及听、说、读、写、译各技能课都自成体系，具备面向初、中、高三个阶段、四个年级的多层级和覆盖面广的特点，因此，教材的使用范围、对象就不限于本科学历教育，而是对各种层次和需求的中文学习者都具有不同程度的适用性，可以各取所需。

## 三、强化以学习者为中心的教材编写意识，跨文化视角更加突出

编写者大都为多年从事汉语作为第二语言教学工作的资深教师，基本上都具有海外汉语教学的经历，对不同课型的教学原则和实践策略有着较为深入的了解和体会，对大量的同类汉语教材的编写理念以及教学法、跨文化交际理论等做过前期研究。从教师规划学习内容、层级、知识点，到编排教材中的练习及设计课堂活动，尽量从学生学习的视角和跨文化的视角去安排、镕裁，换言之，更加重视教材编排跟教学过程、习得过程与效果的关联程度，使语言及文化、商务的教材内容丰富而生动，以提高学生主动学习的兴趣以及课堂活动的参与度。

## 四、通过调查统计、大纲设计和试用试验等环节，使教材编写有章可循，科学实用

新一代汉语言专业本科系列教材的编写工作启动于2007年，首先对原有教材、国内外市场同类教材的使用情况进行调研。编写者均为相应课型的任课教师，且大多参与过上一代教材的编写工作，对任务轻重和努力方向都有较深的体会。同时，组织资深的教学研究专家以及语言、文化、商务、翻译等领域专家，与教材编写小组共同研讨，确立各部教材的基调，审阅推敲文稿，斟酌取舍。教

材编写过程较长，各位作者付出了大量心血，已编成的教材提交出版前大多试用过几个学期，对象涉及来自世界上80多个国家和地区的上千名留学生，每学期试用后，教师都会汇总情况，分析研究，做出适当的修订、更新。

大纲是教材编写的重要前提，并贯彻于整个编写过程。教材与大纲处于动态关系之中，大纲统摄教材，但并非一成不变，教材编写促使大纲趋于完善。本系列教材主要参照《高等学校外国留学生汉语言专业教学大纲》（2002）和《新汉语水平考试大纲（1–6级）》（2009、2010），同时参酌各类语言大纲、框架、标准、词表、调查报告等研究成果，其中的各个序列、各部教材都按照自身性质与类型，研制了便于操作的词汇、语法、功能及话题大纲，既自成一体，又相互照应。对此，各部教材都有自己的编写前言，会作更详细的说明。大纲编订与教材编写相辅相成，教材一面世，大纲也随即推出，如商务汉语方向的教材编写者同时研制出版了《经贸汉语本科教学词汇大纲》（2012），文化大纲的编订也与教材编写协调配合，这些使得教材编写的科学性和内在系统性得以保障。

根据不同的课程性质和专业方向，《尔雅中文》系列教材划分为四大序列：汉语言技能与知识；汉外翻译；文化通识；商务汉语。翻译往往被视为一种语言技能，原本可归入语言技能与知识序列，但鉴于翻译能力是一种复合能力，翻译类课程及教材在一至四年级自成一统，翻译综合课、口译课、笔译课等体系完备，且涉及多个国别，所以这里单列出来。

北京语言大学面向留学生开办汉语言专业的本科学历教育，始于上世纪70年代末，其成长过程历史地见证了中国改革开放以来汉语国际教育的发展。历经几代人的辛勤努力，2008年9月，汉语言专业被批准为国家级高等学校特色专业；2010年7月，汉语言专业教学团队被评为国家级教学团队。这套教材的大部分编著者均出自这一专业团队。汉语言专业的每一步改革与创新，都离不开北语几代对外汉语教育工作者的关心与鼓励，离不开学校领导及海内外专家的大力支持。这里要特别感谢北京语言大学出版社董事长戚德祥、总编辑张健和各位责任编辑，这套教材历经数年终于得以问世，跟他们的严谨态度、耐心督促和细致工作密不可分，而教材得以入选新闻出版总署“十二五”国家重点出版物出版规划项目，正是教材编写规划团队与编辑出版团队精诚合作的结果。

系列教材取名“尔雅”，众所周知，《尔雅》是中国古代汇集分类专门词语以供人学习的经典，这里取其字面义，“尔”通“迩”，“尔雅”指趋于雅正、得体。语言学习不可一蹴而就，而是一个不断接近目标语和目标文化的累积过程，或许正因如此，英人威妥玛（Thomas Francis Wade）将其所编的汉语口语和书面语教材命名为《语言自迩集》和《文件自迩集》。我们编写新一代汉语言专业本科系列教材，同样是希望学生通过系统的学习，逐渐接近目标语言与文化，获得较强的跨文化交流能力，最终不仅要达到较高的汉语水平，而且要更加深入地了解中国社会政治经济和历史文化。

是为总序。

郭　鹏

于北京语言大学

# 编写说明

## 一、适用范围

本教材为零起点教材，具体的适用对象为：准备学习汉语言专业本科但无 HSK 三级证书者，短期汉语进修（半年到一年）者，海外专修及选修汉语的学习者。本教材为基础汉语综合教材，分上下册，共 32 课，另配有练习活页、MP3 光盘以及相关教学资源。

## 二、总体结构

本教材从第 1 课到第 8 课为语音阶段，旨在使学生掌握汉语语音的基础知识。第 9 课以后为语法阶段，每 4 课配有一个复习，供教师对学生进行平时成绩考查或学生自评使用。本教材总体结构编排如下：

语音阶段（第 1 ～ 8 课），该阶段的特点是即讲即练，呈现语音新内容之后，立即进行相关练习。编者结合每课的语音新内容设计了短小的对话，在训练学生语音的同时，满足学生开口说话的要求。

语法阶段（第 9 ～ 32 课），其中第 9 ～ 16 课是语音巩固阶段，承上启下，仍配有多种语音练习，进行语音重点巩固训练，同时开始进入语法阶段的学习。第 9 ～ 32 课所设板块为：学习提示、课文、生词、注释、语法、情景交际、写作、语音、汉字、实践活动、文化点滴、学习后记。汉字知识切分成若干单元，贯穿全书（上下册）。从第 17 课开始，增加了由对话内容改写的叙述性文字，目的是为了进一步培养学生的语篇意识，增强其篇章理解和表达能力。语法阶段每 4 课有一个单元总结，为该单元内的注释和语法汇总。

## 三、编写原则

在教学内容的编写上本着“循序渐进，螺旋式提高，加强重现”的原则，由浅入深，由实到虚，以旧带新，不断重现，反复强化，加强记忆。以新 HSK 二级语法点为主线，以功能和场景为辅线来设计全书。严格遵循第二语言教材编写的通用性原则：针对性、实用性、系统性和趣味性。教材选取了反映社会时代特点和贴近学生生活的真实语言材料；课文场景的选取从解决学生基本生存需要入手，逐步扩大到校园内外的交际生活；课文语言选取日常生活中常用的规范口语，便于学生即学即用；语法安排上由实到虚，由易到难；语料的编排上符合青年的认知心理特点，富有启发和益智作用。注重幽默感的引入、文化内容的适度穿插和练习形式的图文并茂。

## 四、特色

1. 与从声韵母入手处理语音阶段的传统思路不同，本教材遵循汉语语音的最大特点，从声调入手，以声调带动声韵母和语音知识学习，即讲即练，在训练中强调音义结合，帮助学生建立声调意识。强调听说，强化训练口耳功能。考虑到初级阶段语音的重要性，本书除重点词、练习、注释、语法、情景交际、写作、实践活动之外的其他汉字下方均标注拼音。语音练习以不同方式贯穿全书。

2. 汉字学习分为三个阶段。第 1 课到第 4 课为第一阶段，不讲汉字知识，不要求学生书写汉字，只要求学生大致认读课文中的汉字。第 5 课到第 8 课为第二阶段，开始涉及汉字知识，要求学生按照所学知识书写简单汉字，课文中的汉字仍然只要求认读，不要求书写。第 9 课到第 32 课为第三阶段，汉字知识在该阶段贯穿始终，要求学生书写、记忆课文中出现的全部汉字。

3. 语法点严格按照新 HSK 二级大纲选取，每课语法点数量适中，难易穿插，层次分明。本书词汇 85% 以上为新 HSK 二级大纲词汇。

4. 课文语言极其贴近实际生活，使用频率高，时效性强。话轮衔接自然紧密，便于学生记忆和使用。强调在课文中穿插幽默语句，点滴渗透文化知识。

5. 练习体现先易后难、先短后长、先框架后活用的原则，在练习中注重学生语言生成能力的训练，注重设计交际性、实用性、可操作性强的题型。

## 五、教学安排及建议

本教材可在两到三个月内完成学习，之后过渡到《初级汉语综合教程》。教学安排建议如下：

1. 第 1 ～ 16 课，每课 2-4 课时。

2. 第 17 ～ 32 课，每课 4 课时。

3. 六次单元复习，每次可用 2 课时完成。

具体安排也可由教师根据教学进度灵活把握。

## 六、鸣谢

本教材为北京语言大学汉语学院本科系列教材项目的一部分。感谢汉语学院院长郭鹏教授，感谢赵菁老师、沈庶英老师，他们为本书的策划和组织付出了很多辛苦和努力，使得教材编写工作得以顺利进行。 同时也感谢陈田顺老师、倪明亮老师对本书的编写工作所给予的全面关注和大力支持。在此还要特别感谢崔永华先生对全书的修改提出了诸多宝贵意见，使得本教材得到了非常大的突破。

最后，要感谢北京语言大学出版社总编辑张健女士对本书的出版所给予的有力支持。

在编写本教材的过程中，尽管我们付出了很多的努力，但仍难免存在不足和疏漏。我们期待各位教材使用者和同行提出批评、建议，我们将视之为最大的鞭策和支持，并将针对您的意见深入思考和总结，以期对本教材进行不断的修改和完善。

编　者

2013 年 3 月

# A Guide to the Use of This Series

### 1. Scope of Application

This series is designed for total beginners. It is specifically targeted at the following people: those who plan to pursue an undergraduate program of Chinese but without the certificate of HSK Level 3; short-term (i.e., 0.5 ~ 1 year) Chinese program takers; and learners taking Chinese as a selective or major course in countries other than China. Being the elementary Chinese comprehensive teaching material, this series consists of altogether 32 lessons in two volumes, with the loose-leaf worksheets, MP3 disks and pertinent teaching resources in addition.

### 2. Overall Structure

Lesson 1 ~ Lesson 8 of this book aim at equipping students with the basics of Chinese phonetics. Starting from Lesson 9, it teaches grammar, with every four lessons followed by a review for teachers to evaluate students' progress or for students to make self-evaluations. Its overall structure is as follows:

#### The Stage of Pronunciation (Lesson 1 ~ Lesson 8)

The characteristic of this part is that the instructions are immediately followed by exercises, i.e., the pertinent exercises are carried out right after the presentation of phonetic knowledge. Combined with the phonetic knowledge presented in each lesson, short conversations are designed to meet students' needs to make oral communication while practicing their pronunciation.

#### The Stage of Grammar (Lesson 9 ~ Lesson 32)

Lesson 9 ~ Lesson 16 are at this stage designed to consolidate the phonetic knowledge students have learned. It follows the preceding part and is supplemented by a great variety of pronunciation drills to help students consolidate their learning at the stage of pronunciation and move on to that of grammar. Lesson 9 ~ Lesson 32 includes such units as the Learning Tips, Text, New Words, Note(s), Grammar, Communication, Writing, Pronunciation, Characters, Activity, Cultural Note, Summary, etc. Knowledge about Chinese characters is presented in several units of the books (Book 1 & Book 2). Starting from Lesson 17, narrations based on conversations are included to further develop students' discourse awareness and improve their discourse comprehension and expression skills. At this stage, every four lessons are followed by a unit review, in which the grammar notes and grammar rules of the units are summarized.

### 3. Compilation Ideas

In terms of its compilation ideas, this series follows the principle of being spirally progressive, with what is taught in it reappearing many times. Mainly based on the grammar points of the new HSK Level 2 and also on language functions and scenes of conversation in its design, this series strictly observes the general principles in the compilation of second language textbooks: pertinence, practicability, systematicness and interestingness. Authentic language data are selected to reflect the contemporary social characteristics and students' lives, with the scenes in it firstly selected to meet students' basic daily needs, and then gradually move on to daily communication inside and outside campus. The language materials of the texts are selected from frequently-used standard spoken Chinese in daily life, which facilitate students' learning and use. Grammar is arranged from real to virtual and from easy to difficult. The arrangement of language materials conforms to cognitive and psychological characteristics of young people, thus is inspiring and has educational functions. Importance is attached to using humorous language, with cultural tips and well-designed illustrations for the exercises provided.

### 4. Features

(1) In contrast to the traditional approach of teaching pronunciation starting from initials and finals, this textbook abides by the Chinese phonetic characteristics and teaches tones before initials, finals and knowledge about phonetics. Instructions are immediately followed by exercises, in which the combination of pronunciation and meaning is stressed to help students establish their sensitivity of tones. Listening and speaking skills are emphasized. The importance of phonetics at the elementary stage being considered, *pinyin* is provided under all the Chinese characters except the Key Words, Exercises, Note(s), Grammar, Communication, Writing and Activity. Pronunciation drills of various forms are supplied throughout the book.

(2) The learning of Chinese characters is divided into three stages. Lesson 1 ~ Lesson 4 are at the first stage. Neither are students taught the knowledge about Chinese characters, nor are they required to write characters. They are just required to have a general recognition of the characters in the texts. Lesson 5 ~ Lesson 8 are at the second stage. Students are taught the knowledge about Chinese characters and required to write simple characters. They are still just required to have a general recognition of the characters in the texts rather than writing them. Lesson 9 ~ Lesson 32 are at the third stage. Students are taught Chinese characters and required to write and memorize all the Chinese characters in the texts.

(3) The grammar points are selected strictly in accordance with the syllabus of the new HSK Level 2. The number of grammar points is well-proportioned, with the difficult ones combining with the easy ones in each lesson. More than 85% of new words in this series of books are of the new HSK Level 2.

(4) The language in the texts is quite practical, frequently-used and close to real life. One conversation is naturally connected to another, which facilitates students' memorization and use. Humorous language is used and cultural notes are provided.

(5) The exercises are designed by following the principles of "presenting the easy ones before the difficult ones, the short ones before the long ones, and the framed ones before the ones that students could do in creative ways". Importance is attached to developing students' language output and designing communicative, practical and easy exercises.

### 5. Teaching Arrangements and Suggestions

This set of teaching materials is suggested to be taught in 2 ~ 3 months and followed by *Elementary Chinese: Comprehensive Course*. The teaching arrangements are as follows:

(1) Lesson 1 ~ Lesson 16 are suggested to be taught with 2 ~ 4 class hours per lesson;

(2) Lesson 17 ~ Lesson 32 are suggested to be taught with 4 class hours per lesson;

(3) Each of the six unit reviews is suggested to be taught in two class hours.

Teachers can also make their own teaching schedules based on the specific needs of teaching.

### 6. Acknowledgements

This is one of the teaching materials for undergraduates developed by College of Chinese Studies of Beijing Language and Culture University. We'd like to extend our gratitude to the following people: Prof. Guo Peng, Dean of the College of Chinese Studies, Prof. Zhao Jing and Prof. Shen Shuying, for their hard work and efforts to plan and organize the compilation of the series. Our thanks also go to Prof. Chen Tianshun and Ni Mingliang for their concern and support. Our special thanks go to Prof. Cui Yonghua for his revisions, without which, it would be impossible for the series to make a breakthrough.

Last but not least, we appreciate Ms. Zhang Jian, the Editor-in-Chief of Beijing Language and Culture University Press, for her support for the publication of the series.

Although we made great efforts in the compilation process, the series is still not perfect. We will cooperate with the learners and teachers using it, heed their suggestions and advice with an open mind and make constant efforts for its further improvement.

The authors

March, 2013

# 人物介绍

# Introduction to the Main Characters

## 山口爱子

Shānkǒu Àizǐ

女，18 岁，日本留学生，在北京语言大学学习汉语，性格内向，喜欢听音乐。

Yamaguchi Aiko is an introverted 18-year-old girl from Japan who takes a Chinese program at Beijing Language and Culture University and likes listening to music.

## 金大成

Jīn Dàchéng

男，19 岁，韩国留学生，在北京语言大学学习汉语，喜欢踢足球、看篮球比赛，喜欢姚明，会一点儿太极拳。

Jin Daesung is a 19-year-old boy from the Republic of Korea who takes a Chinese program at Beijing Language and Culture University and has hobbies including playing football, watching basketball games and practicing *taiji*. He is a fan of Yao Ming.

## 金在元

Jīn Zàiyuán

男，20 岁，韩国留学生，在北京语言大学学习汉语，是金大成的朋友。

Jin Jae-won is a 20-year-old boy from the Republic of Korea who takes a Chinese program at Beijing Language and Culture University and is Jin Daesung's friend.

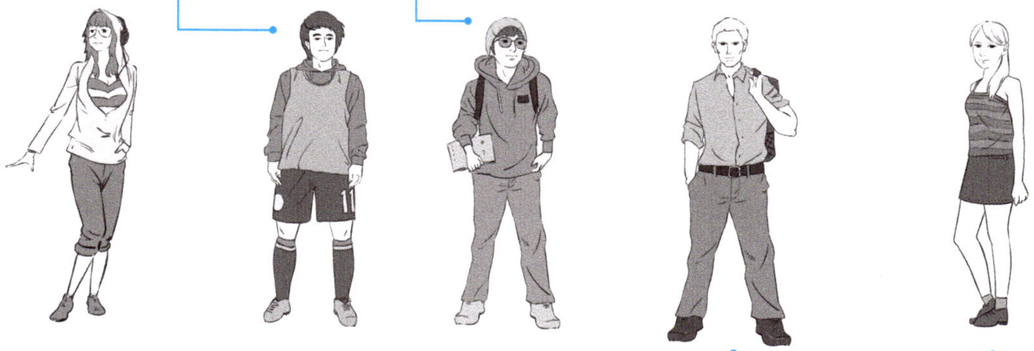

## 杰克

Jiékè

男，18 岁，美国留学生，在北京语言大学学习汉语，喜欢旅游、打篮球，想学太极拳。性格外向，住校外。他有一个弟弟，也要来中国留学。

Jack is an outgoing 18-year-old boy from the United States who takes a Chinese program at Beijing Language and Culture University and lives off-campus. He has hobbies including travelling, playing basketball and is interested in learning *taiji*. He has a younger brother who also wants to study in China.

## 安娜

Ānnà

女，18 岁，俄罗斯留学生，在北京语言大学学习汉语，性格外向。

Anna is an outgoing 18-year-old girl from Russia who takes a Chinese program at Beijing Language and Culture University.

## 伊凡

Yīfán

男，俄罗斯人，安娜的朋友，现在在俄罗斯。

Ivan is a Russian boy and now lives in Russia. He is Anna's friend.

## 丽莎

Lìshā

女，俄罗斯人，安娜的妹妹，现在在俄罗斯。

Lisa is a Russian girl. She is Anna's younger sister and now lives in Russia.

## 李明

Lǐ Míng

男，19 岁，中国学生，在北京语言大学学习。是杰克、爱子、金大成的中国朋友。

Li Ming is a 19-year-old Chinese student of Beijing Language and Culture University. He is Jack, Aiko and Jin Daesung's friend.

## 张小英

Zhāng Xiǎoyīng

女，18 岁，中国学生，在北京语言大学学习。

Zhang Xiaoying is an 18-year-old Chinese student of Beijing Language and Culture University.

## 王一中 老师

Wáng Yīzhōng lǎoshī

男，50 岁左右，教师，在北京语言大学工作，教汉语综合课，是杰克、爱子、金大成的老师。

Wang Yizhong is a teacher aged around 50. He teaches Comprehensive Chinese at Beijing Language and Culture University to Jack, Aiko, Jin Daesung and other students.

# 语法术语缩略形式对照表
# Abbreviations for Grammar Terms

| Abbreviation | Grammar Term in English | Grammar Term in Chinese | Grammar Term in *Pinyin* |
|---|---|---|---|
| A | Adjective | 形容词 | xíngróngcí |
| Adv | Adverb | 副词 | fùcí |
| AP | Adjective Phrase | 形容词短语 | xíngróngcí duǎnyǔ |
| Conj | Conjunction | 连词 | liáncí |
| Int | Interjection | 叹词 | tàncí |
| M | Measure Word | 量词 | liàngcí |
| MdPt | Modal Particle | 语气助词 | yǔqì zhùcí |
| N | Noun | 名词 | míngcí |
| NP | Noun Phrase | 名词短语 | míngcí duǎnyǔ |
| Num | Numeral | 数词 | shùcí |
| O | Object | 宾语 | bīnyǔ |
| OpV | Optative Verb | 能愿动词 | néngyuàn dòngcí |
| P | Predicate | 谓语 | wèiyǔ |
| Ph | Phrase | 短语 | duǎnyǔ |
| PN | Proper Noun | 专有名词 | zhuānyǒu míngcí |
| Pr | Pronoun | 代词 | dàicí |
| Pref | Prefix | 前缀 | qiánzhuì |
| Prep | Preposition | 介词 | jiècí |
| Pt | Particle | 助词 | zhùcí |
| S | Subject | 主语 | zhǔyǔ |
| StPt | Structural Particle | 结构助词 | jiégòu zhùcí |
| Suf | Suffix | 后缀 | hòuzhuì |
| V | Verb | 动词 | dòngcí |
| VO | Separable Verb/<br>Verb plus Object | 离合动词<br>动宾式动词 | líhé dòngcí<br>dòngbīnshì dòngcí |
| VP | Verb Phrase | 动词短语 | dòngcí duǎnyǔ |

# 目　录 Contents

# 17 食堂怎么样

## How Is the Cafeteria

## 学习提示 Learning Tips

| | |
|---|---|
| 重点词<br>Key Words | 怎么样　不错　常常　又……又……　太……了　以前<br>太　以后　味道　和 |
| 重点句<br>Key Sentences | 1. 学校　食堂　怎么样?<br>Xuéxiào shítáng zěnmeyàng?<br>2. 贵　不　贵?<br>Guì bu guì?<br>3. 不　贵，又　好吃　又　便宜。<br>Bú guì, yòu hǎochī yòu piányi.<br>4. 太　好　了!　中午　人　多　吗?<br>Tài hǎo le! Zhōngwǔ rén duō ma?<br>5. 十二　点　以前　人　不　太　多，十二　点　以后　人　很　多。<br>Shí'èr diǎn yǐqián rén bú tài duō, shí'èr diǎn yǐhòu rén hěn duō.<br>6. 今天　中午　我　和　杰克　一起　去　吃　意大利　面条。<br>Jīntiān zhōngwǔ wǒ hé Jiékè yìqǐ qù chī Yìdàlì miàntiáo. |
| 功能<br>Function | 评价　Evaluation |

## 热身活动 Warm-up

**想一想** Think about the following questions

1. 你常常去哪儿吃饭？ Where do you usually have your meals?

2. 你们学校的食堂好不好？ Is the cafeteria in your university good?

## 课文 Texts

17-01

### （一）

（下课 了，在 路上）
(Xiàkè le, zài lùshang)

杰克：学校 食堂 怎么样？
Jiékè: Xuéxiào shítáng zěnmeyàng?

爱子：不错，我 常常 去，菜 很 多。
Àizǐ: Búcuò, wǒ chángcháng qù, cài hěn duō.

杰克：贵 不 贵？
Jiékè: Guì bu guì?

爱子：不 贵，又 好吃 又 便宜[1]。
Àizǐ: Bú guì, yòu hǎochī yòu piányi.

杰克：太 好 了[2]！中午 人 多 吗？
Jiékè: Tài hǎo le! Zhōngwǔ rén duō ma?

爱子：十二 点 以前 人 不 太 多，十二 点 以后 人 很 多。
Àizǐ: Shí'èr diǎn yǐqián rén bú tài duō, shí'èr diǎn yǐhòu rén hěn duō.

杰克：食堂 有 什么？
Jiékè: Shítáng yǒu shénme?

爱子：有　米饭、　面条、　包子、饺子。
Àizǐ: Yǒu mǐfàn、miàntiáo、bāozi、jiǎozi.

杰克：有　意大利　面条　　吗？
Jiékè: Yǒu Yìdàlì miàntiáo ma?

爱子：有，　味道　很　好。　我们　一起去　吃　吧。
Àizǐ: Yǒu, wèidao hěn hǎo. Wǒmen yìqǐ qù chī ba.

## 练一练　Exercises

1. 听课文，说说你听到了什么　Listen to the text and talk about what you hear.

2. 跟老师读课文　Read the text after the teacher.

3. 两人一组，分角色读　Work in pairs to play the roles and read the text.

4. 先回答问题，再根据课文内容互相提问
Answer the following questions and then ask each other questions based on the text.

（1）哪个学生常常去食堂？
（2）食堂的菜怎么样？
（3）食堂中午几点人不多？
……

5. 两人一组，根据提示分角色表演
Work in pairs and play the roles based on the following hints.

**杰克**

……怎么样？
……不……？
太……了！……多吗？
……有什么？
……意大利面条……？

**爱子**

不错　常常　菜
又……又……
以前　以后
有……、……、……、……
味道　一起

（二）

（爱子说）

学校食堂很不错，我常去那儿吃饭。食堂的菜不贵，又好吃又便宜。中午

十二点以前人不太多，十二点以后人很多。食堂有米饭、面条、包子、饺子，还有意大利面条。今天中午我和[3]杰克一起去吃意大利面条。

## 练一练 Exercises

1. 朗读课文 Read the text aloud.

2. 复述课文 Retell the text.

学校食堂＿＿＿＿＿＿＿＿，我常＿＿＿＿＿＿＿＿。食堂的菜＿＿＿＿＿＿＿＿，又＿＿＿＿＿＿＿＿又＿＿＿＿＿＿＿＿。中午十二点以前＿＿＿＿＿＿＿＿，十二点以后＿＿＿＿＿＿＿＿。食堂有＿＿＿＿＿＿＿＿、＿＿＿＿＿＿＿＿、＿＿＿＿＿＿＿＿、＿＿＿＿＿＿＿＿，还有＿＿＿＿＿＿＿＿。今天中午＿＿＿＿＿＿＿＿。

## 生词 New Words

17-02

| 序号 No. | 词语 Word / Phrase | 拼音 *Pinyin* | 词性 Word Class | 英文释义 Meaning in English | 例子 Example(s) |
|---|---|---|---|---|---|
| 1 | 路上 | lùshang | N | on the road | 在路上 |
| 2 | 学校 | xuéxiào | N | school | 我们学校　学校很好 |
| 3 | 食堂 | shítáng | N | dining hall; canteen; cafeteria | 留学生食堂 |
| 4 | 怎么样 | zěnmeyàng | Pr | (*used to ask about nature, condition, manner, volition, etc.*) how | 故宫怎么样　蛋糕怎么样 |
| 5 | 不错 | búcuò | A | good; not bad | 很不错 |
| 6 | 常常 | chángcháng | Adv | often | 常常去　常常吃 |
|  | 常 | cháng | Adv | often | 不常去 |
| 7 | 菜 | cài | N | dish; cuisine | 一个菜　买菜　中国菜　日本菜 |
| 8 | 贵 | guì | A | expensive | 很贵　不贵　贵不贵 |
| 9 | 又……又…… | yòu……yòu…… | Adv | both...and... | 又大又红 |

| | | | | | |
|---|---|---|---|---|---|
| 10 | 好吃 | hǎochī | A | delicious; yummy | 很好吃 不好吃<br>好吃不好吃 |
| 11 | 便宜 | piányi | A | cheap; inexpensive | 很便宜 不便宜<br>便宜不便宜 |
| 12 | 太……了 | tài……le | | too; so | 太方便了 太高兴了 |
| | 太 | tài | Adv | too; excessively | 人太多 不太高兴 |
| 13 | 中午 | zhōngwǔ | N | noon | 今天中午 明天中午<br>中午休息 |
| 14 | 以前 | yǐqián | N | before; ago | 两点以前 1949 年以前<br>上课以前 |
| 15 | 以后 | yǐhòu | N | after; since | 十二点以后 1998 年以后<br>下课以后 |
| 16 | 米饭 | mǐfàn | N | cooked rice | 一碗 (wǎn, bowl) 米饭 |
| 17 | 面条 | miàntiáo | N | noodles | 一斤 (jīn, 1/2 kilo) 面条<br>一碗面条 |
| 18 | 包子 | bāozi | N | steamed stuffed bun | 一个包子<br>一盘 (pán, plate) 包子 |
| 19 | 饺子 | jiǎozi | N | dumpling | 一个饺子 一斤饺子 |
| 20 | 味道 | wèidao | N | taste; flavour | 味道很好 味道不错 |
| 21 | 吃 | chī | V | to eat | 吃米饭 吃菜 吃水果 |
| 22 | 和 | hé | Conj | and | 你和我 米饭和面条<br>学生和老师 |

## 专有名词 Proper Noun

| | | |
|---|---|---|
| 意大利 | Yìdàlì | Italy |

## 注释 Notes

[1] “又……又……” The structure “又……又……”

“又＋ A1+ 又＋ A2”，表示同时具有形容词 A1 和 A2 的性质、状况。形容词前一般不加“很”等程度副词。A1 和 A2 一般应同时是积极的或同时是消极的。

The structure “又 + A1 + 又 + A2” indicates the simultaneous existence of two properties/ states A1 and A2. The adverb “很” is usually not used before the adjectives. A1 and A2 should be both positive or both negative.

（1）食堂的菜又好吃又便宜。
（2）图书馆的书又多又好。

**注意：** （1）又  又 　（√）
**Note:**　又 便宜 又 好吃

又  又 　（√）
又 贵 又 不好吃

又  又 　（×）
又 贵 又 好吃

（2）图书馆的书又<u>很</u>多又<u>很</u>好。　（×）

### 练一练 Exercises

替换练习　Substitution drills.

<u>食堂的菜</u> 又 <u>便宜</u> 又 <u>好吃</u>。

| | | |
|---|---|---|
| 图书馆 | 大 | 好 |
| 那儿的东西 | 贵 | 不好 |
| 住校内 | 方便 | 便宜 |

### [2] “太……了”　The structure “太……了”

“太……了”，用在形容词或心理动词前，表示程度非常高。多用于口语，表达感叹的语气。

The structure “太……了” is used before an adjective or a mental verb to express an extremely high degree. It is used in oral Chinese to indicate exclamation.

（1）今天我太高兴了！
（2）住校外太不方便了！
（3）这儿的水果太贵了！

**多知道一点儿**

1. 校外的银行太远，我不去。　（√）
2. 你来这儿，我太高兴。　（×）

练一练　Exercises

用“太……了”改写句子　Rewrite the following sentences using“太……了”.

（1）银行很远。　→

（2）认识他我很高兴。　→

（3）那儿的咖啡很贵。　→

### [3] 连词“和”　The conjunction“和”

连词，连接并列的成分，并列成分多为代词、名词或名词性短语。连接三个或三个以上的成分时，“和”放在最后两个之间。

The conjunction “和” is used to connect parallel constituents, most of which are pronouns, nouns or nominal phrases. When connecting three or more constituents, “和” is placed between the last two of them.

（1）妈妈和我都喜欢吃饺子。

（2）他打算下午买水果和生日蛋糕。

（3）他有汉语书、英语书和日语书。

**注意：**“和”不能连接分句。

**Note:** “和” cannot be used to connect clauses.

（1）今天下午我三点去银行，和四点去买东西。　（×）
　　今天下午我三点去银行，四点去买东西。　（√）

（2）我喜欢（xǐhuan, to like）游泳和我周末常去游泳。　（×）
　　我喜欢游泳，我周末常去游泳。　（√）

练一练　Exercises

读一读　Read.

（1）今天中午我们打算去食堂吃饺子和面条。

（2）那个商店的牛奶和咖啡都很便宜。

（3）今年我打算学习汉语和日语。

（4）下午图书馆和银行的人都很多。

（5）杰克和我都住校外。

## 语法 Grammar

### 1 疑问代词“怎么样” The interrogative pronoun “怎么样”

疑问代词“怎么样”用来询问人或事物的状况，比如询问学习、生活、天气、身体等。

The interrogative pronoun “怎么样” is used to ask about the situation of somebody or something, such as study, life, weather and health, etc.

（1）A：饺子怎么样？
　　B：饺子很好吃。

（2）A：你的宿舍怎么样？
　　B：很大。

（3）A：你的老师怎么样？
　　B：很好。

#### 练一练 Exercises

替换练习　Substitution drills.

A：学校食堂怎么样？　　　B：不错。

| A | B |
|---|---|
| 蛋糕 | 很好吃 |
| 住校外 | 很不方便 |
| 你的宿舍 | 太小了 |

### 2 正反疑问句 Affirmative-negative questions

汉语中可以用“A不A”、“V不V”或“V不VO”等形式来提问，这种疑问句叫正反疑问句。

This is a question formed by putting the affirmative and negative forms of the predicate together, such as “A不A”, “V不V” and “V不VO”.

| 主语（S） | 谓语（P） | | 标点（Punctuation） |
|---|---|---|---|
| | A不A / V不V | 宾语（O） | |
| 食堂的菜 | 便宜不便宜 | | ？ |
| 你 | 认识不认识 | 他 | ？ |
| 他 | 是不是 | 你的老师 | ？ |

"A 不 A" = "A 吗"　　"V 不 V（O）" = "V（O）吗"

（1）A：食堂的菜便宜不便宜？（= 食堂的菜便宜吗？）
　　B：（食堂的菜）很便宜。

（2）A：你认识不认识他？（= 你认识他吗？）
　　B：（我）认识（他）。

（3）A：他是不是你的老师？（= 他是你的老师吗？）
　　B：他不是我的老师。

**注意：** 动词"有"的正反疑问形式是"有没有"。

**Note:** The affirmative-negative form of the verb "有" is "有没有".

明天你有没有课？

### 练一练　Exercises

用"A 不 A"、"V 不 V（O）"或"有没有"改写句子

Rewrite the following sentences using the form "A 不 A", "V 不 V（O）" or "有没有".

（1）你们学校大吗？　→
（2）你们的老师好吗？　→
（3）食堂有面条吗？　→
（4）你是日本留学生吗？　→
（5）今天下午你去办公楼吗？　→
（6）今天是你的生日吗？　→

## 情景交际　Communication

两三个人一组，谈谈学校食堂的饭菜怎么样。准备时间：3～5 分钟。

Work in pairs or groups of three to talk about how the food is in the university cafeteria. Preparation time: 3-5 minutes.

提示　Tips

味道　怎么样　贵　便宜

……不……？　又……又……

## 写作 Writing

### 添句成段 Write more sentences to compose a paragraph

在所给短语前后加上两三句话，把它补充成一段完整的文字。

Write two or three sentences before or after the given phrase to make a complete passage.

又好吃又便宜

______________________________

______________________________

______________________________

## 语音 Pronunciation

### 趣味朗读 Interesting reading material 17-03

包子 和 饺子
Bāozi hé jiǎozi

妈妈 包 (to wrap) 饺子，
Māma bāo jiǎozi,

女儿 包 包子。
nǚ'ér bāo bāozi.

包子、饺子 是 兄弟 (brothers)，
Bāozi、jiǎozi shì xiōngdì,

都 有 馅儿 (filling)，都 有 皮儿 (wrapper)，
dōu yǒu xiànr, dōu yǒu pír,

皮儿 和 馅儿 是 一 家，
pír hé xiànr shì yì jiā,

包 在 一起 不 分离 (to separate)。
bāo zài yìqǐ bù fēnlí.

## 汉字 Characters

### 1 认写基本汉字　Learn and write the basic Chinese characters

(1) 良　liáng　fine

丶 ㇇ ㇌ 彐 艮 艮 良　7 strokes

(2) 羊　yáng　sheep

丶 丷 䒑 兰 兰 羊　6 strokes

(3) 各　gè　each; every

丿 ㇒ 夂 冬 各 各　6 strokes

(4) 了　le　*a modal particle*

㇇ 了　2 strokes

(5) 昔　xī　past; former

一 十 廾 廾 共 昔 昔 昔　8 strokes

(6) 采　cǎi　to pick

丿 ㇒ ㇒ 爫 爫 平 采 采　8 strokes

(7) 乞　qǐ　to beg

丿 𠂉 乞　3 strokes

(8) 且　qiě　just; for the time being

丨 冂 月 月 且　5 strokes

(9) 中　zhōng　middle; centre

丨 冂 口 中　4 strokes

(10) 反　fǎn　opposite; reverse

㇀ 厂 万 反　4 strokes

（11）面　miàn　flour

一 丆 丆 丙 而 而 而 而 面　9 strokes

（12）包　bāo　to wrap/bag

丿 勹 勺 匀 包　5 strokes

（13）未　wèi　not yet

一 二 キ 未 未　5 strokes

（14）首　shǒu　head

丶 丷 䒑 䒑 产 首 首 首 首　9 strokes

（15）禾　hé　cereal

一 二 千 禾 禾　5 strokes

## ② 认写本课汉字　Learn and write the Chinese characters in this lesson

（1）食堂　shítáng　dining hall; canteen; cafeteria

食 → 人＋良　food

堂 → ⺍＋口＋土　hall

（2）怎么样　zěnmeyàng　how

怎 → 乍＋心　how

样 → 木＋羊　shape; pattern

（3）路上　lù shang　on the road

路 → 足＋各　road

（4）太　tài　too; excessively

太 → 大＋丶

（5）学校　xuéxiào　school

校 → 木＋交　school

（6）不错　búcuò　good; not bad

错 → 钅＋昔　wrong/mistake

（7）常常　chángcháng　often
常　→　⺌+冖+巾　often

（8）菜　cài　dish; cuisine
菜　→　艹+采

（9）贵　guì　expensive
贵　→　中+一+贝

（10）好吃　hǎochī　delicious; yummy
吃　→　口+乞　to eat

（11）便宜　piányi　cheap; inexpensive
宜　→　宀+且　yí　suitable

（12）以前　yǐqián　before; ago
以　→　𠂉+人　(*used before words of locality to indicate the limits of time, place, direction or number*) from a point on
前　→　丷+一+月+刂　before

（13）米饭　mǐfàn　cooked rice
饭　→　饣+反　meal

（14）面条　miàntiáo　noodles
条　→　夂+朩　slip; strip

（15）饺子　jiǎozi　dumpling
饺　→　饣+交　dumpling

（16）味道　wèidao　taste; flavour
味　→　口+未　taste
道　→　首+辶　dào　way; route

## 实践活动 Activity

### 走一走，问一问　Go for a survey

问问你的同学和朋友，看看他们是不是常去食堂吃饭，再问问他们觉得食堂的饭菜怎么样，他们喜欢吃什么。

Interview your classmates and friends to find out if they often eat at the university cafeteria, what they think of the food there and what their favourite foods are.

| 姓名 | 是不是常去食堂吃饭 | 喜欢（xǐhuan, to like）吃的东西 |
|---|---|---|
| | | |
| | | |
| | | |
| | | |
| | | |

## 文化点滴 Cultural Note

### 中国的面食文化
Zhōngguó de miànshí wénhuà
Wheaten Food Culture in China

在中国，面粉做成的食品有哪些形态和味道？

In China, what shapes and tastes is flour made into?

面条
miàntiáo

肉夹馍
ròujiāmó

馅饼
xiàn(r)bǐng

饺子
jiǎozi

馒头
mántou

包子
bāozi

花卷
huājuǎn(r)

馄饨
húntun

**圈一圈　Circle the pictures according to the requirements**

1. 上边的面食你吃过哪种（或哪几种）？请圈出来。
   Circle the food(s) you have tried.
2. 看了图片以后，你想吃哪种（或哪几种）？请圈出来。
   Circle the food(s) you would like to try.

## 学习后记 Summary

| 词语　Vocabulary | 语言点　Grammar |
| --- | --- |
| | |

# 18 天安门北边就是故宫

# The Forbidden City Is Located to the North of Tian'anmen

## 学习提示 Learning Tips

| | |
|---|---|
| 重点词<br>Key Words | 骑 坐 怎么 南 西 东 北 到 一直 往 从 |
| 重点句<br>Key Sentences | 1. 怎么 坐 车?<br>Zěnme zuò chē?<br>2. 一直 往 东 走。<br>Yìzhí wǎng dōng zǒu.<br>3. 天安门 北边 就是 故宫。<br>Tiān'ānmén běibian jiù shì Gùgōng.<br>4. 从 学校 到 天安门, 坐 出租车 要 多少 钱?<br>Cóng xuéxiào dào Tiān'ānmén, zuò chūzūchē yào duōshao qián? |
| 功能<br>Function | 问路 Asking about direction |

## 热身活动 Warm-up

**想一想**　Think about the following questions

1. 你知道（zhīdao, to know）天安门、故宫吗？
   Do you know Tian'anmen and the Forbidden City?
2. 你常骑自行车吗？常坐地铁吗？
   Do you often ride a bike? Do you often take the subway?
3. 你所在的城市，出租车贵不贵？
   Is it expensive to take a taxi in the city where you are?

## 课文 Texts

18-01

### （一）

（杰克、金大成问李明怎么去故宫）
(Jiékè、Jīn Dàchéng wèn Lǐ Míng zěnme qù Gùgōng)

金大成：李明，我们打算去故宫，骑自行车去行吗？
Jīn Dàchéng: Lǐ Míng, wǒmen dǎsuan qù Gùgōng, qí zìxíngchē qù xíng ma?

李明：太远了，你们坐公共汽车去吧。
Lǐ Míng: Tài yuǎn le, nǐmen zuò gōnggòng qìchē qù ba.

金大成：怎么坐车？
Jīn Dàchéng: Zěnme zuò chē?

李明：学校南门外有车站，你们坐公共汽车到西直门，在那儿换地铁，到天安门西下车。
Lǐ Míng: Xuéxiào nán mén wài yǒu chēzhàn, nǐmen zuò gōnggòng qìchē dào Xīzhímén, zài nàr huàn dìtiě, dào Tiān'ānmén Xī xià chē.

杰克：下 车 以后 呢？
Jiékè: Xià chē yǐhòu ne?

李明：一直 往 东 走，到 天安门， 天安门 北边 就 是 故宫，很 近。
Lǐ Míng: Yìzhí wǎng dōng zǒu, dào Tiān'ānmén, Tiān'ānmén běibian jiù shì Gùgōng, hěn jìn.

杰克：从[1] 学校 到 天安门，坐 出租车 要 多少 钱？
Jiékè: Cóng xuéxiào dào Tiān'ānmén, zuò chūzūchē yào duōshao qián?

李明：五十 块 钱 左右。
Lǐ Míng: Wǔshí kuài qián zuǒyòu.

## 练一练 Exercises

1. 听课文，说说你听到了什么 Listen to the text and talk about what you hear.
2. 跟老师读课文 Read the text after the teacher.
3. 三人一组，分角色读 Work in groups of three to play the roles and read the text.
4. 先回答问题，再根据课文内容互相提问
   Answer the following questions and then ask each other questions based on the text.
   （1）金大成、杰克打算去哪儿？他们打算怎么去？
   （2）坐出租车去故宫要多少钱？
   ……
5. 根据课文内容填写地点 Write down the places according to the text.

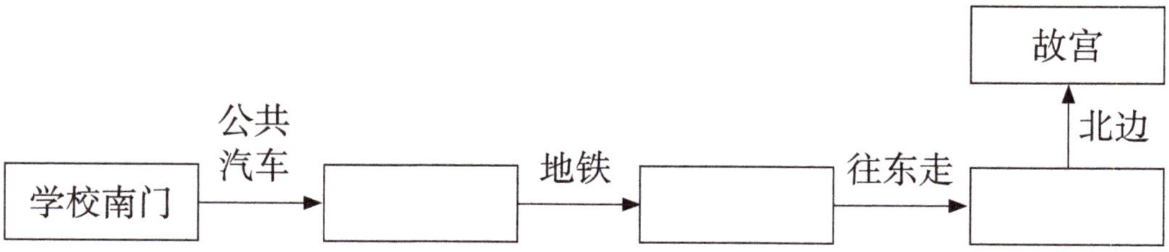

6. 三人一组，根据提示分角色表演

Work in groups of three and play the roles based on the following hints.

| 金大成 | 李明 | 杰克 |
| --- | --- | --- |
| 打算……，<br>……行吗？<br>怎么……？ | 太……了　坐公共汽车<br>……有……，坐……到……，<br>在……换……，到……下车<br>一直往……走，到……<br>就是　左右 | ……以后呢？<br>从……到……多少钱？ |

## （二）

（杰克说）

我和金大成打算骑自行车去故宫，我们问李明行不行，他说："骑自行车去太远了，坐公共汽车吧。学校南门外有车站，你们坐公共汽车到西直门，在那儿换地铁，到天安门西下车，下车以后一直往东走，到天安门，天安门北边就是故宫。"他还说从学校到天安门，坐出租车要五十块钱左右。

### 练一练　Exercises

1. 朗读课文　Read the text aloud.

2. 复述课文　Retell the text.

我和金大成________________，我们问李明________________，他说："________________，坐________________吧。学校________________，你们坐公共汽车________________，在那儿________________，到________________，下车以后________________，到天安门，天安门北边________________。"他还说从________________到________________，坐出租车要________________。

## 生词 New Words

18-02

| 序号 No. | 词语 Word / Phrase | 拼音 *Pinyin* | 词性 Word Class | 英文释义 Meaning in English | 例子 Example(s) |
|---|---|---|---|---|---|
| 1 | 骑 | qí | V | to ride (an animal or a bicycle) | 骑马 |
| 2 | 自行车 | zìxíngchē | N | bicycle | 骑自行车 |
| | 车 | chē | N | vehicle | 有车　买车 |
| 3 | 坐 | zuò | V | to sit; to travel by; to take | 请坐　坐车<br>坐飞机 (fēijī, plane) |
| 4 | 公共汽车 | gōnggòng qìchē | | bus | 一辆 (liàng, *a measure word for vehicles*) 公共汽车<br>坐公共汽车 |
| | 汽车 | qìchē | N | car; automobile | 买汽车　坐汽车 |
| 5 | 怎么 | zěnme | Pr | (*used to indicate nature, condition or manner in general*) how | 怎么去　怎么吃 |
| 6 | 南 | nán | N | south | 南边 |
| | 西 | xī | N | west | 西边 |
| | 东 | dōng | N | east | 东边 |
| | 北 | běi | N | north | 北边 |
| 7 | 门 | mén | N | door; gate | 南门　东门　西门　北门<br>大门 |
| 8 | 外 | wài | N | outside | 校外　南门外　外边<br>教室外边 |
| 9 | 车站 | chēzhàn | N | (bus) stop; (railway) station | 一个车站　在车站 |
| | 站 | zhàn | N | stop; station | 几站　三站 |
| 10 | 到 | dào | V | to arrive; to reach; to get to | 到学校　到北京 (Běijīng, Beijing)　到站　到那儿 |
| 11 | 换 | huàn | V | to change; to exchange; to transfer | 换老师　换钱<br>换公共汽车 |

| | | | | | |
|---|---|---|---|---|---|
| 12 | 地铁 | dìtiě | N | underground; subway | 地铁站　坐地铁　换地铁　在地铁里 |
| 13 | 下车 | xià chē | | to get off (a bus, train, etc.) | 下车以后 |
| 14 | 一直 | yìzhí | Adv | straight; continuously; always | 一直在北京　一直不高兴 |
| 15 | 往 | wǎng | Prep | toward | 往西　往东　往前看 |
| 16 | 走 | zǒu | V | to walk | 往前走　一直走 |
| 17 | 北边 | běibian | N | north; northern side | 学校北边　在北边 |
| 18 | 近 | jìn | A | near; close | 很近　近路　走近路 |
| 19 | 从 | cóng | Prep | from | 从银行到办公楼<br>从星期一到星期二<br>从这儿往前走 |
| 20 | 出租车 | chūzūchē | N | taxi | 坐出租车 |
| 21 | 左右 | zuǒyòu | N | approximately; about; or so | 一百块钱左右　七天左右<br>九点左右　二十个人左右 |
| 22 | 说 | shuō | V | to say; to speak; to talk | 我说　老师说　说汉语 |

## 专有名词　Proper Nouns

| | | |
|---|---|---|
| 西直门 | Xīzhímén | Xizhimen, a transportation node in Beijing |
| 天安门 | Tiān'ānmén | Tian'anmen, a famous monument in Beijing |

## 注释　Note

### [1] 介词"从"　The preposition "从"

介词"从"，引出时间或空间的起点。

"从" is a preposition introducing the starting point in time or space.

（1）你从学校南门坐车去吧。

（2）我们从八点半开始（kāishǐ, to start）上课。

在汉语中我们常常用“从……到……”表示时间或者空间的起、止。

The structure “从……到……” is often used to express the starting and ending points in time or space.

（1）从星期一到星期五我都有课。

（2）从学校到天安门很远。

### 练一练 Exercises

看图完成句子 Look at the pictures and complete the sentences.

（1） → 

从________________到________________不远。

（2） → 

她从________________到________________一直做作业。

## 语法 Grammar

### 1 “是”字句（表示存在） A sentence with “是” (indicating existence)

“是”字句，表示某地存在着的是某物或某人。

A sentence with “是” can be used to express the existence of something or somebody in some place.

| 地方（Location） | 是 | 物（Sth.）　/　人（Sb.） | 标点（Punctuation） |
| --- | --- | --- | --- |
| 美国（Měiguó, USA）北边 | 是 | 加拿大（Jiānádà, Canada） | 。 |
| 楼前边 | 不是 | 停车场（tíngchēchǎng, parking lot） | 。 |
| 你的左边 | 是不是 | 爱子 | ？ |

**练一练　Exercises**

替换练习　Substitution drills.

天安门北边　就是　故宫。

| 天安门北边 | 故宫 |
| --- | --- |
| 韩国的东边 | 日本 |
| 亚洲（Yàzhōu, Asia）的西边 | 欧洲（Ōuzhōu, Europe） |
| 宿舍楼前边 | 图书馆 |

## 2 疑问代词"怎么"　The interrogative pronoun "怎么"

疑问代词"怎么"用在动词前，常常用来询问进行或完成一个动作的方式。

The interrogative pronoun "怎么" is used before a verb to ask about how an action is conducted or completed.

（1）天安门怎么去？

（2）图书馆怎么走？

（3）今天的作业怎么做？

**练一练　Exercises**

完成对话　Complete the following dialogues.

（1）A：________________________？

B：一直往前走，左边的红楼就是办公楼。

（2）A：________________________？

B：我骑自行车去学校。

（3）A：________________________？

B：我也不知道北京烤鸭（Běijīng kǎoyā, Beijing roast duck）怎么吃，你问老师吧。

### 3 方位词　Nouns of locality

| | | | |
|---|---|---|---|
| 上 shàng | 下 xià | 左 zuǒ | 右 yòu |
| 上边 shàngbian | 下边 xiàbian | 左边 zuǒbian | 右边 yòubian |

| | | | |
|---|---|---|---|
| 前 qián | 后 hòu | 里 lǐ | 外 wài |
| 前边 qiánbian | 后边 hòubian | 里边 lǐbian | 外边 wàibian |

| | | | |
|---|---|---|---|
| 东 dōng | 西 xī | 南 nán | 北 běi |
| 东边 dōngbian | 西边 xībian | 南边 nánbian | 北边 běibian |

汉语中的“上”“下”“前”“后”“里”“外”“东”“西”“南”“北”用在名词后面表示方位，例如：楼上楼下，楼前楼后，房间里房间外，路东路西，路南路北。

所有这些词（包括“左”“右”）还可以加上“边”表示方位，如上表。它们也可以用在名词后面表示方位，例如：楼外边、房间里边；也可以独用，例如：里边人多。

A noun of locality such as “上”, “下”, “前”, “后”, “里”, “外”, “东”, “西”, “南” or “北” is used after a noun to indicate location, for example, “楼上楼下” (upstairs and downstairs), “楼前楼后” (in front of the building and behind the building), “房间里房间外” (in the room and outside the room), “路东路西” (on the east side of the road and on the west side of the road) and “路南路北” (on the south side of the road and on the north side of the road).

All these words (including “左” and “右” ) can be used together with “边” to express location (see the table above). The words with “边” can also be used after nouns to indicate location, such as “楼外边” (outside the building) and “房间里边” (inside the room); they can also be used by themselves, for example, “里边人多” (there are many people inside).

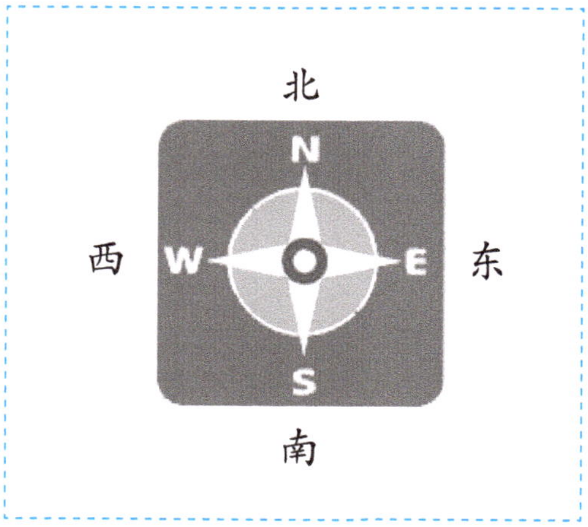


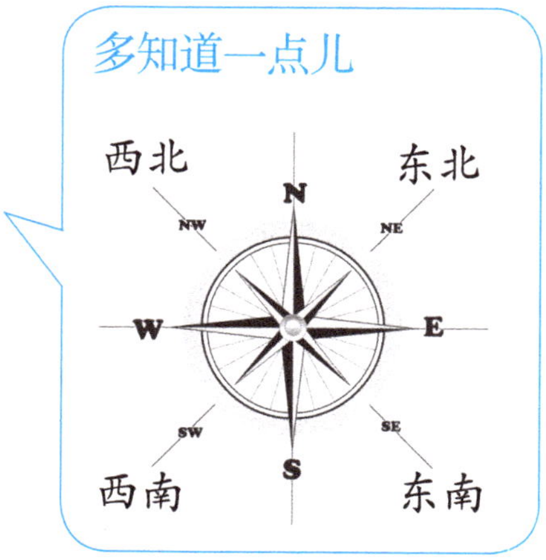

楼上 / 楼下

楼前 / 楼后

房间里 / 房间外

左边 / 右边

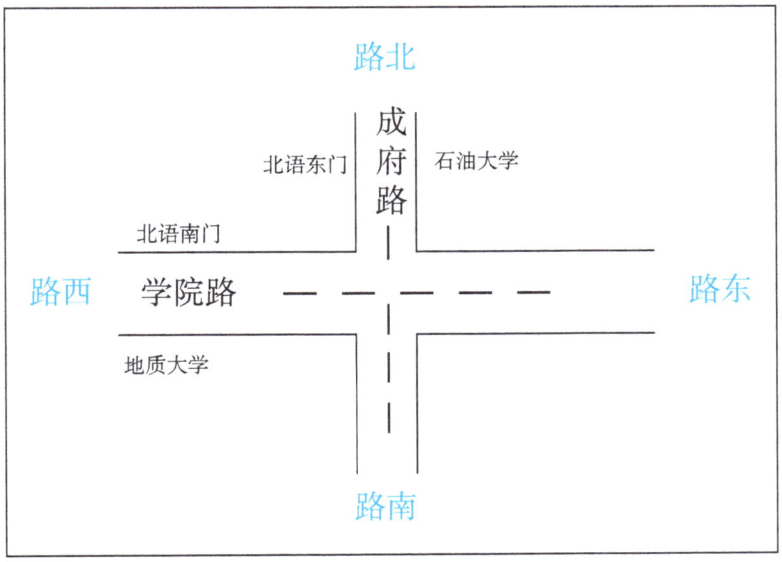


路东 / 路西 / 路南 / 路北

（1）银行里人很多。

（2）桌子（zhuōzi, desk; table）上有两杯咖啡。

（3）韩国的东边是日本。

（4）我的前边是爱子。

（5）外边有很多学生。

## 练一练 Exercises

1. 说说你在教室里的位置　Talk about your position in the classroom.

我的前边是________，我的后边是________，我的左边是________，我的右边是________。

2. 看图完成句子　Look at the sketch map and complete the sentences.

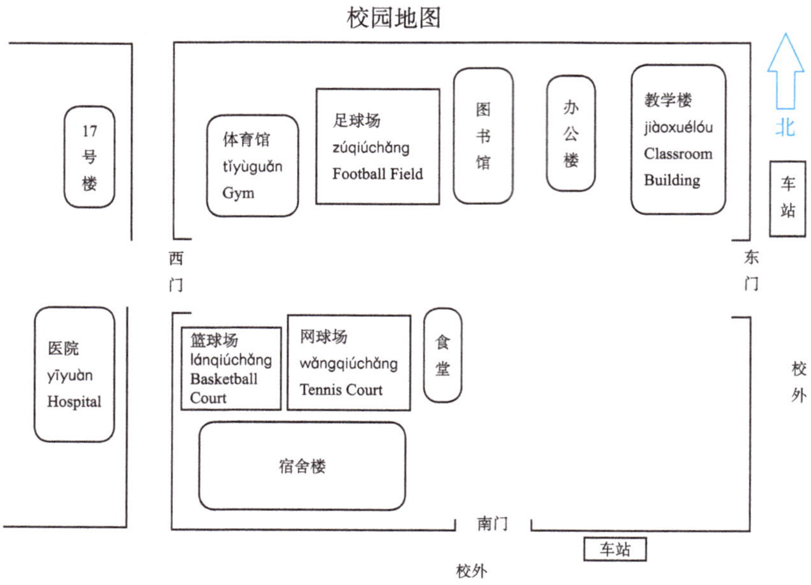


（1）学校的外边有____________________。

（2）网球场（wǎngqiúchǎng, tennis court）的南边是____________________。

（3）图书馆的东边是____________________。

（4）教学楼（jiàoxuélóu, classroom building）的____________________是办公楼。

（5）足球场在____________________的西边。

3. 看图说话　Look at the map and describe the locations.

例如：中国在日本的西边。

　　　韩国的东边是日本。

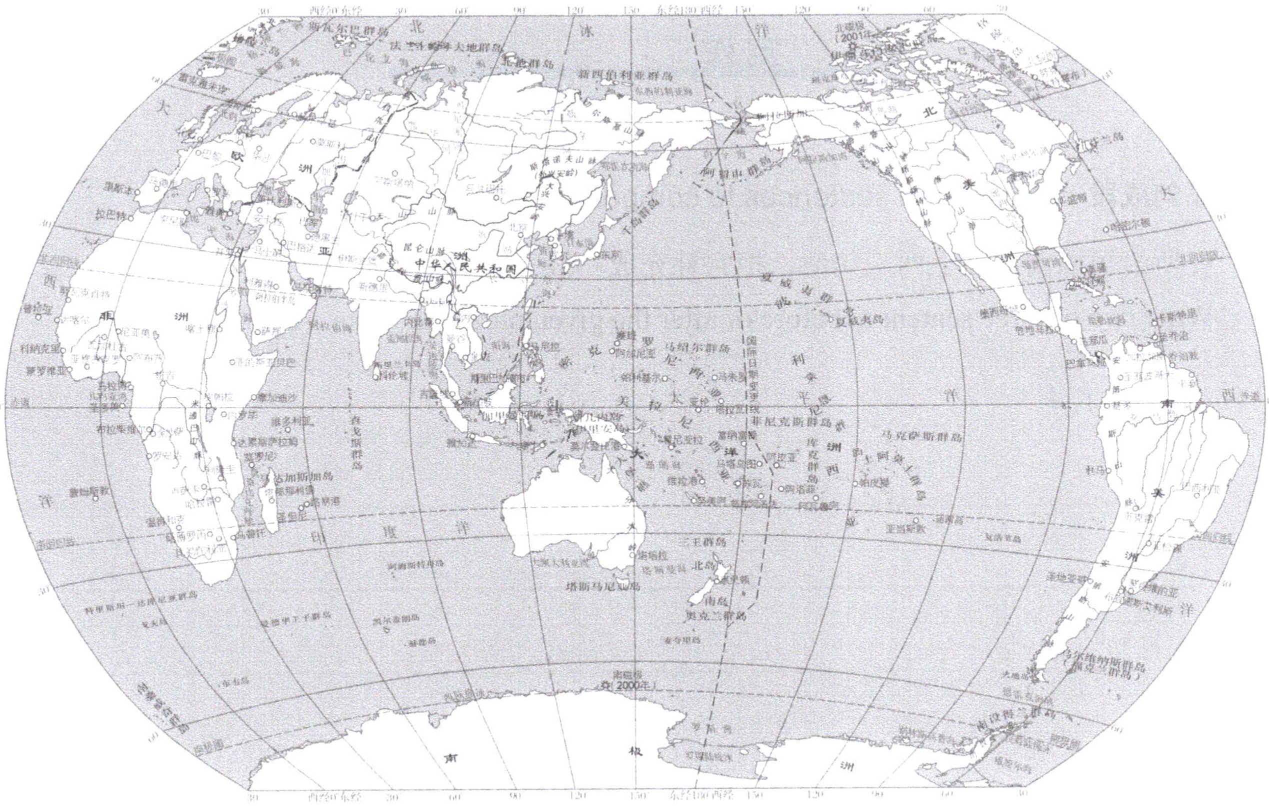


## 情景交际 Communication

两人一组，互相问从学校怎么去对方的家，说明路线，可以用画图来帮助说明。准备时间：3 ~ 5 分钟。

Work in pairs to ask how to get to your partner's home from school. Describe the route and draw a map if necessary. Preparation time: 3-5 minutes.

**提示　Tips**

怎么　东（边）　西（边）　南（边）　北（边）

车站　从　到　换　一直　往　左右

## 写作 Writing

### 添句成段 Write more sentences to compose a paragraph

在所给短语前后加上两三句话，把它补充成一段完整的文字。

Write two or three sentences before or after the given phrase to make a complete passage.

坐三站下车

______________________________

______________________________

______________________________

## 语音 Pronunciation

### 趣味朗读 Interesting reading material 18-03

哪儿 有 美洲豹 (jaguar)

Nǎr yǒu Měizhōubào

韩国 的 东边 是 日本，
Hánguó de dōngbian shì Rìběn,

日本 的 樱花 (sakura) 很 美。
Rìběn de yīnghuā hěn měi.

加拿大 (Canada) 南边 是 美国，
Jiānádà nánbian shì Měiguó,

美国 的 人口 很 多。
Měiguó de rénkǒu hěn duō.

亚洲 (Asia) 的 西边 是 欧洲 (Europe)，
Yàzhōu de xībian shì Ōuzhōu,

欧洲 的 城堡 (castle) 很 古老 (old)。
Ōuzhōu de chéngbǎo hěn gǔlǎo.

南美　的　北边　是　北美，
Nánměi de běibian shì běiměi,

哪儿 有　美洲豹 (jaguar)？
Nǎr yǒu Měizhōubào?

## 汉字 Characters

### 1 汉字的部件（5） Components of Chinese characters (5)

| | | |
|---|---|---|
| 扌 tíshǒupáng hand | 打 to beat; to play | 扌+丁 |
| | 换 to change; to exchange; to transfer | 扌+奂 |

| | | |
|---|---|---|
| 土 tǔzìpáng soil | 块 piece | 土+夬 |
| | 地 earth; ground | 土+也 |
| | 去 to go | 土+厶 |

### 2 认写基本汉字 Learn and write the basic Chinese characters

（1）可　kě　but

一 丁 𠃍 可 可　5 strokes

（2）车　chē　vehicle

一 𠂉 𠂇 车　4 strokes

（3）气　qì　air; gas

丿 𠂉 𠂉 气　4 strokes

（4）至　zhì　to arrive

一 𠂇 𠫔 𠫔 𡗗 至　6 strokes

（5）奂　huàn　numerous

丿 𠂊 𠂊 ⺈ ⺈ 奂 奂　7 strokes

（6）失　shī　to lose

丿 𠂉 𠂇 牛 失　5 strokes

（7）斤　jīn　1/2 kilogram

丿 厂 斤 斤　4 strokes

（8）兑　duì　to exchange

丶 丷 丷 兰 兑 兑 兑　7 strokes

## 3 认写本课汉字　Learn and write the Chinese characters in this lesson

（1）北边　běibian　north; northern side

北 → 丬+匕　north

边 → 力+辶　biān　side

（2）骑　qí　to ride (an animal or a bicycle)

骑 → 马+大+可

（3）坐　zuò　to sit; to travel by; to take

坐 → 人+人+土

（4）公共汽车　gōnggòng qìchē　bus

汽 → 氵+气　steam; vapour

（5）南　nán　south

南 → 十+冂+丷+干

（6）车站　chēzhàn　(bus) stop; (railway) station

站 → 立+占　stop; station

（7）到　dào　to arrive; to reach; to get to

到 → 至+刂

（8）换　huàn　to change; to exchange; to transfer

换 → 扌+奂

（9）地铁 dìtiě underground; subway

地 → 土 + 也 earth; ground

铁 → 钅 + 失 iron; railway

（10）一直 yìzhí straight; continuously; always

直 → 十 + 且 straight

（11）往 wǎng toward

往 → 彳 + 主

（12）近 jìn near; close

近 → 斤 + 辶

（13）从 cóng from

从 → 人 + 人

（14）出租车 chūzūchē taxi

租 → 禾 + 且 to rent; to hire; to charter

（15）左右 zuǒyòu approximately; about; or so

左 → 𠂇 + 工 left

右 → 𠂇 + 口 right

（16）说 shuō to say; to speak; to talk

说 → 讠 + 兑

## 实践活动 Activity

### 走一走，看一看，查一查 Take a look or do a research

去天安门广场看看或者到网上查一查：天安门广场的东、西、南、北分别是什么建筑？下次课汇报。

Go to Tian'anmen Square or do a research online to find out what buildings are around it. Report the results to the class next time.

## 文化点滴 Cultural Note

胡同——平民的住宅，老北京文化的见证。

*Hutong* — civilian residence, a witness to traditional Beijing culture.

### 北京的胡同和四合院
Běijīng de hútòng hé sìhéyuàn
*Hutong* and Traditional Quadrangles in Beijing

**答一答　Answer the questions**

1. 你去过北京的胡同吗？
   Have you ever been to a *hutong* in Beijing?
2. 看了上面的图以后，你觉得北京的四合院怎么样？你想住在四合院里吗？
   Look at the pictures above. What do you think of the traditional quadrangle in Beijing? Would you like to live in a quadrangle?

## 学习后记 Summary

词语　Vocabulary

语言点　Grammar

# 19 我在学校东门等你

## I'll Wait for You at the East Gate of the University

## 学习提示 Learning Tips

| | |
|---|---|
| 重点词<br>Key Words | 听说　附近　请　特别　喜欢　还是　等 |
| 重点句<br>Key Sentences | 1. 听说学校附近有一家好吃的饭馆。<br>Tīngshuō xuéxiào fùjìn yǒu yì jiā hǎochī de fànguǎn(r).<br>2. 那我请你唱歌。<br>Nà wǒ qǐng nǐ chànggē.<br>3. 在东门还是在南门？<br>Zài dōng mén háishi zài nán mén?<br>4. 下午四点我在学校东门等你。<br>Xiàwǔ sì diǎn wǒ zài xuéxiào dōng mén děng nǐ. |
| 功能<br>Function | 约会　Making an appointment or a date |

## 热身活动 Warm-up

### 想一想 Think about the following questions

1. 你常去中国饭馆吃饭吗？ Do you often eat at Chinese restaurants?
2. 中国菜好吃吗？ Is Chinese food delicious?
3. 你喜欢吃什么中国菜？ What Chinese dishes do you like?

## 课文 Texts

19-01

### （一）

金大成：听说 学校 附近 有 一 家 好吃 的 饭馆。
Jīn Dàchéng: Tīngshuō xuéxiào fùjìn yǒu yì jiā hǎochī de fànguǎn(r).

安娜：是 中国菜 饭馆 吗？
Ānnà: Shì zhōngguócài fànguǎn(r) ma?

金大成：是。那儿的 鱼和 豆腐 很 不错。
Jīn Dàchéng: Shì. Nàr de yú hé dòufu hěn búcuò.

安娜：你 请 我 去那儿吃饭 吧。
Ānnà: Nǐ qǐng wǒ qù nàr chīfàn ba.

金大成：好，今天 晚上 我 请 你。
Jīn Dàchéng: Hǎo, jīntiān wǎnshang wǒ qǐng nǐ.

安娜：那[1] 我 请 你 唱歌。
Ānnà: Nà wǒ qǐng nǐ chànggē.

金大成：太 好 了！我 特别 喜欢 唱歌。
Jīn Dàchéng: Tài hǎo le! Wǒ tèbié xǐhuan chànggē.

安娜：我们 在哪儿见？在 东 门 还是[2] 在 南 门？
Ānnà: Wǒmen zài nǎr jiàn? Zài dōng mén háishi zài nán mén?

金大成：下午 四 点 我 在 学校 东 门 等 你。
Jīn Dàchéng: Xiàwǔ sì diǎn wǒ zài xuéxiào dōng mén děng nǐ.

安娜：好，　东　门　见。
Ānnà: Hǎo, dōng mén jiàn.

金大成：不　见　不　散。
Jīn Dàchéng: Bú jiàn bú sàn.

安娜：不　见　不　散。
Ānnà: Bú jiàn bú sàn.

## 练一练　Exercises

1. 听课文，说说你听到了什么　Listen to the text and talk about what you hear.

2. 跟老师读课文　Read the text after the teacher.

3. 两人一组，分角色读　Work in pairs to play the roles and read the text.

4. 先回答问题，再根据课文内容互相提问
Answer the following questions and then ask each other questions based on the text.

（1）金大成请安娜去哪儿吃饭？
（2）他们打算几点见？在哪儿见？
……

5. 两人一组，根据提示分角色表演
Work in pairs and play the roles based on the following hints.

| 金大成 | 安娜 |
|---|---|
| 听说　附近 | 是……吗？ |
| ……和……很不错 | 请……吃饭 |
| 请 | 那……唱歌 |
| 太……了　特别 | ……哪儿……？　……还是……？ |
| ……在……等…… | ……见 |
| 不见不散 | 不……不…… |

## （二）

（安娜说）

学校附近有一家好吃的饭馆，那儿的鱼和豆腐很不错。今天晚上金大成请我

去那儿吃饭，我打算请他唱歌，他特别喜欢唱歌。我们下午四点见，他在学校东门等我。

## 练一练 Exercises

1. 跟老师读课文 Read the text after the teacher.

2. 复述课文 Retell the text.

学校附近有________________，那儿的鱼________________豆腐很不错。今天晚上金大成请________________，我打算________________，他________________喜欢唱歌。我们________________见，他________________等我。

## 生词 New Words

19-02

| 序号 No. | 词语 Word / Phrase | 拼音 *Pinyin* | 词性 Word Class | 英文释义 Meaning in English | 例子 Example(s) |
|---|---|---|---|---|---|
| 1 | 听说 | tīngshuō | V | to hear of; to be told | 听说杰克来中国了 |
| 2 | 附近 | fùjìn | N | nearby; in the vicinity | 地铁站附近　学校附近 |
| 3 | 家 | jiā | M/N | *a measure word for families or business establishments*/home; family | 一家银行<br>我家　你家　家里　家人 |
| 4 | 饭馆 | fànguǎn(r) | N | restaurant | 一家饭馆 |
| 5 | 鱼 | yú | N | fish | 吃鱼　买鱼　一条 (tiáo, *a measure word for sth. narrow or thin and long*) 鱼 |
| 6 | 豆腐 | dòufu | N | tofu | 那儿的豆腐很好吃 |
| 7 | 请 | qǐng | V | to invite | 我请你吃饭 |
| 8 | 唱歌 | chànggē | VO | to sing a song | 我请你唱歌　唱一首 (shǒu, *a measure word for songs and poems*) 歌 |

| | | | | | |
|---|---|---|---|---|---|
| 9 | 特别 | tèbié | Adv | uncommonly; extraordinarily; very | 特别方便　特别贵 |
| 10 | 喜欢 | xǐhuan | V | to like | 特别喜欢　喜欢唱歌<br>喜欢吃中国菜　不喜欢<br>喜欢她 |
| 11 | 见 | jiàn | V | to meet; to see | 明天见　在……见<br>见朋友 |
| 12 | 还是 | háishi | Conj | or | 是老师还是学生　今天去<br>还是明天去　买还是不买 |
| 13 | 等 | děng | V | to wait | 等车　等人　等你 |
| 14 | 不见不散 | bú jiàn bú sàn | | to not leave before seeing each other | 下午四点，不见不散 |

## 专有名词　Proper Noun

| | | |
|---|---|---|
| 中国 | Zhōngguó | China |

## 注释　Notes

### [1] 连词“那”　The conjunction“那”

“那”，连词，用于对话中的衔接，承接对方的话头，引出一个相关的陈述。

The conjunction “那” is used to introduce a statement based on what the other party has said in a dialogue.

（1）A：我们星期五下午去游泳吧。
　　B：星期五下午我有课。
　　A：那我们星期六上午去吧。

（2）A：骑自行车去故宫太远了。
　　B：那坐公共汽车去吧。

（3）A：我打算明天去换钱，你去吗？
　　B：我明天有课。
　　A：那后天我们一起去，好吗？
　　B：行。

**练一练 Exercises**

请用“那”完成对话　Complete the following dialogues using “那”.

（1）A：走路（zǒulù, to walk）去地铁站太远了。

B：________________________________。

（2）A：我很忙，从星期一到星期五都有课。

B：________________________________。

（3）A：食堂的菜不好吃。

B：________________________________。

### [2] 连词“还是”　The conjunction “还是”

“还是”，连词，表示选择，用在问句里。回答的人一般会根据问句列举的选项作出选择。

The conjunction “还是” connects options in an interrogative sentence. A choice will be made in the reply.

（1）A：他是老师还是学生？
B：他是老师。

（2）A：你吃饺子还是吃包子？
B：我吃饺子。

（3）A：住校内方便还是住校外方便？
B：住校内方便。

> 多知道一点儿
> A：你喝点儿什么？
> B：茶或者（huòzhě, or）咖啡都可以。

**练一练 Exercises**

请用“还是”提问　Ask questions using “还是”.

（1）A：天安门很远，________________________________？

B：公共汽车人很多，我们坐出租车去吧。

（2）A：________________________________？

B：明天下午我不去游泳，去图书馆。

（3）A：________________________________？

B：我喜欢在图书馆学习。

（4）A：_________________________________________？

B：我打算明天去。

## 语法 Grammar

### 1 “有”字句（表示存在） A sentence with “有” (indicating existence)

“有”字句（表示存在）表示某个地方存在某人或某物，常用的格式是“地方＋有（＋数词＋量词）＋人 / 物”，人或物前面也常有表示不定指的数量词，比如“很多”“不少”“几＋量词”等。

A sentence with “有” can be used to express the existence of somebody or something in some place. The basic pattern is “location + 有 (+ numeral + measure word) + noun (sb./sth.)”. An indefinite quantifier often precedes the noun, such as “很多” (many),“不少” (quite a few) and “几 (several) + measure word”, etc.

| 地方（Location） | 有 | 数量（Quantifier/Num-M） | 人（Sb.）/ 物（Sth.） | 标点（Punctuation） |
|---|---|---|---|---|
| 学校附近 | 有 | 两家 | 日本饭馆 | 。 |
| 银行里 | 有 | 很多 | 人 | 。 |
| 教室（jiàoshì, classroom）里 | 有 | 几个 | 学生 | ？ |

否定形式是“地方＋没有＋人 / 物”。

The negative form is “location + 没有 + noun (sb./sth.)”.

（1）学校附近没有日本饭馆。
（2）银行里没有人。
（3）教室里没有学生。

**注意：**否定人或物的存在（不是否定其数量多少）时，人和事物前不出现数量词。

**Note:** No quantifier or numeral classifier is used before the noun when the existence of certain people or things (not the quantity of them) is denied.

（1）学校附近没有两家日本饭馆。 （×）
（2）银行里没有很多人。 （×）
（3）教室里没有几个学生。 （×）

常见的疑问形式是“地方 + 有 + 人 / 物 + 吗？”和“地方 + 有没有 + 人 / 物？”。

The most common interrogative forms are “location + 有 + noun (sb./sth.) + 吗?” and “location + 有没有 + noun (sb./sth.)?”.

（1）学校附近有日本饭馆吗？ / 学校附近有没有日本饭馆？
（2）银行里有人吗？ / 银行里有没有人？
（3）教室里有学生吗？ / 教室里有没有学生？

**注意：**“有”字句针对人或物是否存在（不是针对数量多少）提出疑问时，人和事物前不出现数量词。

**Note:** No quantifier or numeral classifier is used before the noun when the interrogative sentence asks about whether somebody or something exists rather than about the quantity.

（1）学校附近有<u>两家</u>日本饭馆吗？ / 学校附近有没有<u>两家</u>日本饭馆？ （×）
（2）银行里有<u>很多</u>人吗？ / 银行里有没有<u>很多</u>人？ （×）
（3）教室里有<u>几个</u>学生吗？ / 教室里有没有<u>几个</u>学生？ （×）

## 练一练 Exercises

1. 看图说句子　Look at the pictures and say a sentence about each of them.

（1）

__________有__________。

（2）

__________有__________。

（3）

__________有__________。

（4）
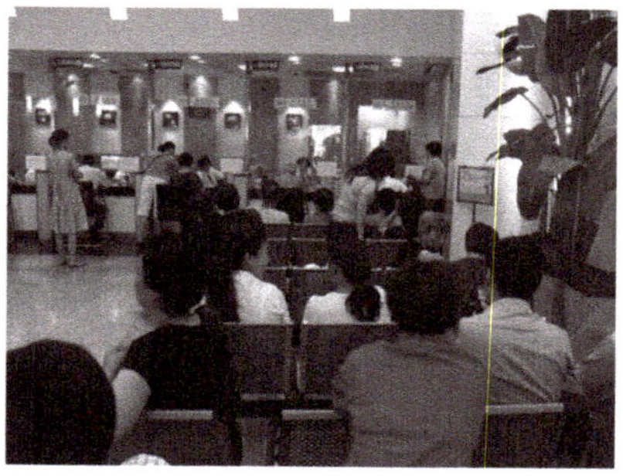

__________有__________。

2. 判断正误，并改错

Decide whether the sentences are right or wrong and then correct the wrong ones.

（1）校内有三个食堂。（ ）

______________________________

（2）在学校里有一个很大的图书馆。（ ）

______________________________

（3）地铁站附近有一个公共汽车站吗？（ ）

______________________________

（4）这个饭馆没有一个北京烤鸭（Běijīng kǎoyā, Beijing roast duck）。（ ）

______________________________

## 2 介词结构做状语 A prepositional phrase used as an adverbial modifier

介词结构放在动词前做状语。本课中"在＋地方"表示动作发生的场所，副词和否定词放在"在"前面。

A prepositional phrase can be used as an adverbial modifier before a verb. In this lesson, the structure "在 + location" expresses the place where the action denoted by the predicate verb takes place. The adverb and the negative word, if there is any, should precede "在".

| 主语（S） | 谓语（P） | | 宾语（O） | 标点（Punctuation） |
|---|---|---|---|---|
| | 状语（Adverbial） | 动词（V） | | |
| 我 | 在学校附近的书店 | 买 | 书 | 。 |
| 他 | 常常在这儿 | 买 | 咖啡 | 。 |
| 王老师 | 不在 103 教室（jiàoshì, classroom） | 上 | 课 | 。 |
| 我们 | 下午在哪儿 | 见 | | ？ |

### 练一练 Exercises

1. 请给"在"选择恰当的位置 Choose a proper position for "在" in each sentence.

（1）我常常___A___学校___B___食堂___C___吃饭。

（2）我们___A___明天上午十点___B___图书馆___C___见吧。

（3）___A___昨天晚上他一直___B___教室___C___学习。

（4）安娜不___A___图书馆___B___学习___C___，她喜欢在宿舍学习。

2. 组句　Rearrange the words and phrases to make sentences.

（1）吃饭　我们　食堂　在　中午　学校　吧

________________________________________

（2）门口（gate）　等　下午　在　学校　我　四点　你

________________________________________

（3）书　很　在　好　图书馆　看

________________________________________

（4）不　他　喜欢　宿舍　在　学习

________________________________________

## 情景交际 Communication

两人一组，表演：明天是你朋友（péngyou, friend）的生日，你打算请他 / 她吃饭，他 / 她请你看电影（diànyǐng, movie）。准备时间：3 ～ 5 分钟。

Role-play in pairs: You are going to invite your friend to dinner to celebrate his/her birthday tomorrow and he/she will treat you to a movie. Preparation time: 3-5 minutes.

提示　Tips

听说　好吃　请　特别

喜欢　在　不见不散

## 写作 Writing

◆ **添句成段**　Write more sentences to compose a paragraph

在所给句子前后加上两三句话，把它补充成一段完整的文字。

Write two or three sentences before or after the given structure to make a complete passage.

我特别喜欢……

________________________________________

________________________________________

________________________________________

## 语音 Pronunciation

◆ **趣味朗读**　Interesting reading material　19-03

校内 和 校外

Xiàonèi hé xiàowài

我 在 校内 住，他 在 校外 住。
Wǒ zài xiàonèi zhù, tā zài xiàowài zhù.

校内 有 教室，校外 有 公园 (park)。
Xiàonèi yǒu jiàoshì, xiàowài yǒu gōngyuán.

我 去 教室 上课，他 去 公园 唱歌。
Wǒ qù jiàoshì shàngkè, tā qù gōngyuán chànggē.

我们 每 天 都 很 快乐。
Wǒmen měi tiān dōu hěn kuàilè.

# 汉字 Characters

## 1 汉字的部件（6） Components of Chinese characters (6)

| | | |
|---|---|---|
| 阝 shuāng'ěrdāo fence; city | 都 all; both | 者+阝 |
| | 那 that; then | 刃+阝 |
| | 附 to add; to attach | 阝+付 |

| | | |
|---|---|---|
| 饣 shízìpáng food | 馆 shop | 饣+官 |
| | 饺 dumpling | 饣+交 |
| | 饭 meal | 饣+反 |

## 2 认写基本汉字 Learn and write the basic Chinese characters

（1）欠 qiàn to owe

丿 ⺈ 𠂊 欠 4 strokes

（2）士 shì scholar; soldier

一 十 士 3 strokes

（3）见 jiàn to meet; to see

丨 冂 贝 见 4 strokes

## 3 认写本课汉字 Learn and write the Chinese characters in this lesson

（1）等 děng to wait

等 → ⺮+士+寸

（2）听说 tīngshuō to hear of; to be told

听 → 口+斤 to listen

（3）附近　fùjìn　nearby; in the vicinity

附 → 阝+亻+寸　to add; to attach; to be near

（4）家　jiā　*a measure word for families or business establishments*/home; family

家 → 宀+豕

（5）鱼　yú　fish

鱼 → ⺈+田+一

（6）豆腐　dòufu　tofu

豆 → 一+口+丷+一　bean

腐 → 广+亻+寸+冂+人+人　fǔ　rotten; putrid

（7）唱歌　chànggē　to sing

唱 → 口+曰+曰　to sing

歌 → 哥+哥+欠　song

（8）特别　tèbié　uncommonly; extraordinarily; very

特 → 牛+土+寸　special; extraordinary

别 → 口+力+刂　other; else

（9）喜欢　xǐhuan　to like

喜 → 士+口+丷+一+口　to like

欢 → 又+欠　huān　joyous

（10）不见不散　bú jiàn bú sàn　to not leave before seeing each other

散 → 龷+月+攵　to become separate; to break up

## 实践活动 Activity

### 走一走，问一问　Go for a survey

问一问你身边的同学和朋友，哪家饭馆的菜好吃。

Ask your classmates and friends about which restaurants serve delicious food.

| 饭馆的名字 | 好吃的菜 |
| --- | --- |
| | |
| | |
| | |

## 文化点滴 Cultural Note

中国菜
Zhōngguócài
Chinese Food

千万别说你不爱吃中国菜，看看这些图片，保证你会迷上其中一个。

Never say you don't like Chinese food. Look at these pictures and you will definitely be fascinated by one of them.

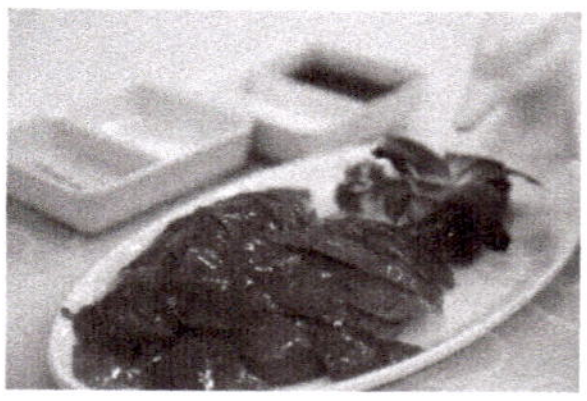

北京烤鸭
Běijīng kǎoyā

宫保鸡丁
Gōngbǎo jīdīng

麻婆豆腐
Mápó dòufu

西芹百合
xīqín bǎihé

松鼠桂鱼
sōngshǔ guìyú

鱼香肉丝
yúxiāng ròusī

**说一说　Talk**

1. 你喜欢吃中国菜吗？

   Do you like Chinese food?

2. 你吃过上边的哪些中国菜？

   Which of the above dishes have you tried?

## 学习后记 Summary

**词语　Vocabulary**

**语言点　Grammar**

# 20 有什么好吃的
## What Is Good Here

## 学习提示 Learning Tips

| | |
|---|---|
| 重点词<br>Key Words | 点菜　一会儿　能　有（一）点儿　（一）点儿　结账 |
| 重点句<br>Key Sentences | 1. 有　什么　好吃　的？<br>Yǒu shénme hǎochī de?<br>2. 我　不　能　吃辣的。<br>Wǒ bù néng chī là de.<br>3. 你们　的 鱼 有点儿 贵。<br>Nǐmen de yú yǒudiǎnr guì.<br>4. 喝 点儿　什么？<br>Hē diǎnr shénme? |
| 功能<br>Function | 点菜　Ordering dishes |

## 热身活动 Warm-up

### 想一想 Think about the following questions

1. 你常在哪儿吃饭？在食堂还是在饭馆？
   Where do you usually eat? In the university cafeteria or at restaurants?
2. 你觉得中国菜怎么样？
   What do you think of Chinese food?
3. 你喝茶吗？常喝什么茶？
   Do you drink tea? What kind of tea do you usually drink?

## 课文 Texts

20-01

（一）

服务员：先生，您几位？
Fúwùyuán: Xiānsheng, nín jǐ wèi?

金大成：两个人。
Jīn Dàchéng: Liǎng ge rén.

服务员：现在点菜吗？
Fúwùyuán: Xiànzài diǎn cài ma?

安娜：等一会儿，我们先看看。有什么好吃的？
Ānnà: Děng yíhuìr, wǒmen xiān kànkan. Yǒu shénme hǎochī de?

服务员：你们能吃辣的吗？我们的麻婆豆腐很好吃。这种鱼也不错，六十二块钱一斤。
Fúwùyuán: Nǐmen néng chī là de ma? Wǒmen de Mápó dòufu hěn hǎochī. Zhè zhǒng yú yě búcuò, liùshí'èr kuài qián yì jīn.

安娜：我 不 能 吃 辣 的。
Ānnà: Wǒ bù néng chī là de.

金大成：你们 的 鱼 有点儿[1] 贵。
Jīn Dàchéng: Nǐmen de yú yǒudiǎnr guì.

服务员：您 看，这 种 鱼 便宜，也 很 好吃。
Fúwùyuán: Nín kàn, zhè zhǒng yú piányi, yě hěn hǎochī.

金大成：好，我们 要 一个 鱼 和 一个 炒 土豆丝，再 要 两 碗 米饭。
Jīn Dàchéng: Hǎo, wǒmen yào yí ge yú hé yí ge chǎo tǔdòusī, zài yào liǎng wǎn mǐfàn.

服务员：喝 点儿[1] 什么？
Fúwùyuán: Hē diǎnr shénme?

安娜：喝 茶 吧。
Ānnà: Hē chá ba.

服务员：什么 茶？
Fúwùyuán: Shénme chá?

安娜：绿茶。
Ānnà: Lǜchá.

（一个 小时 以后）
(Yí ge xiǎoshí yǐhòu)

金大成：服务员，结账。
Jīn Dàchéng: Fúwùyuán, jiézhàng.

服务员：一共 一百零五 元，欢迎 再 来。
Fúwùyuán: Yígòng yìbǎilíngwǔ yuán, huānyíng zài lái.

## 练一练 Exercises

1. 听课文，说说你听到了什么 Listen to the text and talk about what you hear.
2. 跟老师读课文 Read the text after the teacher.
3. 三人一组，分角色读 Work in groups of three to play the roles and read the text.

4. 先回答问题，再根据课文互相提问

Answer the following questions and then ask each other questions based on the text.

（1）这个饭馆有什么好吃的？

（2）他们点了什么菜？

……

5. 三人一组，根据提示分角色表演

Work in groups of three and play the roles based on the following hints.

| 服务员 | 金大成 | 安娜 |
|---|---|---|
| ……几位？ | 两个人 | 等一会儿　先 |
| ……点菜……？ | 有点儿 | ……好吃的？ |
| 能……吗？　麻婆豆腐 | 要……和……， | 不能……辣的 |
| 鱼　六十二块钱 | 再要…… | 茶 |
| 种　便宜　也 | 结账 | 绿茶 |
| 喝点儿……？ | | |
| 什么茶？ | | |
| 一共　欢迎 | | |

## （二）

（金大成说）

今天我们去饭馆吃饭，我们问服务员有什么好吃的，服务员说鱼和麻婆豆腐都不错。麻婆豆腐很辣，安娜不能吃。她说她喜欢吃炒土豆丝。这家饭馆的饭菜很好吃，绿茶也不错，我们很高兴。

## 练一练　Exercises

1. 朗读课文　Read the text aloud.

2. 复述课文　Retell the text.

今天我们____________________，我们问服务员____________________，服务员说鱼和麻婆豆腐____________________。麻婆豆腐________________________，安娜____________________。她说________________________。

这家饭馆________________，绿茶________________，我们________________。

## 生词 New Words

20-02

| 序号 No. | 词语 Word / Phrase | 拼音 *Pinyin* | 词性 Word Class | 英文释义 Meaning in English | 例子 Example(s) |
|---|---|---|---|---|---|
| 1 | 先生 | xiānsheng | N | Mr.; sir | 张先生　王先生 |
| 2 | 位 | wèi | M | *a polite measure word for people* | 一位　几位　一位老师 |
| 3 | 现在 | xiànzài | N | now | 现在休息　现在上课<br>现在几点 |
| 4 | 点菜 | diǎn cài | | to order dishes | 现在点菜　点三个菜 |
| 5 | 一会儿 | yíhuìr | | a little while | 休息一会儿　学习一会儿<br>等一会儿 |
| 6 | 先 | xiān | Adv | first; before | 先吃　先去商店 |
| 7 | 看看 | kànkan | | to have a look | 我看看　你看看 |
| 8 | 能 | néng | OpV | can; to be able to;<br>to be capable of | 能去上课<br>能说汉语 (Hànyǔ, Chinese) |
| 9 | 辣 | là | A | spicy; hot | 很辣　不辣　辣的 |
| 10 | 种 | zhǒng | M | type; kind | 一种　两种　几种<br>这种　那种 |
| 11 | 斤 | jīn | M | *a measure word for weight* (=500g) | 一斤饺子<br>一斤苹果 (píngguǒ, apple) |
| 12 | 有（一）点儿 | yǒu(yì)-diǎnr | Adv | somewhat; a little bit | 有点儿远<br>有点儿忙 (máng, busy)<br>有一点儿不高兴 |
| 13 | 炒 | chǎo | V | to stir-fry | 炒菜 |
| 14 | 土豆 | tǔdòu | N | potato | |
| 15 | 丝 | sī | N | slice; shred | 土豆丝 |

| | | | | | |
|---|---|---|---|---|---|
| 16 | 再 | zài | Adv | again; once more | 再要一杯　再学一会儿 |
| 17 | 碗 | wǎn | N | bowl | 大碗　一碗米饭 |
| 18 | 喝 | hē | V | to drink | 喝水　喝咖啡 |
| 19 | （一）点儿 | (yì)diǎnr | | a few; a little | 吃点儿东西<br>买一点儿水果 |
| 20 | 茶 | chá | N | tea | 喝茶　红茶 (black tea) |
| 21 | 绿茶 | lǜchá | N | green tea | 买绿茶　喝点儿绿茶 |
| 22 | 小时 | xiǎoshí | N | hour | 一个小时　几个小时<br>两个小时以后 |
| 23 | 结账 | jiézhàng | VO | to settle accounts;<br>to pay a bill | 先结账　后结账 |
| 24 | 百 | bǎi | Num | hundred | 一百　两百　几百 |
| 25 | 零 | líng | Num | zero | 一百零一 (101)<br>两千零一十 (2010) |
| 26 | 元 | yuán | M | *unit of Chinese currency* | 一元　十元　一百元 |
| 27 | 欢迎 | huānyíng | V | to welcome | 欢迎你们 |
| 28 | 来 | lái | V | to come | 来这儿　欢迎再来 |

## 专有名词　Proper Noun

| | | |
|---|---|---|
| 麻婆豆腐 | Mápó dòufu | Mapo tofu, spicy and hot bean curd |

## 注释　Note

### [1] "有（一）点儿"和"（一）点儿"

Comparison between "有（一）点儿" and "（一）点儿"

"有（一）点儿 +A"表示"略微……"，常用于表达不如意、不满意。

The structure "有（一）点儿 +A" means "a little A", which often implies dissatisfaction.

（1）这种鱼六十二块钱一斤，有一点儿贵。

（2）他迟到（chídào, to be late）了，老师有点儿不高兴。

（3）今天作业有点儿多。

**注意：**“有（一）点儿”后边的 A 一般不能是表示肯定、积极意义的形容词。

**Note:** Usually the adjective after “有（一）点儿” cannot be a positive or commendatory one.

这种饺子有点儿好吃。（×）

“V+（一）点儿（+N）”，表示动作的宾语数量少。

The structure “V+（一）点儿（+N）” indicates the quantity of the object of the verb is small.

A：你要多少米饭？

B：我就（only）要一点儿米饭。/ 我就要一点儿。

“V+（一）点儿（+N）”，“（一）点儿”还可以起缓和语气的作用。

In the structure “V+（一）点儿（+N）”, “（一）点儿” can also soften the tone.

（1）A：您喝点儿什么？

B：喝茶吧。

（2）A：你去哪儿？

B：我去买点儿东西。

（3）A：你吃米饭吗？

B：吃一点儿吧。

## 练一练 Exercises

1. 替换练习 Substitution drills.

（1）六十二 有点儿 贵。

| | |
|---|---|
| 今天的作业<br>这个房间<br>这个菜 | 多<br>小（xiǎo, small）<br>辣 |

（2）我们 喝 点儿 绿茶 吧。

| | |
|---|---|
| 要<br>吃<br>买 | 咖啡<br>鱼<br>东西 |

2. 用“有（一）点儿”或者“（一）点儿”填空

Fill in the blanks using “有（一）儿” or “（一）点儿”.

（1）这个菜 50 元，＿＿＿＿＿＿贵。

（2）从学校到天安门＿＿＿＿＿＿远。

（3）A：我们喝什么？

B：喝＿＿＿＿＿＿绿茶吧。

（4）今天我的课＿＿＿＿＿＿多，有六节课，上午、下午都有课。

（5）A：你喝酒（jiǔ, wine）吗？

B：每天喝＿＿＿＿＿＿，不多。

（6）我们吃＿＿＿＿＿＿东西吧。

（7）那儿的东西＿＿＿＿＿＿贵，校内的便宜。

（8）我去买＿＿＿＿＿＿吃的，你在这儿等我。

（9）这个房间＿＿＿＿＿＿小，我喜欢大房间。

## 语法 Grammar

### 1 "的"字短语 The "的" phrase

| | | | | |
|---|---|---|---|---|
| N<br>Pr<br>V<br>A<br>Ph | + | 的 | = | NP |

**例如：**

| | | | | | |
|---|---|---|---|---|---|
| 老师 | 的 | → | 老师 | 的 | 书（房间、东西……） |
| 他 | 的 | → | 他 | 的 | 房间（东西、车……） |
| 做 | 的 | → | 做 | 的 | 饺子（包子、东西……） |
| 好吃 | 的 | → | 好吃 | 的 | 东西 |
| 骑自行车 | 的 | → | 骑自行车 | 的 | 人 |

“的”字短语在句子中可以做主语（S）或宾语（O）。

A “的” phrase can be used as the subject or the object in a sentence.

（1）老师的便宜，我的贵。（主语 S）
（2）他的房间很大，我的不太大。（主语 S）
（3）你们能吃辣的吗？（宾语 O）
（4）这儿有什么好吃的？（宾语 O）
（5）你看，那个骑自行车的就是我的老师。（主语 S）

## 练一练 Exercises

1. 替换练习　Substitution drills.

（1）这是老师的，不是学生的。

| 老师的 | 学生的 |
| --- | --- |
| 金在元的 | 金大成的 |
| 日本学生的 | 韩国学生的 |
| 这位先生的 | 那位小姐（xiǎojiě, young lady）的 |

（2）他的书很多，我的不多。

| 他的书 | 多 | 我的 | 多 |
| --- | --- | --- | --- |
| 我们的课 | 多 | 他们的 | 多 |
| 你的蛋糕 | 好吃 | 我的 | 好吃 |
| 她的歌 | 好听 | 他的 | 好听 |

（3）有什么好吃的？

- 好看的
- 好喝的
- 便宜的

（4）你看，那个踢足球的就是杰克。

- 买咖啡的
- 点菜的
- 游泳的

2. 用“的”字短语完成句子

Complete the following sentences using “的” phrases.

（1）这儿有两个手机，一个是________________，一个是________________。

（便宜　贵　/　大　小　/　红　白）

（2）这儿有两个房间，____________________，____________________。（安娜的房间　金大成的房间　/　大　小）

## 2 能愿动词“能”（表示有能力做某事） The optative verb “能” (indicating capability)

能愿动词“能”，用在动词或动词短语前，表示有能力做某事。

The optative verb “能” is used before a verb or a verbal phrase to express the capability of doing something.

否定形式：“不能（……）”。

The negative form is “不能（……）”.

疑问形式：“能……吗？”“能不能……？”。

The interrogative form is “能……吗？” or “能不能……？”.

多知道一点儿

A：你可以吃辣的吗？

B：可以。

C：我不行，我不能吃辣的。

（1）这种咖啡不苦（kǔ, bitter），我能喝。

（2）A：你能吃辣的吗？　/　你能不能吃辣的？

　　B：不能。

（3）今天我不舒服（shūfu, well; comfortable），不能去上课。

### 练一练 Exercises

两人一组，看图说话，使用“能……吗？”“能不能……？”“不能（……）”“能（……）”等结构

Work in pairs and talk about the pictures using “能……吗？”, “能不能……？”, “不能（……）” or “能（……）”, etc.

看书　上课　做作业　游泳

（1）

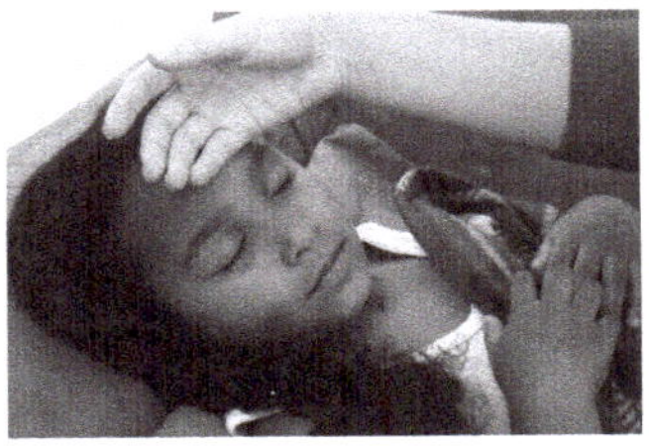

小丽

（2）

小明

## 情景交际 Communication

三个同学一组（一个服务员、两个客人），表演去饭馆吃饭。准备时间：3 ～ 5 分钟。

Work in groups of three to role-play having dinner in a restaurant (one as a waiter/waitress and the other two as customers). Preparation time: 3-5 minutes.

提示 Tips

菜单（càidān, menu） 凉菜（liángcài, cold dish）
热菜（rècài, hot dish） 主食（zhǔshí, staple food）
汤（tāng, soup） 酒水（jiǔshuǐ, drinks）

## 写作 Writing

### 添句成段 Write more sentences to compose a paragraph

在所给句子前后加上两三句话，把它补充成一段完整的文字。

Write two or three sentences before or after the given sentence to make a complete passage.

换一个菜吧

______________________________

______________________________

______________________________

## 语音 Pronunciation

### 趣味朗读　Interesting reading material　20-03

姐姐　妹妹　吃　苹果
Jiějie mèimei chī píngguǒ

姐姐　妹妹　吃　苹果，
Jiějie mèimei chī píngguǒ,

姐姐 吃　小 的，妹妹　吃 大 的。
jiějie chī xiǎo de, mèimei chī dà de.

小　的 是 买 的，大 的 是 给 的。
Xiǎo de shì mǎi de, dà de shì gěi de.

小　的 不 好吃，大 的 很　好吃。
Xiǎo de bù hǎochī, dà de hěn hǎochī.

好吃　的 不 便宜，便宜 的 不 好吃。
Hǎochī de bù piányi, piányi de bù hǎochī.

## 汉字 Characters

### 1 汉字的部件（7）　Components of Chinese characters (7)

| | | |
|---|---|---|
| 忄 shùxīnpáng heart | 快 fast | 忄+夬 |

| | | |
|---|---|---|
| 心 xīnzìdǐ thinking; feeling | 息 breath | 自+心 |
| | 您 (*the respectful form of "你"*) you | 你+心 |
| | 怎 how | 乍+心 |
| | 意 meaning; idea | 音+心 |

## 2 认写基本汉字 Learn and write the basic Chinese characters

（1）先 xiān first; before

丿 𠂉 ⺧ 生 𫝀 先 6 strokes

（2）辛 xīn (as in flavour) hot; spicy

丶 亠 亠 立 立 辛 辛 7 strokes

（3）束 shù to bind

一 𠃊 𠕁 𠕁 申 束 束 7 strokes

（4）火 huǒ fire

丶 丷 少 火 4 strokes

（5）录 lù to record

乛 コ ヨ 寻 寻 寻 录 录 8 strokes

（6）雨 yǔ rain

一 厂 冂 币 币 雨 雨 雨 8 strokes

（7）令 lìng to command

丿 人 今 今 令 5 strokes

（8）来 lái to come

一 𠃊 𠕁 亚 平 来 来 7 strokes

## 3 认写本课汉字 Learn and write the Chinese characters in this lesson

（1）位 wèi *a polite measure word for people*

位 → 亻+立

（2）现在 xiànzài now

现 → 王+见 present; current

（3）一会儿 yíhuìr a little while

会 → 人+云 moment

（4）能　néng　can; to be able to; to be capable of

能 → 厶 + 月 + 匕 + 匕

（5）辣　là　spicy; hot

辣 → 辛 + 束

（6）种　zhǒng　type; kind

种 → 禾 + 中

（7）炒　chǎo　to stir-fry

炒 → 火 + 少

（8）丝　sī　slice; shred

丝 → 纟 + 纟 + 一

（9）再　zài　again; once more

再 → 一 + 冂 + 土

（10）碗　wǎn　bowl

碗 → 石 + 宀 + 夕 + 㔾

（11）喝　hē　to drink

喝 → 口 + 曰 + 勹 + 人 + 乚

（12）茶　chá　tea

茶 → 艹 + 人 + 木

（13）绿茶　lǜchá　green tea

绿 → 纟 + 录　green

（14）小时　xiǎoshí　hour

时 → 日 + 寸　time; hour

（15）结账　jiézhàng　to settle accounts; to pay a bill

结 → 纟 + 士 + 口　to settle; to conclude

账 → 贝 + 长　account

（16）零　líng　zero

零　→　雨 + 令

（17）欢迎　huānyíng　to welcome

迎　→　𠂆 + 卩 + 辶　to meet; to greet

## 实践活动 Activity

### 走一走，问一问　Go for a survey

你知道的中国菜有哪些？你常吃什么中国菜？你的朋友呢？请把菜名写在下面的表格里。

What Chinese dishes do you know? What Chinese dishes do you often have? How about your friends? Write down the answers in the following form.

| 我知道的中国菜 | 我常吃的中国菜 | 我朋友知道的中国菜 | 我朋友常吃的中国菜 |
|---|---|---|---|
| | | | |

## 文化点滴 Cultural Note

中国的茶文化
Zhōngguó de chá wénhuà
Chinese Tea Culture

喝中国茶，懂中国人。

Drink Chinese tea and understand Chinese people.

茶文化
chá wénhuà

茶室
cháshì

茶具
chájù

茶艺
cháyì

**答一答，圈一圈　Answer the questions and circle the pictures**

1. 你去过中国的茶室吗？你觉得那儿的环境怎么样？

   Have you been to a Chinese tea house? What do you think of the environment there?

2. 你喜欢喝哪种茶？请圈出来。

   Which kind of tea do you like? Circle it.

   A. 红茶　black tea　　B. 绿茶　green tea　　C. 花茶　scented tea

## 学习后记 Summary

**词语　Vocabulary**

**语言点　Grammar**

## 注释、语法：单元总结（三）（第17课～第20课）

## Notes and Grammar: Unit Review 3 (Lesson 17 ~ Lesson 20)

| 课号 Lesson | 注释/语法 Note / Grammar | | 页码 Page No. | 例句 Example sentence | 我的句子 My sentence |
|---|---|---|---|---|---|
| 第17课 | 注释 | "又……又……" | 5 | 不贵，又好吃又便宜。 | |
| | | "太……了" | | 太好了，中午人多吗？ | |
| | | 连词"和" | | 今天中午我和杰克一起去吃意大利面条。 | |
| | 语法 | 疑问代词"怎么样" | 8 | 学校食堂怎么样？ | |
| | | 正反疑问句 | | 贵不贵？ | |
| 第18课 | 注释 | 介词"从" | 21 | 从学校到天安门，坐出租车要多少钱？ | |
| | 语法 | "是"字句（表示存在） | 22 | 天安门北边就是故宫。 | |
| | | 疑问代词"怎么" | | 怎么去？ | |
| | | 方位词 | | 天安门北边就是故宫。 | |
| 第19课 | 注释 | 连词"那" | 37 | 那我请你唱歌。 | |
| | | 连词"还是" | | 在东门还是在南门？ | |
| | 语法 | "有"字句（表示存在） | 39 | 听说学校附近有一家好吃的饭馆。 | |
| | | 介词结构做状语 | | 下午四点我在学校东门等你。 | |
| 第20课 | 注释 | "有（一）点儿"和"（一）点儿" | 53 | 你们的鱼有点儿贵。<br>喝点儿什么？ | |
| | 语法 | "的"字短语 | 55 | 有什么好吃的？ | |
| | | 能愿动词"能"（表示有能力做某事） | | 我不能吃辣的。 | |

# 21 我想送爸爸妈妈一件礼物

## I Want to Give My Parents a Gift

## 学习提示 Learning Tips

| | |
|---|---|
| 重点词<br>Key Words | 想　送　知道　对……感兴趣　觉得　可以　漂亮 |
| 重点句<br>Key Sentences | 1. 我 想 送 爸爸 妈妈 一 件 礼物。<br>Wǒ xiǎng sòng bàba māma yí jiàn lǐwù.<br>2. 他们 对 中国 的 东西 都 很 感 兴趣。<br>Tāmen duì Zhōngguó de dōngxi dōu hěn gǎn xìngqù.<br>3. 我 觉得 茶 不错。<br>Wǒ juéde chá búcuò.<br>4. 你 可以 送 他们 茶。<br>Nǐ kěyǐ sòng tāmen chá.<br>5. 我 常常 喝 龙井茶。<br>Wǒ chángcháng hē Lóngjǐngchá. |
| 功能<br>Functions | 咨询　Consulting<br>建议　Making suggestions |

## 热身活动 Warm-up

**想一想** Think about the following questions

1. 你的爸爸妈妈对什么感兴趣？
   Is there anything that your parents are particularly interested in?
2. 爸爸妈妈过生日，你打算送他们什么礼物？
   On your parents' birthdays, what gifts are you going to give them?
3. 你喜欢喝茶吗？你知道哪些中国茶？
   Do you like tea? Which kinds of Chinese tea do you know?

## 课文 Texts

21-01

### （一）

（在 教室 里，安娜 跟 王 老师 聊天儿）
(Zài jiàoshì li, Ānnà gēn Wáng lǎoshī liáotiānr)

安娜：王 老师，我 想 送 爸爸 妈妈 一 件 礼物，我 不 知道 送 什么。
Ānnà: Wáng lǎoshī, wǒ xiǎng sòng bàba māma yí jiàn lǐwù, wǒ bù zhīdào sòng shénme.

王老师：那 他们 对 什么 感 兴趣[1]？
Wáng lǎoshī: Nà tāmen duì shénme gǎn xìngqù?

安娜：他们 对 中国 的 东西 都 很 感 兴趣。
Ānnà: Tāmen duì Zhōngguó de dōngxi dōu hěn gǎn xìngqù.

王老师：我 觉得 茶 不错，你 可以 送 他们 茶。
Wáng lǎoshī: Wǒ juéde chá búcuò, nǐ kěyǐ sòng tāmen chá.

安娜：什么 茶 好？
Ānnà: Shénme chá hǎo?

王老师：我 常常 喝 龙井茶，味道 好，颜色 也 很 漂亮。
Wáng lǎoshī: Wǒ chángcháng hē Lóngjǐngchá, wèidao hǎo, yánsè yě hěn piàoliang.

安娜：我 听说 中国 有 绿茶、红茶、花茶，龙井茶 是 什么 茶？
Ānnà: Wǒ tīngshuō Zhōngguó yǒu lǜchá、hóngchá、huāchá, Lóngjǐngchá shì shénme chá?

王老师：是 绿茶。
Wáng lǎoshī: Shì lǜchá.

## 练一练　Exercises

1. 听课文，说说你听到了什么　Listen to the text and talk about what you hear.
2. 跟老师读课文　Read the text after the teacher.
3. 两人一组，分角色读　Work in pairs to play the roles and read the text.
4. 先回答问题，再根据课文互相提问
   Answer the following questions and then ask each other questions based on the text.
   (1) 安娜的爸爸妈妈对什么感兴趣？
   (2) 王老师常喝什么茶？
   ……
5. 两人一组，根据提示分角色表演
   Work in pairs and play the roles based on the following hints.

| 安娜 | 王老师 |
| --- | --- |
| 想　不知道 | 对……感兴趣？ |
| 都 | 觉得　可以 |
| 什么……好？ | 常常　味道　颜色 |
| 听说中国有……　龙井茶 | 绿茶 |

## （二）

（安娜说）

我想送爸爸妈妈一件礼物，不知道送什么。他们对中国的东西都很感兴趣。

王老师说茶不错，可以送他们茶。王老师还说龙井茶很好，味道好，颜色也很漂亮，他常常喝。我打算明天下午去买点儿茶。

## 练一练 Exercises

1. 朗读课文 Read the text aloud.

2. 复述课文 Retell the text.

我想__________，不知道__________。他们对中国的东西都__________。王老师说__________，可以__________。王老师还说__________，味道__________，颜色__________，他常常__________。我打算__________去买点儿茶。

## 生词 New Words

21-02

| 序号 No. | 词语 Word / Phrase | 拼音 *Pinyin* | 词性 Word Class | 英文释义 Meaning in English | 例子 Example(s) |
| --- | --- | --- | --- | --- | --- |
| 1 | 教室 | jiàoshì | N | classroom | 在教室 去教室 |
| 2 | 跟 | gēn | Prep | with; to; from | 跟……打电话 跟我学 跟他走 |
| 3 | 聊天儿 | liáotiānr | VO | to chat | 跟老师聊天儿 聊一会儿天儿 |
| 4 | 想 | xiǎng | OpV/V | to want to; would like/ to miss | 想去游泳 不想吃中国菜 想妈妈 |
| 5 | 送 | sòng | V | to give (as a present); to send | 送东西 送他书 |
| 6 | 爸爸 | bàba | N | father | 我爸爸 好爸爸 |
| 7 | 妈妈 | māma | N | mother | 我妈妈 你妈妈 |
| 8 | 件 | jiàn | M | piece | 一件衣服 (yīfu, clothes) 一件事 (shì, thing; matter) |

| | | | | | |
|---|---|---|---|---|---|
| 9 | 礼物 | lǐwù | N | gift; present | 一件礼物　生日礼物 |
| 10 | 知道 | zhīdao | V | to know | 不知道　想知道 |
| 11 | 对……感兴趣 | duì……gǎn xìngqù | | to be interested in | 对茶感兴趣<br>对中国很感兴趣 |
| 12 | 觉得 | juéde | V | to feel; to think | 觉得很好　觉得不远 |
| 13 | 可以 | kěyǐ | OpV | can; may | 可以便宜一点儿　可以休息 |
| 14 | 颜色 | yánsè | N | colour | 颜色很多 |
| 15 | 漂亮 | piàoliang | A | pretty; beautiful | 颜色很漂亮　她很漂亮 |
| 16 | 红茶 | hóngchá | N | black tea | 一杯红茶　喝红茶 |
| 17 | 花茶 | huāchá | N | scented tea | 一杯花茶　喜欢喝花茶 |

## 专有名词　Proper Noun

| | | |
|---|---|---|
| 龙井茶 | Lóngjǐngchá | Longjing tea, a variety of green tea from Hangzhou, Zhejiang Province |

## 注释 Note

### [1] "对……感兴趣"　The structure "对……感兴趣"

"对……感兴趣"，用介词"对"引出"感兴趣"的对象。

The preposition "对" in the structure "对……感兴趣" introduces the object in which someone is interested.

（1）他是留学生，他对中国人的名字很感兴趣。
（2）这是我爸爸，他对足球很感兴趣。
（3）我特别喜欢唱歌，对中国歌很感兴趣。

> 多知道一点儿
> A：你喜欢足球吗？
> B：我对足球不感兴趣。
> C：我也是，我对足球没兴趣。

#### 练一练　Exercises

用"对……感兴趣"完成句子　Complete the following sentences using "对……感兴趣".

（1）______________________，常常在宿舍里做饭。

（2）______________________，打算明年来中国学汉语（Hànyǔ, Chinese）。

（3）A：____________________________________________？

B：我对语言（yǔyán, language）特别感兴趣。

## 语法 Grammar

### 1 能愿动词“想” The optative verb “想”

能愿动词“想”放在动词或动词短语前，表达有做某事的愿望、想法或打算。

The optative verb “想” is used before a verb or a verbal phrase to indicate desire, intention or plan to do something.

否定形式：“不想（……）”。

The negative form is “不想（……）”.

疑问形式：“想……吗？”“想不想……？”。

The interrogative form is “想……吗？” or “想不想……？”.

（1）她想要一块水果蛋糕，你呢？

（2）他们星期六想去故宫。

（3）明天是周末，你们想去哪儿？

（4）A：明天你想去游泳吗？

B：我不想去游泳，想去踢足球。

（5）A：今天中午你想不想去外边吃饭？

B：我很想去，我们一起去吧。

### 练一练 Exercises

1. 用“想”、“不想”、“想……吗”或“想不想”完成对话

Complete the following dialogues using “想”, “不想”, “想……吗” or “想不想”.

（1）A：中午你想去哪儿吃饭？

B：____________________________________________。

（2）A：星期六上午你做什么？

B：____________________________________________。

（3）A：今天晚上你想去图书馆学习吗？

　　B：________________。

（4）A：明天下午我没有课，________________？

　　B：我不想去。

2. 组句　Rearrange the words and phrases to make sentences.

（1）太　今天　我　吃　不　想　面条

________________

（2）很　我　吃　想　北京烤鸭

________________

（3）北京语言大学　你　不　想　学　想　去　汉语

________________

## 2 双宾语动词谓语句　A sentence with a ditransitive verbal predicate

在汉语中，有些动词能带两个宾语，前一个宾语是人，后一个宾语是事物，这种动词被称为双宾语动词。双宾语动词有“给”“送”“问”“教（jiāo, to teach）”“告诉（gàosu, to tell）”等。双宾语动词谓语句的基本格式是“V+ O1（sb.）+ O2（sth.）”。

Some verbs in Chinese can take two objects, the first being (a) person(s) and the second being (a) thing(s). They are called ditransitive verbs, such as “给”, “送”, “问”, “教 (jiāo, to teach)” and “告诉 (gàosu, to tell)”, etc. The basic pattern of sentences with a ditransitive verbal predicate is “V+ O1 (sb.) + O2 (sth.)”.

| 主语（S） | 谓语（P） | 宾语（O） | | 标点（Punctuation） |
|---|---|---|---|---|
| | | O1（Sb.） | O2（Sth.） | |
| 他 | 给 | 我 | 一杯咖啡 | 。 |
| 爱子 | 送 | 杰克 | 一个足球 | 。 |
| 我 | 想问 | 王老师 | 一个问题（wèntí, question） | 。 |

### 练一练 Exercises

替换练习 Substitution drills.

我 想 送 爸爸妈妈 一件礼物。

| | | |
|---|---|---|
| 送 | 安娜 | 一本外文书 |
| 送 | 爸爸 | 一个手机（shǒujī, cell phone） |
| 给 | 金大成 | 一杯绿茶 |

## 3 能愿动词"可以"（表示建议） The optative verb "可以" (indicating suggestion)

能愿动词"可以"放在动词或动词短语前，可表示委婉地建议。

The optative verb "可以" can be used before a verb or a verbal phrase to express a suggestion in a mild tone.

（1）晚上你可以在图书馆学习。

（2）我们可以在那儿换地铁。

（3）你可以去食堂吃饭，又好吃又便宜。

（4）A：我们可（以）不可以先吃饭，再去银行？

B：可以。/ 好。/ 行。/ 好的。/

不行，……。

### 练一练 Exercises

用"可以"完成对话 Complete the following dialogues using "可以".

（1）A：我们怎么去故宫？

B：____________________。

（2）A：我们几点去游泳？

B：____________________。

（3）A：我们去哪儿学习？

B：____________________。

（4）A：我不想住校外，太不方便了。

B：____________________，很方便，也不太贵。

## 情景交际 Communication

两人一组，商量（shāngliang, to discuss）给好朋友送什么生日礼物。准备时间：3 ～ 5 分钟。

Work in pairs to discuss the birthday gift you'd like to give a friend. Preparation time: 3-5 minutes.

提示 Tips

想 送 礼物 对……感兴趣 不错

可以 送 + sb. + sth. 我觉得……

## 写作 Writing

### 添句成段 Write more sentences to compose a paragraph

在所给句子前后加上两三句话，把它补充成一段完整的文字。

Write two or three sentences before or after the given structure to make a complete passage.

我对……很感兴趣

________________________________________

________________________________________

________________________________________

## 语音 Pronunciation

### 趣味朗读 Interesting reading material 21-03

喝 什么 茶

Hē shénme chá

冷 (cold) 天 喝 红茶，

Lěng tiān hē hóngchá,

热 (hot) 天　喝 绿茶。
rè　　tiān hē lǜchá.

减肥 (to lose weight) 喝　乌龙，
Jiǎnféi　　hē Wūlóng,

上火 (to suffer from excessive internal heat) 喝 菊花。
shànghuǒ　　hē júhuā.

## 汉字 Characters

### 1 汉字的部件（8） Components of Chinese characters (8)

| | | |
|---|---|---|
| 礻 shìzìpáng ritual | 祝 to wish | 礻+兄 |
| | 礼 ceremony; courtesy; gift | 礻+乚 |

| | | |
|---|---|---|
| 纟 jiǎosīpáng silk | 红 red | 纟+工 |
| | 给 to give | 纟+合 |
| | 绿 green | 纟+录 |
| | 结 to knit; to knot | 纟+吉 |

### 2 认写基本汉字　Learn and write the basic Chinese characters

（1）耳　ěr　ear

一 厂 丌 川 ⺤ 耳　6 strokes

（2）页　yè　page

一 丆 丆 百 页 页　6 strokes

（3）示　shì　to show

一 二 亍 亓 示　5 strokes

（4）化　huà　to change; to transform

丿　亻　仆　化　4 strokes

## 3 认写本课汉字　Learn and write the Chinese characters in this lesson

（1）想　xiǎng　to want to; would like/to miss

想　→　木+目+心

（2）送　sòng　to give (sth. as a present); to send

送　→　丷+天+辶

（3）爸爸　bàba　father

爸　→　父+巴　father

（4）妈妈　māma　mother

妈　→　女+马　mother

（5）件　jiàn　piece

件　→　亻+牛

（6）礼物　lǐwù　gift; present

礼　→　礻+乚　gift

物　→　牜+勿　thing

（7）教室　jiàoshì　classroom

教　→　耂+子+攵　to teach

室　→　宀+至　room

（8）跟　gēn　with; to; from

跟　→　⻊+艮

（9）聊天儿　liáotiānr　to chat

聊　→　耳+卯　to chat

（10）知道　zhīdao　to know

知 → 矢+口　to know

（11）对……感兴趣　duì…… gǎn xìngqù　to be interested in

对 → 又+寸　concerning; regarding

感 → 戊+一+口+心　to feel

趣 → 走+耳+又　interest; delight

（12）觉得　juéde　to feel; to think

觉 → ⺍+见　to feel

得 → 彳+日+一+寸　dé　to get

（13）可以　kěyǐ　can; may

可 → 丁+口　can; may

（14）颜色　yánsè　colour

颜 → 彦+页　colour

色 → ⺈+巴　colour

（15）漂亮　piàoliang　pretty; beautiful

漂 → 氵+覀+示

亮 → 亠+口+冖+几　liàng　bright

（16）花茶　huāchá　scented tea

花 → 艹+化　flower

## 实践活动 Activity

### 走一走，问一问　Go for a survey

问问同学：回国的时候他们打算送爸爸妈妈什么礼物？

Interview your classmates about the gifts they are going to give their parents when they return to their own countries.

| 姓名 | 想送爸爸什么礼物 | 想送妈妈什么礼物 |
| --- | --- | --- |
| | | |
| | | |
| | | |
| | | |
| | | |

## 文化点滴 Cultural Note

中国的旗袍
Zhōngguó de qípáo
Chinese Cheongsam

旗袍——最有中国特色的服装，不过现在穿的人并不多。

Cheongsam — the most distinctive Chinese dress, but few wear it now.

**说一说　Talk**

1. 你喜欢旗袍吗？　Do you like cheongsams?
2. 你有旗袍吗？常穿吗？　Do you have a cheongsam? If you do, do you often wear it?

## 学习后记 Summary

| 词语 Vocabulary | 语言点 Grammar |
| --- | --- |
| | |

# 22 你会唱《朋友》吗

## Can You Sing the Chinese Song *Friends*

## 学习提示 Learning Tips

| | |
|---|---|
| 重点词<br>Key Words | 谁　会　只　教　简单　容易　好听　遍　请 |
| 重点句<br>Key Sentences | 1. 你们　谁　会　唱　中文　歌？<br>Nǐmen shéi huì chàng Zhōngwén gē?<br>2. 我　教　你们　一　首　《朋友》　吧。<br>Wǒ jiāo nǐmen yì shǒu《Péngyou》ba.<br>3. 你　唱　一　遍，好　吗？<br>Nǐ chàng yí biàn, hǎo ma?<br>4. 我　还　不　会。<br>Wǒ hái bú huì.<br>5. 请　您　再　教　我们　一　遍　吧。<br>Qǐng nín zài jiāo wǒmen yí biàn ba. |
| 功能<br>Function | 技能的习得　Acquisition of skills |

## 热身活动 Warm-up

**想一想** Think about the following questions

1. 你会唱中文歌吗？ Can you sing Chinese songs?
2. 你觉得中文歌好听吗？ How do you like Chinese songs?
3. 你想学中文歌吗？ Would you like to learn Chinese songs?

## 课文 Texts

22-01

### （一）

（在 教室 里）
(Zài jiàoshì li)

王老师：你们 谁 会 唱 中文 歌？
Wáng lǎoshī: Nǐmen shéi huì chàng Zhōngwén gē?

杰克：我们 只 会 唱《祝 你 生日 快乐》。
Jiékè: Wǒmen zhǐ huì chàng《Zhù nǐ shēngrì kuàilè》.

王老师：我 教 你们 一 首 《朋友》 吧，不 难，歌词 很 简单，很 容易 学。
Wáng lǎoshī: Wǒ jiāo nǐmen yì shǒu《Péngyou》ba, bù nán, gēcí hěn jiǎndān, hěn róngyì xué.

杰克：太 好 了！
Jiékè: Tài hǎo le!

（学 歌）
(Xué gē)

王老师：杰克，你觉得好听吗？
Wáng lǎoshī: Jiékè, nǐ juéde hǎotīng ma?

杰克：好听。
Jiékè: Hǎotīng.

王老师：这首歌以前很流行，大家都爱唱。金大成，你唱一遍[1]，好吗？
Wáng lǎoshī: Zhè shǒu gē yǐqián hěn liúxíng, dàjiā dōu ài chàng. Jīn Dàchéng, nǐ chàng yí biàn, hǎo ma?

金大成：我还[2]不会，请您再教我们一遍吧。
Jīn Dàchéng: Wǒ hái bú huì, qǐng nín zài jiāo wǒmen yí biàn ba.

（王老师又教了一遍）
(Wáng lǎoshī yòu jiāole yí biàn)

王老师：怎么样，金大成，现在能唱一遍吗？
Wáng lǎoshī: Zěnmeyàng, Jīn Dàchéng, xiànzài néng chàng yí biàn ma?

金大成：行。
Jīn Dàchéng: Xíng.

## 练一练 Exercises

1. 听课文，说说你听到了什么 Listen to the text and talk about what you hear.
2. 跟老师读课文 Read the text after the teacher.
3. 三人一组，分角色读 Work in groups of three to play the roles and read the text.
4. 先回答问题，再根据课文互相提问
   Answer the following questions and then ask each other questions based on the text.
   （1）金大成他们会唱哪首中文歌？
   （2）《朋友》这首歌怎么样？
   ……

5. 三人一组，根据提示分角色表演

Work in groups of three and play the roles based on the following hints.

| 王老师 | 杰克 | 金大成 |
| --- | --- | --- |
| ……谁会……？<br>教　不难　简单　容易<br>觉得　好听<br>流行　爱　……，好吗？<br>怎么样，……现在能……？ | 只会<br>太……了<br>好听 | 还　再　一遍<br>行 |

## （二）

（金大成说）

我很喜欢听中文歌。听说中文歌不容易唱，我只会唱《祝你生日快乐》。今天王老师说教我们一首《朋友》。《朋友》不难，很好听，歌词简单，很容易学。他说这首歌以前很流行，大家都爱唱。王老师让我们唱一遍，我们很高兴。我不知道唱这首歌的人叫什么名字，我很想知道他叫什么。

### 练一练　Exercises

1. 朗读课文　Read the text aloud.

2. 复述课文　Retell the text.

我很喜欢____________________。听说中文歌____________________，我只会____________________。今天王老师说____________________。《朋友》不____________________，很____________________，歌词____________________，很容易____________________。他说这首歌以前____________________，大家____________________。王老师让____________________，我们很____________________。我不知道____________________，我很想知道____________________。

## 生词 New Words

22-02

| 序号 No. | 词语 Word | 拼音 *Pinyin* | 词性 Word Class | 英文释义 Meaning in English | 例子 Examples |
|---|---|---|---|---|---|
| 1 | 谁 | shéi/shuí | Pr | who; whom | 谁去 是谁 谁的<br>谁的东西 |
| 2 | 会 | huì | OpV/V | can; to be able to/<br>to have knowledge of | 会做饭 不会游泳<br>会汉语 (Hànyǔ, Chinese) |
| 3 | 唱 | chàng | V | to sing | 唱一会儿 唱一个小时 |
| 4 | 中文 | Zhōngwén | N | Chinese (language) | 中文名字 中文书 |
| 5 | 歌 | gē | N | song | 唱歌 中文歌 外文歌 |
| 6 | 只 | zhǐ | Adv | only; merely | 只会汉语 只买一个<br>只会说"你好！" |
| 7 | 教 | jiāo | V | to teach | 教他唱歌 教我们中文歌<br>教我们汉语 |
| 8 | 首 | shǒu | M | *a measure word for poems and songs* | 一首歌<br>一首诗 (shī, poem) |
| 9 | 朋友 | péngyou | N | friend | 好朋友 很多朋友 |
| 10 | 难 | nán | A | difficult | 很难 有点儿难 难唱 |
| 11 | 歌词 | gēcí | N | lyrics | 不知道歌词 歌词有点儿难 |
| 12 | 简单 | jiǎndān | A | simple | 很简单 歌词简单 |
| 13 | 容易 | róngyì | A | easy | 很容易 容易唱 |
| 14 | 学 | xué | V | to learn; to study | 学中文歌 学汉语 容易学 |
| 15 | 好听 | hǎotīng | A | pleasant to hear | 很好听 好听的歌 |
| 16 | 流行 | liúxíng | A | popular; in vogue | 很流行 流行歌 |
| 17 | 大家 | dàjiā | Pr | all; everyone; everybody | 大家好 大家都去<br>大家一起唱 |
| 18 | 爱 | ài | V/N | to love; to like/love | 我爱你 爱听 不爱说<br>妈妈的爱 |
| 19 | 遍 | biàn | M | (*for actions*) once through | 学一遍 唱一遍 说一遍 |
| 20 | 请 | qǐng | V | please | 请坐 请说 请喝茶 |
| 21 | 让 | ràng | V | to let; to allow | 让我说 老师让他唱一遍<br>不让他去 |

## 注释 Notes

### [1] 动量词“遍” The verbal measure word “遍”

有一类量词放在动词的后边，表示动作的量，叫动量词。“数词 + 遍”放在动词后做动量补语，强调从头到尾完成整个过程的次数。

A verbal measure word is a measure word used after a verb to indicate the frequency of an action. The structure “numeral + 遍” follows a verb and functions as a complement of frequency, emphasizing the number of times an action is completed from beginning to end.

（1）请你唱一遍这首歌。
（2）张老师，您能再教我们一遍吗？
（3）这本（běn, *a measure word for books*）书我打算看两遍。

#### 练一练 Exercises

替换练习 Substitution drills.

我 想 再 听 一遍。

| | |
|---|---|
| 他 | 说 |
| 我们 | 唱 |

### [2] 副词“还” The adverb “还”

副词“还”放在动词或形容词前，表示动作或状态的持续。如果动词前有介词结构、能愿动词或者“不 / 没有”，“还”放在它们前面。

The adverb “还” is used before a verb or an adjective to indicate the continuation of an action or a state. If the verb is preceded by a prepositional phrase, an optative verb or the negative word “不 / 没有”, the adverb “还” is used before them.

（1）二十年不见，她还很漂亮。
（2）晚上十点他还在图书馆看书。
（3）这种茶很好喝，我还想再喝一杯。
（4）我现在还不想吃饭，你们吃吧。
（5）他还没有女朋友（nǚpéngyou, girlfriend）。

### 练一练 Exercises

给“还”选择恰当的位置　Choose a proper position for “还” in each sentence.

（1）张老师，您能__A__再__B__教一遍吗？我__C__不会。

（2）爱子今年__A__想__B__在中国__C__学汉语。

（3）__A__你__B__爱我__C__吗？

（4）你爸爸__A__现在__B__对足球很__C__感兴趣吗？

（5）__A__那个饭馆的鱼__B__很贵__C__吗？

## 语法 Grammar

### 1 能愿动词“会”(表示技能的习得)

The optative verb “会” (indicating the acquisition of a skill)

能愿动词“会”用在动词或动词短语前，可以表示通过学习掌握了某种技能。如果有副词或否定词，放在“会”的前面。

The optative verb “会” can be used before a verb or a verbal phrase to express the acquisition of a skill. The adverb or negative, if there is any, precedes “会”.

否定形式：“不会（……）”。

The negative form is “不会（……）”.

疑问形式：“会……吗？”“会不会……？”。

The interrogative form is “会……吗？” or “会不会……？”.

（1）我会游泳。
（2）她还不会唱中文歌。
（3）我们都会骑自行车。
（4）你们会做中国菜吗？
（5）你会不会说日语（Japanese）？

### 练一练 Exercises

给括号中的词选择恰当的位置　Choose a proper position for each word in the brackets.

（1）__A__我__B__会__C__包__D__饺子。　（不）

（2）我__A__不__B__会__C__做__D__蛋糕。　（也）

（3）__A__我们__B__会__C__说__D__一点儿汉语。　（都）

（4）__A__你们__B__不会__C__做__D__中国菜？　（会）

2. 用“会”完成句子　Complete the following sentences using “会”.

（1）______________________________，他做的蛋糕很好吃。

（2）______________________________，你教我吧。

（3）A：______________________________？

　　B：我会。

（4）______________________________，他会唱很多首。

## 2 疑问代词“谁”　The interrogative pronoun “谁”

疑问代词“谁”用来询问具体的人，在句中可以做主语、宾语或定语。

The interrogative pronoun “谁” is used to ask about the name or identity, etc. of one or more people and can function as the subject, the object or an attributive modifier in a sentence.

（1）A：谁会唱《生日快乐》？　（主语 S）

　　B：我们都会唱。

（2）A：他是谁？　（宾语 O）

　　B：他是王老师。

（3）A：这个礼物给谁？　（宾语 O）

　　B：给我爸爸。

（4）A：这是谁的东西？　（定语 Attributive）

　　B：是我的。

（5）A：明天你跟谁一起去故宫？　（宾语 O）

　　B：我跟安娜一起去。

### 练一练　Exercises

请用“谁”对画线部分提问　Ask about the underlined part using “谁”.

（1）<u>我</u>今天下午去游泳。

　　→

（2）金在元和金大成今天上午有四节课。

→

（3）这是我的书。

→

（4）他请我们去他家吃饭。

→

（5）他想给妈妈打一个电话。

→

（6）她是爱子。

→

### 3 兼语句　The pivotal sentence

汉语中有一类句子，句子中有两个动词，第一个动词通常是“请（to ask; to request）”“让”“叫（to make; to ask）”等指令类动词，第一个动词的宾语同时是第二个动词的主语，这类句子叫兼语句。基本格式为“请 / 让 / 叫 + 某人 + 做某事”，表示请求或要求某人做某事。

There is a kind of sentence in Chinese which is called the pivotal sentence. There are two verbs in a pivotal sentence. The first verb is usually an imperative one, such as “请 (to ask; to request)”, “让” or “叫 (to make; to ask)”, etc., whose object is the subject of the second verb. The basic pattern of a pivotal sentence is “请 / 让 / 叫 +sb.+(to) do sth.”, which means to request or require somebody to do something.

| 主语（S1） | 谓语（P） | | | | 标点（Punctuation） |
|---|---|---|---|---|---|
| | V1 | O1（S2） | V2 | O2 | |
| | 请 | 大家 | 再唱一遍 | | 。 |
| 王老师 | 让 | 我们 | 点 | 菜 | 。 |
| 老师 | 叫 | 金在元 | 唱 | 一首中文歌 | 。 |

多知道一点儿

1. 请问，办公楼在哪儿？
2. 您请坐。您喝点儿什么？
3. 今天晚上我请你吃饭。
4. 金大成请老师再教他们一遍。

## 练一练 Exercises

1. 根据对话用“请”“让”“叫”回答问题

Answer the questions using “请”, “让” or “叫” based on the following dialogues.

（1）

爱子请李明教她什么？ → ____________________。

李明请爱子教他什么？ → ____________________。

（2）

王老师让金大成做什么？ → ____________________。

金大成请王老师做什么？ → ____________________。

（3）

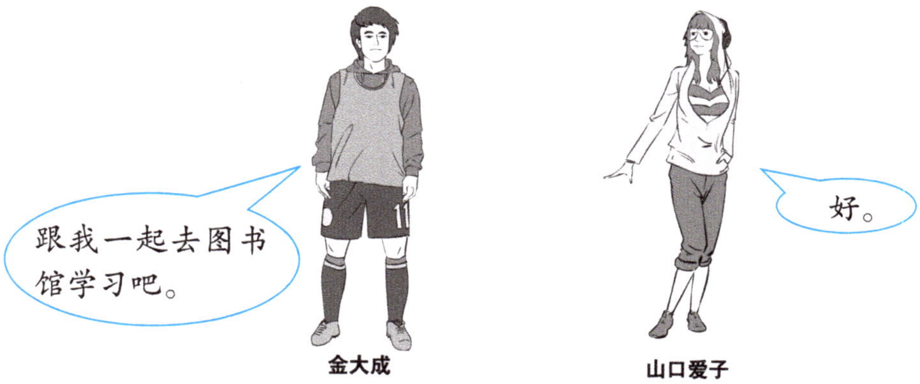


金大成叫谁跟他一起去图书馆学习？ → ____________________。

2. 根据以下句子设计对话　Make dialogues based on the following sentences.

（1）金大成让杰克去买礼物。

金大成：________________________________________。

杰　克：________________________________________。

（2）老师叫杰克下课以后去他的办公室（bàngōngshì, office）。

老师：________________________________________。

杰克：________________________________________。

（3）服务员请金大成先看看菜单。

服务员：________________________________________。

金大成：________________________________________。

（4）老师让安娜送她爸爸妈妈龙井茶。

老师：________________________________________。

安娜：________________________________________。

3. 请把下列句子改成否定句　Please turn the following sentences into negative ones.

（1）金大成让杰克去买礼物。

→

（2）老师让杰克下课以后去他的办公室。

→

（3）老师让安娜送她爸爸妈妈龙井茶。

→

（4）爸爸妈妈让我给他们打电话。

→

4. 组句　Rearrange the words and phrases to make sentences.

（1）让　爸爸妈妈　在　不　自行车　我　路上　骑

________________________________________

（2）让　我们　老师　看　不　书　，让　看　PPT (PowerPoint)　我们　只

________________________________________

（3）中国　的　爸爸妈妈　我　让　买　一点儿　绿茶

________________________________________

## 情景交际 Communication

三个人或者四个人一组，互相教各自国家的语言。准备时间：3～5 分钟。例如：

Work in groups of three or four. Teach your group members to speak several words/expressions in your native language. Preparation time: 3-5 minutes. For example,

A：“谢谢”英语怎么说？ / 英语怎么说“谢谢”？
B：“Thank you”。

A：“我爱你”日语怎么说？ / 日语怎么说“我爱你”？
B：……

提示 Tips

会　教　怎么　说　遍　容易
会……吗？　……，好吗？　请你再……

## 写作 Writing

### 添句成段 Write more sentences to compose a paragraph

在所给句子前后加上两三句话，把它补充成一段完整的文字。

Write two or three sentences before or after the given sentence to make a complete passage.

我很想学一首中文歌

______________________________

______________________________

______________________________

## 语音 Pronunciation

### 唱一唱 Sing the song

朋 友

作词：刘思铭

啊…… 啊…… 啊…… 啊…… 啊…… 啊…… 啊…… 啊……

这些年，一个人，风也过，雨也走，有过泪，有过错，还记得坚持什么。

真爱过，才会懂，会寂寞，会回首，终有梦，终有你，在心中。

朋友一生一起走，那些日子不再有。一句话，一辈子；一生情，一杯酒。

朋友不曾孤单过，一声朋友你会懂。还有伤，还有痛；还要走，还有我。

一句话，一辈子；一生情，一杯酒。

## 汉字 Characters

### 1 认写基本汉字 Learn and write the basic Chinese characters

（1）司 sī to take charge of

𠃌 𠃌 司 司 司 5 strokes

（2）单 dān single

丶 丷 丷 ⺍ ⺍ 㓁 ⺌ 单 8 strokes

（3）扁 biǎn flat

丶 ⺀ ⺀ 户 户 扁 扁 扁 扁 9 strokes

## 2 认写本课汉字 Learn and write the Chinese characters in this lesson

（1）谁 shéi/shuí who; whom

谁 → 讠+亻+主

（2）首 shǒu *a measure word for poems and songs*

首 → 丷+一+自

（3）难 nán difficult

难 → 又+亻+主

（4）歌词 gēcí lyrics

词 → 讠+司 word

（5）简单 jiǎndān simple

简 → ⺮+门+日 simple

（6）容易 róngyì easy

容 → 宀+人+口

易 → 日+勿 yì easy

（7）流行 liúxíng popular; in vogue

流 → 氵+𠫓+儿 to spread

（8）遍 biàn (*for actions*) once through

遍 → 扁+辶

（9）让 ràng to let; to allow

让 → 讠+上

## 实践活动 Activity

### 走一走，问一问 Go for a survey

问一问你们班的同学会唱哪些中文歌，要求问三位以上，填在下面的表里。下次课汇报。

Interview three or more of your classmates about the Chinese songs they can sing and fill in the following form. Report to the class next time.

| 姓名 | 会唱的中文歌 |
| --- | --- |
| | |
| | |
| | |
| | |

## 文化点滴 Cultural Note

### 中国的地方戏曲
Zhōngguó de dìfāng xìqǔ
Local Operas in China

你想在学校晚会上登台表演吗？学会以下任意一种中国的地方戏就大有希望。

Do you want to give a performance on an evening event at the university? Learn one of the following local Chinese operas and the opportunity will knock.

京剧
（Jīngjù, Beijing Opera）

越剧
（Yuèjù, Yue Opera/ Shaoxing Opera）

黄梅戏
（Huángméixì, Huangmei Opera）

豫剧
（Yùjù, Henan Opera）

秦腔
（Qínqiāng, Shaanxi Opera）

**说一说　Talk**

1. 中国的国剧是什么？　What is the national opera of China?
2. 以下是几种戏曲的名段，上网听一听，可以试着模仿一下。
   Listen to the following classical episodes of the Chinese operas online and try to imitate them.

① 贵妃醉酒（京剧）
The Drunken Concubine (Beijing opera)

② 天上掉下个林妹妹（越剧《红楼梦》）
From Heaven Came My Angel Sister Lin (From the Yue opera *A Dream of Red Mansions*)

③ 夫妻双双把家还（黄梅戏《天仙配》）
A Couple Going Home Gaily Together (From the Huangmei opera *Heavenly Match*)

④ 谁说女子不如男（豫剧《花木兰》）
Who Says Women Are Inferior to Men (From the Henan opera *Hua Mulan*)

⑤ 我爹爹贪财把我卖（秦腔《十五贯》）
My Father Sold Me from Love of Wealth (From the Shaanxi opera *Fifteen Strings of Coins*)

## 学习后记 Summary

**词语　Vocabulary**

**语言点　Grammar**

# 23 这儿不能抽烟

## You Can't Smoke Here

## 学习提示 Learning Tips

| | |
|---|---|
| 重点词<br>Key Words | 抽烟　上网　真　不过　清楚　对不起 |
| 重点句<br>Key Sentences | 1. 图书馆　里 能　上网。<br>Túshūguǎn li néng shàngwǎng.<br>2. 你 的 手机 真 棒！<br>Nǐ de shǒujī zhēn bàng!<br>3. 能　是 能，不过 太 小，不　清楚。<br>Néng shì néng, búguò tài xiǎo, bù qīngchu.<br>4. 你们　不 能 在 这儿 抽烟。<br>Nǐmen bù néng zài zhèr chōuyān. |
| 功能<br>Functions | 描述功能　Telling a function<br>准许　Permitting |

## 热身活动 Warm-up

想一想 Think about the following questions

1. 你知道学校里哪儿能上网吗？你常常在哪儿上网？
   Do you know where one can access the Internet on campus? Where do you usually surf the Internet?
2. 你的手机能上网吗？
   Can you use the Internet on your mobile phone?
3. 你们学校的教学楼里可以抽烟吗？
   Is smoking allowed in the classroom buildings in your university?

## 课文 Texts

23-01

### （一）

（两 个 学生 一边 抽烟，一边 聊天儿）
(Liǎng ge xuésheng yìbiān chōuyān, yìbiān liáotiānr)

学生A：我们 学校 哪儿能 上网？
Xuésheng A: Wǒmen xuéxiào nǎr néng shàngwǎng?

学生B：图书馆 里 能 上网。
Xuésheng B: Túshūguǎn li néng shàngwǎng.

学生A：还 有 哪儿？
Xuésheng A: Hái yǒu nǎr?

学生B：教学楼 一 层 也 行。你 看，我 的 新 手机 也 能 上网。
Xuésheng B: Jiàoxuélóu yī céng yě xíng. Nǐ kàn, wǒ de xīn shǒujī yě néng shàngwǎng.

学生A：你 的 手机 真[1]棒！还 能 做 什么？
Xuésheng A: Nǐ de shǒujī zhēn bàng! Hái néng zuò shénme?

学生 B：能 录音、查 字典。
Xuésheng B: Néng lùyīn、chá zìdiǎn.

学生 A：能 看 电视 吗？
Xuésheng A: Néng kàn diànshì ma?

学生 B：能 是 能，不过 太 小[2]，不 清楚。
Xuésheng B: Néng shì néng, búguò tài xiǎo, bù qīngchu.

老师：同学，你们 不 能 在 这儿 抽烟。
Lǎoshī: Tóngxué, nǐmen bù néng zài zhèr chōuyān.

学生 A：对不起。哪儿 能 抽烟？
Xuésheng A: Duìbuqǐ. Nǎr néng chōuyān?

学生 B：卫生间 里 能 抽烟 吗？
Xuésheng B: Wèishēngjiān li néng chōuyān ma?

老师：卫生间 里也 不 能 抽烟。这个 楼 里 都 不 能 抽烟。
Lǎoshī: Wèishēngjiān li yě bù néng chōuyān. Zhège lóu li dōu bù néng chōuyān.

## 练一练 Exercises

1. 听课文，说说你听到了什么 Listen to the text and talk about what you hear.
2. 跟老师读课文 Read the text after the teacher.
3. 三人一组，分角色读 Work in groups of three to play the roles and read the text.
4. 先回答问题，再根据课文互相提问
   Answer the following questions and then ask each other questions based on the text.

   （1）他们学校哪儿能上网？
   （2）学生 B 的新手机能做什么？
   ……

5. 三人一组，根据提示分角色表演

Work in groups of three and play the roles based on the following hints.

| 学生 A | 学生 B | 老师 |
|---|---|---|
| 哪儿能……？<br>还有<br>真……！<br>还能……？<br>能……吗？<br>哪儿能……？ | 图书馆<br>也行　也能<br>能……<br>……是……，不过……　清楚<br>能……吗？ | 不能……抽烟<br>也不能<br>都不能 |

## （二）

（学生 A 说）

我不知道哪儿能上网，我同学说图书馆里能上网，教学楼一层也能上，他的新手机也能上网。他的手机能上网、能录音、能查字典，还能看电视。我们一边聊天儿，一边抽烟。老师说教学楼里不能抽烟，让我们去楼外抽。

## 练一练　Exercises

1. 朗读课文　Read the text aloud.

2. 根据课文内容填表　Fill in the following form based on the text.

| | |
|---|---|
| 学校里能上网的地方（dìfang, place） | |
| 学生 B 的手机能做什么 | |
| 不能抽烟的地方 | |

3. 复述课文　Retell the text.

我不知道哪儿能上网，我同学说__________________，教学楼一层也__________________，__________________也能上网。他的手机能__________________、能__________________、能__________________，还能__________________。我们一边

______________，一边______________。老师说______

______________不能______________，让我们______________。

## 生词 New Words

23-02

| 序号 No. | 词语 Word | 拼音 *Pinyin* | 词性 Word Class | 英文释义 Meaning in English | 例子 Examples |
|---|---|---|---|---|---|
| 1 | 一边 | yìbiān | Conj | (*indicating two actions taking place at the same time*) while; as | 一边走一边说<br>一边吃饭一边看电视 |
| 2 | 抽烟 | chōuyān | VO | to smoke | 能抽烟　不能抽烟<br>抽一会儿烟 |
| 3 | 上网 | shàngwǎng | VO | to surf the Internet | 上一会儿网　常常上网 |
| 4 | 教学楼 | jiàoxuélóu | N | teaching building; classroom block | 在教学楼里　教学楼一层 |
| 5 | 新 | xīn | A | new | 新朋友　新的　很新 |
| 6 | 手机 | shǒujī | N | mobile phone | 一个手机　我的手机<br>新手机 |
| 7 | 真 | zhēn | Adv | really | 真好　真高兴　真方便 |
| 8 | 棒 | bàng | A | good; amazing | 很棒　真棒　太棒了 |
| 9 | 录音 | lùyīn | VO/N | to record/sound recording | 能录音　不能录音<br>录音很好听　听录音 |
| 10 | 查 | chá | V | to look up; to consult | 查书　查电话号码 |
| 11 | 字典 | zìdiǎn | N | dictionary | 一本字典　查字典 |
| 12 | 电视 | diànshì | N | TV | 看电视　看一会儿电视 |
| 13 | 不过 | búguò | Conj | but; however | |
| 14 | 小 | xiǎo | A | small | 很小　太小了 |
| 15 | 清楚 | qīngchu | A | clear; distinct | 很清楚　不清楚 |
| 16 | 同学 | tóngxué | N | classmate | 新同学<br>我们班 (bān, class) 同学 |

| | | | | | | |
|---|---|---|---|---|---|---|
| 17 | 对不起 | duìbuqǐ | V | I'm sorry; sorry; excuse me | 我对不起你 | 对不起大家 |
| 18 | 卫生间 | wèishēng-jiān | N | toilet; bathroom | 去卫生间 | 有卫生间 |

## 注释 Notes

### [1] 副词“真” The adverb “真”

副词“真”，用于感叹句中，放在形容词的前面，表达说话人的一种感叹式评价，表示程度深，常用于对话中。

The adverb “真” is used before an adjective in an exclamatory sentence to make a comment indicating a deep degree. It is usually used in dialogues.

（1）A：这是我的房间。
B：你的房间真大！

（2）A：从我的宿舍到教室只要十分钟（fēnzhōng, minute）。
B：住校内真方便！

（3）A：我每天（měi tiān, every day）都有四节课。
B：真多！

**注意：**“真 +A” 不能做定语。

**Note:** “真 +A” cannot function as an attributive modifier.

他是一个真好的老师。 （×）
他是一个很好的老师。 （√）

### 练一练 Exercises

用“真”完成对话 Complete the following dialogues using “真”.

（1）A：我做的菜怎么样？
B：________________________！

（2）A：你觉得这儿的东西怎么样？
B：________________________！一块小蛋糕要三十块。

（3）A：________________________！

B：那你也来校内住吧。

[2] "……是……，不过……"　The construction "……是……，不过……"

前一分句表示同意或认可某种情况，后一分句用来对前一分句进行补充、修正，两个分句之间是转折关系。

The first clause agrees with or approves of a certain fact, and the second clause supplements and contrasts with the first. The relationship between the two clauses is transitional.

（1）A：水果蛋糕好吃吗？
B：好吃是好吃，不过很贵。

（2）A：学校里有银行吗？
B：有是有，不过人很多。

（3）A：住校外怎么样？
B：好是好，不过太远了。

"不过"也可以单独使用，例如：

"不过" can also be used by itself. For example,

（1）A：听说那个饭馆的菜很便宜，是吗？
B：是，很便宜，不过不太好吃。

（2）A：学校宿舍很贵吧？
B：有点儿贵，不过很方便。

（3）A：他们都说汉语难，你觉得呢？
B：没错，汉语很难，不过也很有意思。

### 练一练　Exercises

请用"……是……，不过……"完成对话

Complete the following dialogues using "……是……，不过……".

（1）A：你的宿舍怎么样？大不大？

B：________________________________。

（2）A：坐地铁去怎么样？方便不方便？

B：________________________________。

（3）A：听说那是一家小饭馆。

B：________________________________。

（4）A：汉语很难学吧？

B：________________________________。

## 语法 Grammar

### 1 能愿动词“能”（表示功能、准许）

The optative verb “能” (indicating function or permission)

1）功能（gōngnéng, function）

能愿动词“能”用在动词或动词短语前，可以表示具备某种功能。

The optative verb “能” can be used before a verb or a verbal phrase to indicate having a certain function.

疑问形式：“能……吗？”“能不能……？”。

The interrogative form is “能……吗？” or “能不能……？”.

否定形式：“不能（……）”。

The negative form is “不能（……）”.

（1）A：你的手机能看电视吗？

B：不能，他的手机能。

（2）A：这是什么？

B：这是录音笔（bǐ, pen），能录音。

（3）A：图书馆里能不能上网？

B：那儿能上网。

2）准许（zhǔnxǔ, permission）

能愿动词“能”还可以表示准许。表准许时，它的疑问形式和否定形式更为常用。

The optative verb “能” can also be used to express permission. In this case, the interrogative and negative forms are more frequently used.

肯定形式：“能（……）”。

The affirmative form is “能（……）”.

否定形式："不能（……）""不行"。

The negative form is "不能（……）" or "不行".

疑问形式："能……吗？""能不能……？"。

The interrogative form is "能……吗？" or "能不能……？".

（1）

A：教学楼里能抽烟吗？

B：不能（抽烟）。/ 不行。

（2）

A：他们能开车吗？

B：不能（开车）。/ 不行。

（3）

A：她能不能喝酒？

B：不能（喝酒）。/ 不行。

**多知道一点儿**

A：你的手机可以看电视吗？

B：可以是可以，不过太小。

A：上课可以吃东西吗？

B：不行，不能吃东西，不过可以喝水。

## 练一练 Exercises

1. 用"能"完成对话　Complete the following dialogues using "能".

（1）A：你的手机有什么功能？

B：______________________________。

（2）A：你的宿舍能上网吗？

B：______________________________。

（3）A：你的房间里能做饭吗？

B：我在校内住，＿＿＿＿＿＿＿＿＿＿＿＿＿＿＿＿。

（4）A：请问，这个楼里哪儿能抽烟？

B：＿＿＿＿＿＿＿＿＿＿＿＿＿＿＿＿。

（5）A：星期一上午你能去故宫吗？

B：对不起，我有课，＿＿＿＿＿＿＿＿＿＿＿＿＿＿＿＿。

（6）A：这个软件（ruǎnjiàn, software）能做什么？

B：＿＿＿＿＿＿＿＿＿＿＿＿＿＿＿＿。

2. 组句　Rearrange the words to make sentences.

（1）不　卫生间　能　里　抽烟　能

＿＿＿＿＿＿＿＿＿＿＿＿＿＿＿＿＿＿＿＿＿＿＿＿

（2）我　这儿　能　不　在　能　学习

＿＿＿＿＿＿＿＿＿＿＿＿＿＿＿＿＿＿＿＿＿＿＿＿

（3）问　我　吗　您　一　能　个　问题

＿＿＿＿＿＿＿＿＿＿＿＿＿＿＿＿＿＿＿＿＿＿＿＿

（4）你　再　遍　能　说　吗　一

＿＿＿＿＿＿＿＿＿＿＿＿＿＿＿＿＿＿＿＿＿＿＿＿

## 2 离合动词　Separable verbs

离合动词主要是指一些动宾结构的双音动词，例如“抽烟、上网、聊天儿、唱歌、跳舞（tiàowǔ, to dance）、见面（jiànmiàn, to meet）、睡觉（shuìjiào, to sleep）”。离合动词是比较特殊的一类动词，它有以下特点：

Separable verbs mainly refer to some disyllabic verb-object compounds, for example, “抽烟”, “上网”, “聊天儿”, “唱歌”, “跳舞” (tiàowǔ, to dance), “见面” (jiànmiàn, to meet), “睡觉” (shuìjiào, to sleep). They are a special category of verbs with the following features:

（1）一般不能带宾语。　Usually a separable verb doesn’t take an object.

跟杰克聊天儿（√）　跟爱子跳舞（√）　跟朋友见面（√）

聊天儿杰克（×）　跳舞爱子（×）　见面朋友（×）

（2）动作的时间和数量放在动宾结构之间。

The duration or frequency of an action is placed between the verb and the object.

聊一会儿天儿（√）　　上一会儿网（√）　　唱一个歌（√）

聊天儿一会儿（×）　　上网一会儿（×）　　唱歌一个（×）

## 练一练 Exercises

组句　Rearrange the words and phrases to make sentences.

（1）想　一会儿　觉　我　睡

______________________________

（2）聊天儿　我　跟　杰克　喜欢

______________________________

（3）我　跟　你　一会儿　天儿　想　聊

______________________________

（4）明天　打算　跟　见面　我　北京大学　去　朋友

______________________________

（5）面　我　她　见　一个　想　跟

______________________________

（6）舞　我们　一个　吧　跳

______________________________

## 情景交际 Communication

两个人或三个人一组，介绍自己的手机有哪些功能。准备时间：3 ～ 5 分钟。

Work in pairs or groups of three and introduce the functions of your mobile phone. Preparation time: 3-5 minutes.

提示 Tips

能　上网　录音　照相（zhàoxiàng, to take a picture）
录像（lùxiàng, to video）　聊天儿　查字典　看电视
能……吗？/能不能……？　……是……，不过……

## 写作 Writing

### 添句成段 Write more sentences to compose a paragraph

在所给句子前后加上两三句话，把它补充成一段完整的文字。

Write two or three sentences before or after the given sentence to make a complete passage.

我的新手机特别好

______________________________

______________________________

______________________________

## 语音 Pronunciation

### 趣味朗读 Interesting reading material　23-03

过　生日　真　好
Guò shēngrì zhēn hǎo

过　生日　真　好！
Guò shēngrì zhēn hǎo!

妈妈　送　手机，爸爸　送　电脑 (computer)。
Māma sòng shǒujī, bàba sòng diànnǎo.

妈妈　说，手机　好，能　打　电话、发　短信 (to send text messages)。
Māma shuō, shǒujī hǎo, néng dǎ diànhuà、fā duǎnxìn.

爸爸 说， 电脑 好，能 玩儿 (to play)、能 上网 学习。
Bàba shuō, diànnǎo hǎo, néng wánr、néng shàngwǎng xuéxí.

我 说， 电脑、 手机 都 很 好，
Wǒ shuō, diànnǎo、shǒujī dōu hěn hǎo,

想 妈妈 了 打 电话，
xiǎng māma le dǎ diànhuà,

想 爸爸 就 上网 聊。
xiǎng bàba jiù shàngwǎng liáo.

## 汉字 Characters

### 1 认写基本汉字 Learn and write the basic Chinese characters

（1）由 yóu cause; reason

丨 冂 日 由 由 5 strokes

（2）因 yīn because

丨 冂 冂 冃 因 因 6 strokes

（3）网 wǎng net

丨 冂 冂 冈 网 网 6 strokes

（4）手 shǒu hand

一 二 三 手 4 strokes

（5）典 diǎn standard

丨 冂 日 由 曲 曲 典 典 8 strokes

（6）卫 wèi to defend; to protect

𠃌 卩 卫 3 strokes

## 2 认写本课汉字 Learn and write the Chinese characters in this lesson

（1）抽烟 chōuyān to smoke

抽 → 扌+由 to obtain by drawing; to draw

烟 → 火+因 tobacco; cigarette; smoke

（2）新 xīn new

新 → 立+木+斤

（3）手机 shǒujī mobile phone

机 → 木+几 machine

（4）真 zhēn really

真 → 直+八

（5）棒 bàng good; amazing

棒 → 木+夫+丰

（6）录音 lùyīn to record/sound recording

录 → 彐+水 to record

音 → 立+日 sound

（7）查 chá to look up; to consult

查 → 木+日+一

（8）电视 diànshì TV

视 → 礻+见 to watch; to look

（9）清楚 qīngchu clear; distinct

清 → 氵+青 pure; clear

楚 → 木+木+疋 clear; neat

（10）同学 tóngxué classmate

同 → 冂+一+口 same; together

## 实践活动 Activity

### 走一走，问一问　Go for a survey

问一问你的朋友，他的手机有哪些功能。要求问三位以上，填在下面的表里。

Interview three or more of your friends about the functions of their mobile phones and fill in the following form.

| 姓名 | 手机的功能 |
|---|---|
| | |
| | |
| | |
| | |

## 文化点滴 Cultural Note

中国的民族乐器

Zhōngguó de mínzú yuèqì

Traditional Chinese Musical Instruments

这些乐器让你领略中国的古韵。

These musical instruments give you a taste of ancient China.

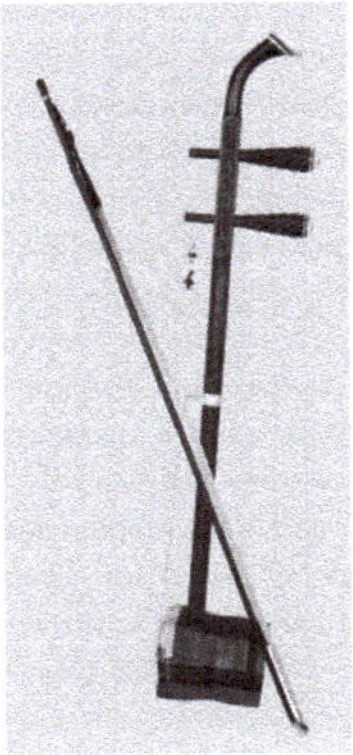

二胡

èrhú

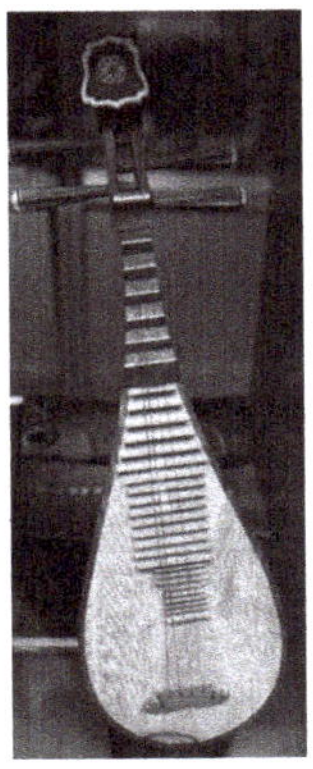

琵琶

pípa

葫芦丝

húlusī

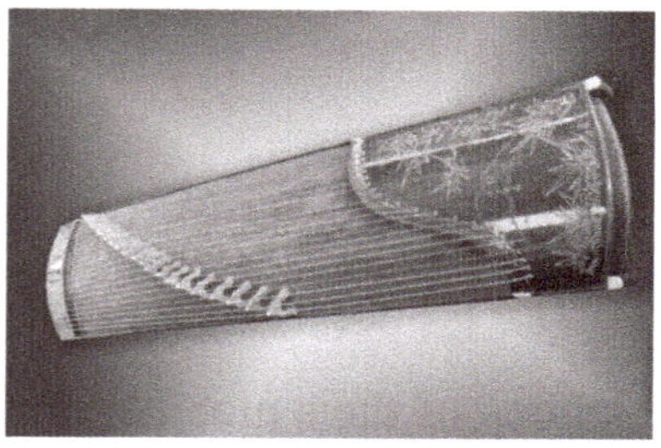

古筝
gǔzhēng

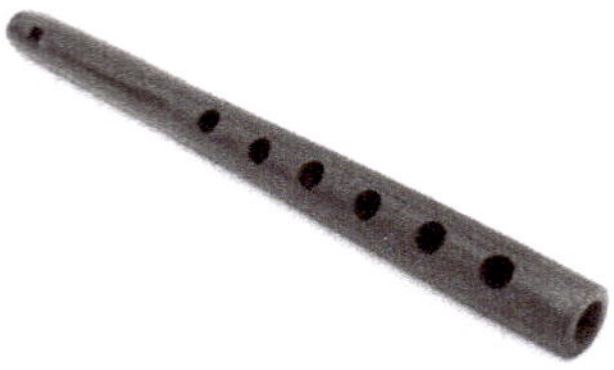

笛子
dízi

**说一说　Talk**

1. 你会什么乐器？
   What musical instruments can you play?
2. 你认识上面的乐器吗？
   Do you know the musical instruments above?

## 学习后记 Summary

**词语　Vocabulary**

**语言点　Grammar**

# 24 我头疼
# I've Got a Headache

## 学习提示 Learning Tips

| | |
|---|---|
| 重点词<br>Key Words | 舒服　疼　可能　感冒　不用　些　次　好好儿 |
| 重点句<br>Key Sentences | 1. 你 哪儿 不 舒服？<br>Nǐ nǎr bù shūfu?<br>2. 我 头疼， 嗓子 疼，还 咳嗽，可能 是 感冒。<br>Wǒ tóuténg, sǎngzi téng, hái késou, kěnéng shì gǎnmào.<br>3. 要 打针 吗？<br>Yào dǎzhēn ma?<br>4. 医生， 这些 药 怎么 吃？<br>Yīshēng, zhèxiē yào zěnme chī?<br>5. 红 的 一 天 两 次，一次 两 片；白 的 一 天 三 次，<br>Hóng de yì tiān liǎng cì, yí cì liǎng piàn; bái de yì tiān sān cì,<br>一次一 片。<br>yí cì yí piàn.<br>6. 回 家 以后 好好儿 休息。<br>Huí jiā yǐhòu hǎohāor xiūxi. |
| 功能<br>Function | 看病　Seeing a doctor |

## 热身活动 Warm-up

### 想一想 Think about the following questions

1. 你常常感冒吗？
   Do you often catch cold?

2. 你常去哪儿看病（bìng, illness）？
   Where do you usually see a doctor?

## 课文 Texts

24-01

### （一）

（在 医院）

(Zài yīyuàn)

医生：同学， 你哪儿 不 舒服？
Yīshēng: Tóngxué, nǐ nǎr bù shūfu?

爱子：我 头疼，嗓子 疼，还 咳嗽，可能 是 感冒。
Àizǐ: Wǒ tóuténg, sǎngzi téng, hái késou, kěnéng shì gǎnmào.

医生：来，我 看看。啊——
Yīshēng: Lái, wǒ kànkan. Ā——

爱子：啊——
Àizǐ: Ā——

医生：嗓子 有点儿 红，是 感冒。你 吃 点儿 药 吧。
Yīshēng: Sǎngzi yǒudiǎnr hóng, shì gǎnmào. Nǐ chī diǎnr yào ba.

爱子：要 打针 吗？
Àizǐ: Yào dǎzhēn ma?

医生：不用 打针。
Yīshēng: Búyòng dǎzhēn.

（十　分钟　以后）
(Shí fēnzhōng yǐhòu)

爱子：医生，　这些[1]药　怎么　吃？
Àizǐ: Yīshēng, zhèxiē yào zěnme chī?

医生：红　的　一　天　两　次[2]，一　次　两　片；白　的　一　天　三　次，一　次
Yīshēng: Hóng de yì tiān liǎng cì, yí cì liǎng piàn; bái de yì tiān sān cì, yí cì

一　片。回　家　以后　好好儿[3]　休息。
yí piàn. Huí jiā yǐhòu hǎohāor xiūxi.

爱子：谢谢　您。
Àizǐ: Xièxie nín.

医生：不　客气。
Yīshēng: Bú kèqi.

爱子：再见。
Àizǐ: Zàijiàn.

医生：再见。
Yīshēng: Zàijiàn.

## 练一练　Exercises

1. 听课文，说说你听到了什么　Listen to the text and talk about what you hear.
2. 跟老师读课文　Read the text after the teacher.
3. 两人一组，分角色读　Work in pairs to play the roles and read the text.
4. 先回答问题，再根据课文互相提问
   Answer the following questions and then ask each other questions based on the text.

（1）爱子哪儿不舒服？
（2）医生给她的药怎么吃？
……

5. 两人一组，根据提示分角色表演　Work in pairs and play the roles based on the following hints.

**医生**

……哪儿不舒服？
看看
有点儿红　感冒　吃点儿药
不用
红的　白的　回家　好好儿
不客气
再见

**爱子**

疼　咳嗽　可能
要……吗？
怎么……？
谢谢
再见

## （二）

（爱子说）

今天我觉得头疼、嗓子疼，可能是感冒。上午安娜来我的宿舍，叫我和她一起去游泳，我说我要去医院。到医院以后，医生说我嗓子有点儿红，是感冒，不过不用打针。他让我回家以后吃点儿药，好好儿休息。他给我两种药，红的一天两次，一次两片；白的一天三次，一次一片。

## 练一练　Exercises

1. 朗读课文　Read the text aloud.

2. 复述课文　Retell the text.

今天我觉得__________、__________，可能__________。上午安娜来__________，叫__________，我说__________。到__________以后，医生说__________，是__________，不过不用__________。他让我回家以后__________，__________休息。他给__________，红的__________，__________；白的__________，__________。

## 生词 New Words

24-02

| 序号 No. | 词语 Word / Phrase | 拼音 *Pinyin* | 词性 Word Class | 英文释义 Meaning in English | 例子 Example(s) |
|---|---|---|---|---|---|
| 1 | 医院 | yīyuàn | N | hospital | 去医院 在医院 |
| 2 | 医生 | yīshēng | N | doctor | 一个医生 |
| 3 | 舒服 | shūfu | A | well; comfortable | 很舒服 不太舒服<br>身体 (shēntǐ, body) 不舒服 |
| 4 | 头疼 | tóuténg | A | having a headache | |
| | 疼 | téng | A | painful; aching | 很疼 不疼 |
| 5 | 嗓子 | sǎngzi | N | throat; voice | 嗓子不舒服 嗓子疼<br>嗓子好 |
| 6 | 咳嗽 | késou | V | to cough | 常常咳嗽 一直咳嗽 |
| 7 | 可能 | kěnéng | Adv | probably; maybe; perhaps | 可能是日本人 可能感兴趣<br>可能不喜欢 可能不高兴 |
| 8 | 感冒 | gǎnmào | N/V | cold; influenza/<br>to catch a cold | 可能是感冒 常常感冒 |
| 9 | 药 | yào | N | medicine; drug | 买药 吃药 喝药<br>没有药 |
| 10 | 打针 | dǎzhēn | VO | to give or take an injection | 打一针 给……打针 |
| 11 | 不用 | búyòng | Adv | need not | 不用吃药 不用打针 |
| 12 | 分钟 | fēnzhōng | N | minute | 十分钟 两分钟 |
| 13 | 这些 | zhèxiē | Pr | these | 这些药 这些东西 |
| | 些 | xiē | M | some; a few | 这些 那些 一些 有些 |
| 14 | 次 | cì | M | time; occasion | 一次 吃一次 做一次饭<br>一天三次 |
| 15 | 片 | piàn | M | (flat, thin) piece | 一片 一片药<br>一片面包 (miànbāo, bread) |
| 16 | 白 | bái | A | white | 白的 很白 |

| | | | | | |
|---|---|---|---|---|---|
| 17 | 回 | huí | V | to come or go back | 回宿舍　回家　回国 |
| 18 | 好好儿 | hǎohāor | Adv | well; to one's heart's content | 好好儿休息　好好儿学习<br>好好儿吃饭 |
| 19 | 谢谢 | xièxie | V | to thank; thank you | 谢谢您 |
| 20 | 不客气 | bú kèqi | | you're welcome | |
| | 客气 | kèqi | A | polite; modest | 很客气　太客气了 |
| 21 | 再见 | zàijiàn | V | good-bye | |

## 注释 Notes

### [1] 量词"些" The measure word "些"

"些"是不定量词，放在名词前，表示不确定的数量。汉语中常说"一些"(在动词后时"一"可以省略)"这些""那些""有些"。

The indefinite measure word "些" is used before a noun to express an uncertain number or amount. "一些" (when used after a verb "一" can be omitted), "这些", "那些" and "有些" are frequently used.

（1）我去书店买（一）些外文书，你去吗？
（2）这些同学都是韩国人吗？
（3）那些东西是送爸爸妈妈的。
（4）有些同学觉得汉语特别难，有些同学觉得汉语不太难。
（5）有些学生不喜欢写汉字，只喜欢说。

### 练一练 Exercises

请用"(一)些"、"这些"或"那些"完成句子

Complete the following sentences using "(一)些", "这些" or "那些".

（1）我有点儿感冒，医生说不用打针，________就行。
（2）我买的东西很多，________是给妈妈的，________是给爸爸的。
（3）________是中文书，________是外文书，你都可以看。

[2] **动量词“次”　The verbal measure word “次”**

动量词“次”，常常用来表示可以反复出现的动作的次数，常用的格式是“V+Num+ 次 +O”。本课中“一天两次”的意思是“一天吃两次”。

The verbal measure word “次” is used to indicate the number of times of an action which can be repeated. The frequently used pattern is “V+Num+ 次 +O” . “一天两次” in this lesson actually means “一天吃两次” (to eat twice a day).

（1）他想去一次韩国。
（2）我做一次饭要四十分钟。
（3）我一天去两次食堂，中午一次，晚上一次。

> 多知道一点儿
> A：大夫（dàifu, doctor），这种药一天吃几回？
> B：一天吃三回。

**练一练　Exercises**

给“一次”选择恰当的位置　Choose a proper position for “一次” in each sentence.

（1）杰克__A__打算骑__B__自行车__C__。

（2）你能__A__先让我__B__用（to use）__C__吗？

（3）我__A__很想__B__去__C__香港（Xiānggǎng, Hong Kong）。

[3] **副词“好好儿”　The adverb “好好儿”**

“好好儿 +V/VP”，表示努力、认真地做某事。

The structure “ 好好儿 +V/VP” means to do something diligently and earnestly.

（1）我要好好儿谢谢您。
（2）我们打算去那儿好好儿玩儿（wánr, to play）。
（3）妈妈让我好好儿学习。
（4）你要好好儿休息。

**练一练　Exercises**

用“好好儿”完成句子　Complete the following sentences using “好好儿”.

（1）我对汉语感兴趣，______________________________。

（2）这儿真漂亮，______________________________。

（3）A：今天晚上我想跟你聊聊天儿，行吗？

　　B：行啊！明天不上课，______________________________。

# 语法 Grammar

## 1 能愿动词“要”（表示需要） The optative verb “要” (indicating needs)

能愿动词“要”，用在动词或动词短语前，可以表示“需要”。

The optative verb “要” is used before a verb or a verbal phrase to express needs.

疑问形式：“要……吗？”“要不要……？”。

The interrogative form is “要……吗？” or “要不要……？”.

肯定形式：“要（……）”。

The affirmative form is “要（……）”.

否定形式：“不用（……）”。

The negative form is “不用（……）”.

（1）A：要打针吗？

　　B：要（打针）。/ 不用（打针）。

（2）A：我们要先结账吗？

　　B：要（先结账）。/ 不用（先结账）。

（3）A：去她宿舍以前要先给她打电话吗？

　　B：要（打）。/ 不用（打）。

（4）A：要不要再喝点儿啤酒？

　　B：好，再来两瓶吧。

### 练一练 Exercises

用“要”“要……吗？”“要不要……？”“不用（……）”完成对话

Complete the following dialogues using “要”, “要……吗？”, “要不要……？” or “不用（……）”.

（1）A：他们十二点半来，我们要先点菜吗？

　　B：________________。

（2）A：去你家要换地铁吗？

　　B：________________，坐两站公共汽车就行了。

（3）A：你感冒了，去医院吧。

B：________________________，我有药。

（4）A：老师，________________________？

B：是的，都要做。

（5）A：________________________？

B：要，我们想再听一遍。

## 2 主谓谓语句 A sentence with a subject-predicate phrase as its predicate

汉语中主谓短语可以做整个句子的谓语，谓语中的小主语常常是大主语的一部分，用来说明或描写大主语的情况。主谓谓语句一般比较短。

A subject-predicate phrase can serve as the predicate of a sentence by itself. The subject in the subject-predicate phrase, which specifies or describes the subject of the sentence, is usually part of the subject of the sentence. Sentences with a subject-predicate phrase as the predicate are usually short in length.

| 大主语（S） | 大谓语（P） | | 标点（Punctuation） |
| --- | --- | --- | --- |
| | 小主语（s） | 小谓语（p） | |
| 我 | 嗓子 | 疼 | 。 |
| 他 | 身体（shēntǐ, body; health） | 不舒服 | 。 |

### 练一练 Exercises

完成对话 Complete the following dialogues.

（1）A：他学习怎么样？

B：________________________。

（2）A：你身体（shēntǐ, body; health）怎么样？

B：________________________。

（3）A：你爸爸工作（gōngzuò, work; job）忙（máng, busy）吗？

B：________________________。

（4）A：______________________________________________？

B：我们学校食堂很不错。

（5）A：你们家谁做饭？

B：______________________________________________。

（6）A：______________________________________________？

B：我们学校韩国留学生多。

## 情景交际 Communication

两人一组，表演在医院看病。一人演医生，一人演病人。准备时间：3～5分钟。

Work in pairs and role-play seeing a doctor in a hospital. One plays the doctor and the other the patient. Preparation time: 3-5 minutes.

提示 Tips

头　嗓子　疼　咳嗽　感冒　发烧（fāshāo, to have a fever）
打针　好好儿　吃点儿药　要……吗？　……怎么吃？

## 写作 Writing

### 添句成段　Write more sentences to compose a paragraph

在所给句子前后加上两三句话，把它补充成一段完整的文字。

Write two or three sentences before or after the given sentence to make a complete passage.

我今天特别不舒服

______________________________________________

______________________________________________

______________________________________________

## 语音 Pronunciation

### 趣味朗读　Interesting reading material

24-03

今天　我　头疼
Jīntiān wǒ tóuténg

今天　我　头疼，不　想　去　上课。
Jīntiān wǒ tóuténg, bù xiǎng qù shàngkè.

老师　打　电话，　让　我　去　医院。
Lǎoshī dǎ diànhuà, ràng wǒ qù yīyuàn.

医生　　说　我　是　感冒，　应该 (should) 吃　点儿　药。
Yīshēng shuō wǒ shì gǎnmào, yīnggāi chī diǎnr yào.

不　打针，不　吃　药，
Bù dǎzhēn, bù chī yào,

我　只　想　好好儿　睡　一　觉 (to sleep)。
wǒ zhǐ xiǎng hǎohāor shuì yí jiào.

## 汉字 Characters

### 1 汉字的部件（9）　Components of Chinese characters (9)

| | | |
|---|---|---|
| 艹 cǎozìtóu grass | 节 section | 艹＋卩 |
| | 菜 dish; cuisine | 艹＋采 |
| | 茶 tea | 艹＋余 |
| | 药 medicine | 艹＋约 |

| | | |
|---|---|---|
| 钅 jīnzìpáng metal | 银 silver | 钅＋艮 |
| | 钱 money | 钅＋戋 |
| | 铁 iron | 钅＋失 |
| | 针 needle | 钅＋十 |

## 2 认写基本汉字 Learn and write the basic Chinese characters

（1）予 yǔ to give

 4 strokes

（2）亥 hài the last of the twelve Earthly Branches

 6 strokes

（3）止 zhǐ to stop

 4 strokes

（4）用 yòng to use

 5 strokes

（5）片 piàn (flat, thin) piece

 4 strokes

（6）白 bái white

 5 strokes

（7）身 shēn body

 7 strokes

## 3 认写本课汉字 Learn and write the Chinese characters in this lesson

（1）疼 téng painful; aching

疼 → 疒 + 冬

（2）医院 yīyuàn hospital

医 → 匚 + 矢 doctor; medicine/to cure

院 → 阝 + 宀 + 元 *designation for certain government offices and public places*

（3）舒服 shūfu well; comfortable

舒 → 𠆢 + 舌 + 予 easy; leisurely

（4）嗓子　sǎngzi　throat; voice
嗓 → 口 + 又 + 又 + 又 + 木　throat; voice

（5）咳嗽　késou　to cough
咳 → 口 + 亥　to cough
嗽 → 口 + 束 + 欠　sòu　to cough

（6）感冒　gǎnmào　cold; influenza/to catch a cold
冒 → 冃 + 目　to emit; to give off

（7）药　yào　medicine; drug
药 → 艹 + 纟 + 勺

（8）打针　dǎzhēn　to give or take an injection
针 → 钅 + 十　needle; injection

（9）分钟　fēnzhōng　minute
分 → 八 + 刀　minute
钟 → 钅 + 中　clock; time

（10）些　xiē　some; a few
些 → 止 + 匕 + 二

（11）次　cì　time; occasion
次 → 冫 + 欠

（12）回家　huíjiā　to return home
回 → 囗 + 口　to come or go back

（13）谢谢　xièxie　to thank; thank you
谢 → 讠 + 身 + 寸　to thank

（14）不客气　bú kèqi　you're welcome
客 → 宀 + 各　guest; visitor

## 实践活动 Activity

### 走一走，问一问　Go for a survey

问一问你的同学或朋友：最近身体怎么样？如果觉得不舒服，他们吃药吗？

Interview your classmates or friends about their health conditions. If they feel unwell, would they take any medicine?

| 姓名 | 最近身体怎么样 | 吃不吃药 |
|---|---|---|
| | | |
| | | |
| | | |

## 文化点滴 Cultural Note

中医
Zhōngyī
Traditional Chinese Medicine

看中医，吃中药——中国人的家常便饭。

Going to a traditional Chinese doctor and taking traditional Chinese medicine — a commonplace for Chinese people.

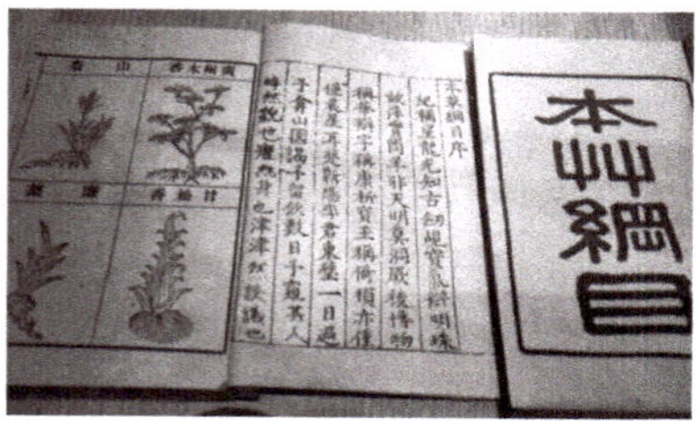

①

②

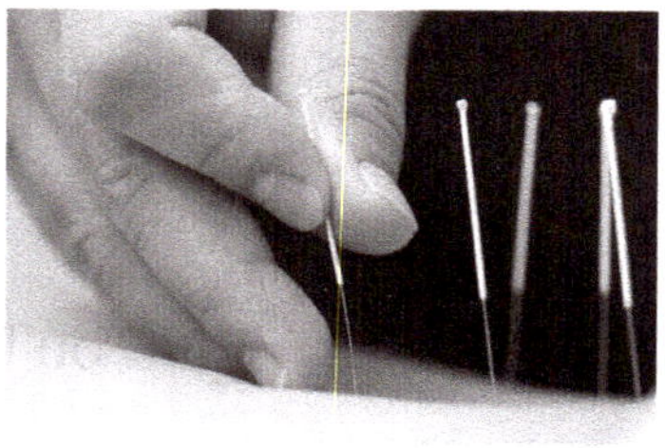
③

④

⑤

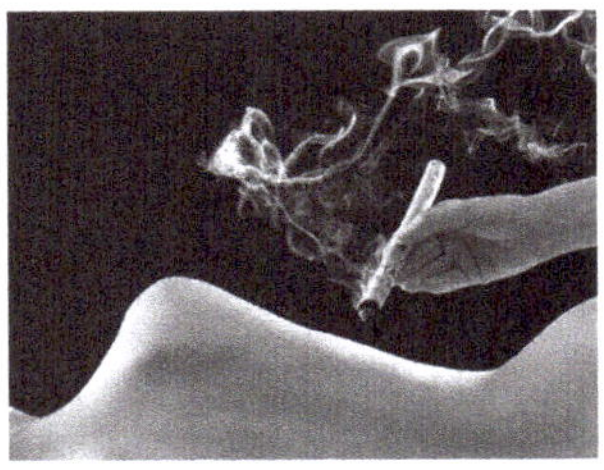

⑥

**答一答，圈一圈　Answer the questions and circle the pictures**

1. 关于以上图片，你知道些什么？
   What do you know about the above pictures?
2. 以上的中医疗法，在你们国家有哪些？
   Which of the above traditional Chinese therapies can you find in your own country?

## 学习后记　Summary

**词语　Vocabulary**

**语言点　Grammar**

## 注释、语法：单元总结（四）（第 21 课～第 24 课）

## Notes and Grammar: Unit Review 4 (Lesson 21 ~ Lesson 24)

| 课号 Lesson | 注释 / 语法 Note / Grammar | | 页码 Page No. | 例句 Example sentence | 我的句子 My sentence |
| --- | --- | --- | --- | --- | --- |
| 第21课 | 注释 | “对……感兴趣” | 69 | 他们对中国的东西都很感兴趣。 | |
| | 语法 | 能愿动词“想” | 70 | 我想送爸爸妈妈一件礼物。 | |
| | | 双宾语动词谓语句 | | 我想送爸爸妈妈一件礼物。<br>你可以送他们茶。 | |
| | | 能愿动词“可以”（表示建议） | | 你可以送他们茶。 | |
| 第22课 | 注释 | 动量词“遍” | 84 | 请你唱一遍。 | |
| | | 副词“还” | | 我还不会。 | |
| | 语法 | 能愿动词“会”（表示技能的习得） | 85 | 我们只会唱《祝你生日快乐》。 | |
| | | 疑问代词“谁” | | 你们谁会唱中文歌？ | |
| | | 兼语句 | | 请您再教我们一遍吧。 | |
| 第23课 | 注释 | 副词“真” | 100 | 你的新手机真棒！ | |
| | | “……是……，不过……” | | 能是能，不过太小，不清楚。 | |
| | 语法 | 能愿动词“能”（表示功能、准许） | 102 | 我的手机能录音、查字典。<br>你们不能在这儿抽烟。 | |
| | | 离合动词 | | 两个学生一边抽烟，一边聊天儿。<br>图书馆里能上网。 | |
| 第24课 | 注释 | 量词“些” | 116 | 你吃（一）些药就行了。 | |
| | | 动量词“次” | | 红的一天两次，一次两片。 | |
| | | 副词“好好儿” | | 回家以后好好儿休息。 | |
| | 语法 | 能愿动词“要”（表示需要） | 118 | 要打针吗？ | |
| | | 主谓谓语句 | | 我嗓子疼。 | |

# 25 健康第一
## Health Comes First

## 学习提示 Learning Tips

| | |
|---|---|
| 重点词<br>Key Words | 病　了　讲　比如　什么的　有意思　最　留<br>要　一下　别　着急　应该　健康　第 |
| 重点句<br>Key Sentences | 1. 病 好 多 了。<br>Bìng hǎo duō le.<br>2. 老师 今天 讲 什么 了？<br>Lǎoshī jīntiān jiǎng shénme le?<br>3. 讲 “中国 的 节日” 了，比如 春节、 端午 节、<br>Jiǎng “Zhōngguó de jiérì” le, bǐrú Chūnjié、Duānwǔ Jié、<br>中秋 节 什么的。<br>Zhōngqiū Jié shénmede.<br>4. 老师 留 作业 了 没有？<br>Lǎoshī liú zuòyè le méiyǒu?<br>5. 我 晚上 要 好好儿 复习 一下。<br>Wǒ wǎnshang yào hǎohāor fùxí yíxià.<br>6. 别 着急，我 觉得 你 应该 好好儿 休息，健康 第一。<br>Bié zháojí, wǒ juéde nǐ yīnggāi hǎohāor xiūxi, jiànkāng dìyī. |
| 功能<br>Function | 看望病人　Visiting a patient |

## 热身活动 Warm-up

**想一想** Think about the following questions

1. 你知道哪些中国的节日？ Which Chinese festivals do you know?
2. 中国最重要的节日是什么？ What is the most important festival in China?
3. 昨天老师留什么作业了？ What homework did your teacher give you yesterday?
4. 你昨天复习了吗？复习什么了？
   Did you review your lessons yesterday? What did you review?

## 课文 Texts

25-01

### （一）

（在 宿舍，杰克 和 金 大成 来 看 爱子）
(Zài sùshè, Jiékè hé Jīn Dàchéng lái kàn Àizǐ)

杰克：爱子，怎么样，病 好 了 吗？
Jiékè: Àizǐ, zěnmeyàng, bìng hǎo le ma?

爱子：好 多 了[1]。老师 今天 讲 什么 了？
Àizǐ: Hǎo duō le. Lǎoshī jīntiān jiǎng shénme le?

杰克：讲 "中国 的节日" 了，比如 春节、端午 节、中秋 节 什么的[2]，很 有 意思。
Jiékè: Jiǎng "Zhōngguó de jiérì" le, bǐrú Chūnjié、Duānwǔ Jié、Zhōngqiū Jié shénmede, hěn yǒu yìsi.

爱子：我 知道 春节，这 是 中国 最 重要 的节日。老师 留 作业 了 没有？
Àizǐ: Wǒ zhīdao Chūnjié, zhè shì Zhōngguó zuì zhòngyào de jiérì. Lǎoshī liú zuòyè le méiyǒu?

金大成：没 留。 明天 你 去 上课 吗？
Jīn Dàchéng: Méi liú. Míngtiān nǐ qù shàngkè ma?

爱子：去。我 晚上 要 好好儿 复习 一下[3]。
Àizǐ: Qù. Wǒ wǎnshang yào hǎohāor fùxí yíxià.

金大成：别 着急[4]，我 觉得 你 应该 好好儿 休息，健康 第一[5]。
Jīn Dàchéng: Bié zháojí, wǒ juéde nǐ yīnggāi hǎohāor xiūxi, jiànkāng dìyī.

## 练一练 Exercises

1. 听课文，说说你听到了什么　Listen to the text and talk about what you hear.

2. 跟老师读课文　Read the text after the teacher.

3. 三人一组，分角色读　Work in groups of three to play the roles and read the text.

4. 先回答问题，再根据课文内容互相提问

   Answer the following questions and then ask each other questions based on the text.

   （1）爱子为什么没去上课？

   （2）爱子的病怎么样了？

   ……

5. 三人一组，根据提示分角色表演

   Work in groups of three and play the roles based on the following hints.

| 杰克 | 爱子 | 金大成 |
|---|---|---|
| ……了吗？ | ……多了　讲……了？ | 没……　上课 |
| ……了 | 知道　最 | 别　应该 |
| 比如……什么的 | 留……了没有？ | 第一 |
| 有意思 | 好好儿　一下 | |

## （二）

爱子病了，杰克和金大成来宿舍看她，问她病好了没有，爱子说好多了。杰克说今天老师讲“中国的节日”了，比如春节、端午节、中秋节什么的。爱子说她知道春节，春节是中国最重要的节日。今天老师没有留作业。爱子晚上想好好儿复习一下，明天去上课。金大成说健康第一，她应该好好儿休息。

## 练一练 Exercises

1. 朗读课文 Read the text aloud.

2. 复述课文 Retell the text.

爱子____________，杰克和金大成____________，问她____________，爱子说____________。杰克说今天老师____________，____________春节、端午节、中秋节____________。爱子说她____________，春节是____________。今天老师没有____________。爱子晚上想____________，明天____________。金大成说____________，她____________好好儿休息。

## 生词 New Words

25-02

| 序号 No. | 词语 Word / Phrase | 拼音 *Pinyin* | 词性 Word Class | 英文释义 Meaning in English | 例子 Example(s) |
|---|---|---|---|---|---|
| 1 | 病 | bìng | N/V | illness; disease/ to be ill; to be sick | 什么病　病了 |
| 2 | 了 | le | Pt | *used after a verb or an adjective to indicate the occurrence of a real or expected action or a change* | 好了　病了　上课了 |
| 3 | 讲 | jiǎng | V | to explain; to make clear | 讲课　讲什么 |
| 4 | 节日 | jiérì | N | festival; holiday | 一个节日　节日快乐 |
| 5 | 比如 | bǐrú | V | for example | 比如说 |
| 6 | 什么的 | shénmede | Pt | and so on; etc. | 看看书、电视什么的 |
| 7 | 有意思 | yǒu yìsi | | interesting | 很有意思 |
| | 意思 | yìsi | N | interest; fun | 什么意思　两个意思　没有意思 |
| 8 | 最 | zuì | Adv | most; to the greatest extent | 最好　最不好　最大　最贵 |

| | | | | | |
|---|---|---|---|---|---|
| 9 | 重要 | zhòngyào | A | important | 重要的人　最重要的节日　很重要 |
| 10 | 留 | liú | V | to leave behind; to leave | 留作业　留电话号码 |
| 11 | 要 | yào | OpV | must; should | 你要多喝水　病了要去医院 |
| 12 | 复习 | fùxí | V | to review; to revise | 复习课文　打算复习 |
| 13 | 一下 | yíxià | | *used after a verb to indicate a short, random, informal action* | 复习一下　去一下　看一下 |
| 14 | 别 | bié | Adv | don't | 别抽烟　别去那儿 |
| 15 | 着急 | zháojí | A | worried; anxious | 很着急　别着急 |
| 16 | 应该 | yīnggāi | OpV | should; ought to | 应该休息　不应该去 |
| 17 | 健康 | jiànkāng | A | healthy | 身体 (shēntǐ, body) 很健康　不健康 |
| 18 | 第一 | dìyī | Num | first | 健康第一　第一个　第一天 |
| | 第 | dì | Pref | *indicating ordinal numbers* | 第一　第二课　第几　第几课 |

## 专有名词　Proper Nouns

| | | |
|---|---|---|
| 春节 | Chūnjié | Spring Festival |
| 端午节 | Duānwǔ Jié | Dragon Boat Festival |
| 中秋节 | Zhōngqiū Jié | Mid-Autumn Festival |

## 注释　Notes

### [1] "A + 多了"　The structure "A + 多了"

"A + 多了"，可以表示相比较之下，事物的性质、状态、程度发生了较大的变化。

The structure "A + 多了" can be used to indicate a considerable change in the property, state or degree of something by comparison.

（1）他的病好多了，明天可以去上课。

（2）春节以后，菜便宜多了。

> 多知道一点儿
> A：你的感冒好点儿了没有？
> B：好一点儿了。现在嗓子不疼了。

练一练 Exercises

1. 用“A+多了”完成句子　Complete the following sentences using “A+多了”.

（1）几年不见，她________________。

（2）有了地铁以后，去学校________________。

（3）我的头昨天很疼，今天________________。

2. 用“A+多了”说说你的变化（biànhuà, change）

Talk about your changes using “A+多了”.

我以前……，现在……

例如：
For example, 我以前很胖（pàng, fat），现在瘦（shòu, thin）多了。

## [2] “比如 + a、b、c……什么的”　The structure “比如 + a、b、c……什么的”

“比如 + a 、b、c ……什么的”，多用于口语中，列举出部分例子。

The structure “比如 + a 、b 、c……什么的” is usually used in oral Chinese to give examples.

（1）我喜欢吃中国菜，比如麻婆豆腐、炒土豆丝、西红柿炒鸡蛋（xīhóngshì chǎo jīdàn, scrambled eggs with tomatoes）什么的。

（2）这个手机功能很多，比如上网、查字典、看电视什么的。

练一练 Exercises

用“比如 + a、b、c……什么的”完成句子

Complete the following sentences using “比如 + a、b、c……什么的”.

（1）我的爱好（àihào, hobby）很多，________________。

（2）我想买的东西很多，________________。

（3）三个月以前，我只会说一点儿汉语，________________。

### [3] "V+ 一下" The structure "V+ 一下"

"一下"放在动词后面，表示动作进行一次，动作持续的时间长短不一定，但说话人主观认为该动作发生的时间相对较短，因此"V+ 一下"表达的是一种轻松、随意、尝试的语气。

"一下" is used after a verb to indicate the action is carried out just once. The action may last either long or short, but the speaker believes it only lasts a relatively short time. Therefore, the structure "V+ 一下" is used in a relaxed, random and tentative tone.

（1）你读（dú, to read）一遍，我听一下。
（2）我看一下你的作业，行吗？
（3）下午我想去一下图书馆，你去吗？
（4）来，你说一下，你为什么要学汉语？
（5）我不知道这个字的意思，你问一下老师吧。

#### 练一练 Exercises

替换练习 Substitution drills.

我问一下，去天安门怎么走？

| | |
|---|---|
| 我去 | 看看他来了没有。 |
| 你说 | 中国最重要的节日是什么？ |
| 你等 | 给你钱。 |

### [4] "别 + V/VP/A/AP" The structure "别 + V/VP/A/AP"

"别 + V/VP/A/AP"表示禁止或劝阻，表达命令、劝说或者安慰的语气。也可以说"不要 + V/VP/A/AP"。

The structure "别 + V/VP/A/AP" or "不要 + V/VP/A/AP" is used to express prohibition or dissuasion in a commanding, advising or comforting tone.

（1）你们别在这儿抽烟。
（2）你下午别去银行，下午人多。
（3）别担心（dānxīn, to worry），我在北京挺（tǐng, quite; rather）好的。
（4）别着急，还有时间。
（5）别太累，健康第一。

练一练 Exercises

用“别 + V/VP/A/AP”完成句子 Complete the following sentences using “别 + V/VP/A/AP”.

（1）____________________________，公共汽车人太多。

（2）____________________________，周末去吧。

（3）____________________________，他不吃蛋糕。

（4）____________________________，我不能吃辣的。

### [5] “第 + Num” The ordinal number “第 + Num”

“第”后接数词，表示次序先后、排位顺序。

“第” is used prior to a cardinal number to make it ordinal.

（1）今天学习第二十三课。
（2）这是我第二次来中国。
（3）老师说我们第一天到第八天学拼音。

“第一”除了表示次序以外，也表示“最重要”“最好的”。

“第一”, which literally means “the first”, also means “the most important” or “the best”.

（1）健康第一，你要好好儿休息。
（2）我们还是学生，学习第一。

练一练 Exercises

用“第 + Num”完成句子 Complete the following sentences using “第 + Num”.

（1）我们都知道，五月的________个星期天是母亲节（Mǔqīn Jié, Mother's Day）。

（2）爱子的汉语很好，每次考试都是我们班________。

（3）明天我们学习________课？

## 语法 Grammar

### 1 句末“了” The particle “了” used at the end of a sentence

句末“了”表示事件的发生。

The particle “了” used at the end of a sentence indicates the occurrence of an event.

| 主语（S） | 谓语（P） |
| --- | --- |
| | V/A＋了 |

否定形式：“没（有）+V/A”。

The negative form is “没（有）+ V/A”.

疑问形式：“S+V/A＋了＋吗？”“S+V/A＋了＋没有？”“S+V/A+ 没 +V/A（+O）？”。

The interrogative form is “S+V/A＋了＋吗？”, “S+V/A＋了＋没有？” or “S+V/A+ 没 +V/A（+O）？”.

（1）A：你们吃早饭了吗？ / 你们吃早饭了没有？ / 你们吃没吃早饭？
　　B：我吃早饭了。
　　C：我没（有）吃早饭。

（2）A：昨天晚上你们做什么了？
　　B：昨天晚上我看电视了。
　　C：昨天晚上我没（有）看电视，我写作业了，还复习了。

（3）A：明年九月他还在你们学校学习吗？
　　B：明年九月他已经（yǐjīng, already）毕业（bìyè, to graduate）了，不在我们学校，不过可能还在北京。

（4）A：你的病好了吗？/ 你的病好没好？
　　B：好了。
　　A：你呢？
　　C：没好，还有点儿咳嗽。

**注意：**“了”强调的是事件的“发生”，因此在以下情况中，句末“了”不适用。

**Note:** “了” used at the end of a sentence emphasizes the occurrence of an event, so it doesn't apply to the following circumstances:

1）表达过去时间内惯常发生的事件及反复进行的事件时，不使用句末“了”。

“了” is not used at the end of a sentence to indicate a habitual or regular event in the past.

（1）他以前常来我家玩儿。　（√）
　　他以前常来我家玩儿了。（×）

（2）他来中国以前，每天学习汉语。　（√）
　　他来中国以前，每天学习汉语了。（×）

2）对过去时间内的状态进行描写、判断时，不使用句末“了”。

“了” is not used at the end of a sentence to describe or make a statement about a state in the past.

（1）昨天晚上我们班（bān, class）同学一起吃饭，大家都很高兴。（√）
昨天晚上我们班同学一起吃饭，大家都很高兴了。（×）

（2）三年前，我是学生，现在我是老师。（√）
三年前，我是学生了，现在我是老师。（×）

（3）昨天晚上我不在宿舍，我在图书馆学习。（√）
昨天晚上我不在宿舍了，我在图书馆学习了。（×）

3）当句意侧重表述的是“说”“问”“告诉（gàosu, to tell）”等传达性动词之后的具体内容时，不使用句末“了”。

“了” is not used at the end of a sentence when the sentence focuses on the specific information following a verb which is to convey a message, such as “说”, “问” or “告诉 (gàosu, to tell)”.

（1）老师说这个周六要上课，不休息。（√）
老师说这个周六要上课了，不休息。（×）

（2）杰克问我明天去不去吃饭，我告诉他我这周有点儿忙，可能不去。（√）
杰克问我明天去不去吃饭了，我告诉他我这周有点儿忙了，可能不去。（×）

（3）你知道吗？他告诉我他一直很爱我。（√）
你知道吗？他告诉我他一直很爱我了。（×）

当然，如果句义要强调的是“说”“问”“告诉”等动作是否发生时，则必须使用句末“了”。

However, when a sentence emphasizes whether or not an action such as “说”, “问” or “告诉” has occurred, the particle “了” must be used at the end of the sentence.

请比较以下例句中有“了”和没有“了”的情况。

Please compare the sentences with “了” and the ones without.

（1）A：老师说什么时候考试了吗？
B：老师说了。
A：老师说什么时候考试？
B：老师说下周五考试。

（2）A：他问你问题了吗？
B：问了。
A：他问你什么？
B：他问我为什么学汉语。

（3）A：老师告诉你们考试的时间了吗？
B：还没呢。你们老师告诉你们了吗？
A：告诉我们了。他说 12 月 29 号考试。他还告诉我们考试的时间是八点到九点五十。

## 练一练 Exercises

1. 替换练习 Substitution drills.

（1）A：你 周末 去故宫 了吗？ B：去 了。

| | | | |
|---|---|---|---|
| 你<br>他<br>老师 | 昨天<br>前天<br>上午 | 写作业<br>请你吃饭<br>教你们中文歌 | 写<br>请<br>教 |

（2）A：你 喝酒 了没有？ B：（我） 没 喝。

| | | | |
|---|---|---|---|
| 他<br>你的病<br>你们 | 上网查<br>好<br>买蛋糕 | 他<br>我的病<br>我们 | 查<br>好<br>买 |

2. 完成对话 Complete the following dialogues.

（1）A：昨天晚上________________________？
B：看了。
A：你觉得中国的电视好看吗？
B：______________________________。
A：今天晚上你打算看电视吗？
B：______________________________，今天作业太多。

（2）A：昨天上午九点左右你在家吗？
B：______________________________。
A：______________________________？
B：我去图书馆了。
A：你去图书馆做什么了？
B：______________________________。

A：________________________________________？

B：我没跟我的中国朋友聊天儿。

3. 请找出下边对话中的错误，并说一下理由

Please find the errors in the following dialogues and explain why they are wrong.

（1）A：杰克在宿舍吗？
B：杰克去图书馆了学习，现在不在宿舍。

（2）A：你昨天晚上看电视吗？
B：没有，我昨天晚上没看电视，我去外边唱歌了。

（3）A：你前天上午来上课了没有？
B：来了，我前天上午来上课。

（4）A：你吃早饭了吗？
B：不吃。

（5）A：爱子，我问你，杰克前天上午来上课了吗？
B：杰克说他前天来上课。

### 2 能愿动词"要"（表示意愿或将要）

The optative verb "要" (meaning "want to or will do sth.")

能愿动词"要"用在动词或动词短语前，可表示意愿或将要。

The optative verb "要" is used before a verb or a verbal phrase to express a desire to do something (want to do sth.) or that somebody is going to do something (will do sth.).

（1）我下午要去图书馆，你去吗？
（2）她要唱《找朋友》，有这首歌吗？
（3）你要买什么东西？我给你买吧。

**注意：**这里讲的能愿动词"要"是表示"意愿"或"将要"，它的否定形式不是"不要"，否定时可以直接将否定词"不"放在动词或动词短语前面。

**Note:** When "要" expresses "want to or will do sth.", its negative form is not "不要", but is obtained by just using the negative word "不" before the verb or verbal phrase.

（1）我下午不去图书馆，你去吗？
（2）她不唱《找朋友》，她想唱《朋友》。
（3）你不买吃的吗？听说那儿没有饭馆。

**练一练 Exercises**

请用“要”完成句子 Complete the following sentences using “要”.

（1）我____________________，以后找一个好工作。

（2）这个周末杰克他们____________________，你们想跟他们一起去吗？

（3）听说食堂的饺子很不错，今天____________________。

### 3 能愿动词“应该” The optative verb “应该”

“应该”用在动词或动词短语前，表示从情理或道理上需要这样做。

The optative verb “应该” is used before a verb or a verbal phrase to indicate that something should be done according to some reason.

（1）你应该吃早饭，不吃早饭不好。

（2）你们不应该在这儿抽烟。

（3）我们应该坐出租车去，公共汽车人太多。

**练一练 Exercises**

请完成句子 Complete the following sentences.

（1）你应该______________________________，病好了以后再去上课。

（2）你们应该______________________________。

（3）我们不应该______________________________。

### 4 “不”和“没（有）” The negatives “不” and “没（有）”

**练一练，想一想 Do the exercises and think**

用“不”或“没（有）”填空，想想它们有什么不同

Fill in the blanks with “不” or “没（有）” and think about their differences.

（1）她每天早上、中午吃饭，晚上______吃饭。

（2）我一般（yìbān, usually）______去图书馆学习，我在家学习。

（3）我们国家没有冬天（dōngtiān, winter），也______下雪（xià xuě, to snow）。

> a. 否定一般的情况
> to negate a general situation
> （1）（2）（3）

（4）明天______下雨（xià yǔ, to rain），我们去长城（Chángchéng, the Great Wall）吧。

（5）下个星期三是端午节，______上课。

（6）她病了，明天______去长城。

> b. 否定将来的情况
> to negate a future case
> （4）（5）（6）

（7）今天我______想喝咖啡，喝杯茶吧。

（8）昨天他说他______打算去医院，去药店（yàodiàn, chemist's shop）买点儿药就行了。

（9）我明天打算坐地铁去，______坐公共汽车去。

> c. 否定意愿
> to negate a desire to do sth.
> （7）（8）（9）

（10）我住的地方（dìfang, place）很远，来学校______方便。

（11）我身体（shēntǐ, body; health）______舒服，想休息一会儿。

（12）昨天我没去，他很______高兴。

> d. 评价、描述人或事物"怎么样"，谓语常是形容词
> to evaluate or describe how a person or thing is, usually preceding an adjectival predicate
> （10）（11）（12）

（13）明天______口语课。

（14）食堂今天______饺子，有包子。

（15）他还______女朋友。

> e. "没（有）"可以后接名词，是"有＋N"的否定式
> "没（有）" can take a noun after it as its object, which is the negative form of "有＋N".
> （13）（14）（15）

（16）昨天爱子病了，______来上课。

（17）我还______给爸爸妈妈打电话，今天应该打一个。

（18）A：杰克和金大成来了吗？

B：______来。

A：我们再等他们一会儿吧。

B：啊！你看，杰克来了！……可是（kěshì, but）金大成______来。

（19）A：你不舒服吗？

B：我没有不舒服，我只是（zhǐshì, only）昨天晚上______睡觉（shuìjiào, to sleep）。

f. 否定过去时间范围内动作的发生或者状态的出现，这种动作未发生或状态未出现的情况可以延续到现在

to negate the occurrence of an action or a state in the past, which may still haven't occurred by the moment of speaking

（16）（17）（18）（19）

**注意：**"没有"可以单独使用，"没"一般不能单独使用。

Note: "没有" can be used by itself, while "没" usually cannot.

A：老师留作业了吗？

B：没有。（√）　　没。（×）

没有留。（√）　　没留。（√）

## 练一练 Exercises

用"没（有）"或"不"填空　Fill in the blanks with "没（有）" or "不".

（1）你明天去______去图书馆？

（2）我______喜欢那首歌，你呢？

（3）昨天我______给爱子打电话，她可能______知道老师留什么作业了。

（4）我现在还______有手机，我要去买一个。

（5）你昨天晚上喝______喝咖啡？

（6）那个商店______大，不过东西很多。

（7）你们还________吃饭吧？来，一起吃吧。

（8）那个电影真________意思。

（9）今天下午我________有课，我想去商店买点儿东西。

（10）这________叫饺子，这是包子。

（11）李明________是老师，他也是学生。

（12）我________知道他是哪国人，你知道吗？

（13）A：你们点菜了吗？

B：________，我们刚来。

A：你们现在点菜吗？

B：我们先________点菜，先看看有什么好吃的。

（14）A：她告诉你她的名字了吗？

B：________。

A：你没问她吗？

B：问了，可是她说她________想告诉我。

A：为什么？

B：她说她________想认识我。

## 情景交际 Communication

假设今天你生病了，没去上课。你不知道今天老师讲什么了、留什么作业了，你打电话问同学。准备时间：3～5分钟。

Suppose you are sick today and didn't go to class. Call your classmate to ask about today's lessons and homework. Preparation time: 3-5 minutes.

**提示 Tips**

病　讲　有意思　留　复习　一下　别
着急　应该　……了　没……　……让……
……了吗？/……了没有？/……没……？

## 写作 Writing

### 添句成段 Write more sentences to compose a paragraph

在所给句子前后加上两三句话，把它补充成一段完整的文字。

Write two or three sentences before or after the given sentence to make a complete passage.

我没去上课

______________________________

______________________________

______________________________

## 语音 Pronunciation

### 趣味朗读 Interesting reading material 25-03

好好儿 学习，好好儿 吃
Hǎohāor xuéxí, hǎohāor chī

我 胖 (fat) 多 了，我 要 减肥 (to lose weight)。
Wǒ pàng duō le, wǒ yào jiǎnféi.

你 真 不 胖， 不用 减肥。
Nǐ zhēn bú pàng, búyòng jiǎnféi.

昨天 晚上， 吃 烤鸭 (roast duck) 了。
Zuótiān wǎnshang, chī kǎoyā le.

今天 早上， 没有 吃饭。
Jīntiān zǎoshang, méiyǒu chīfàn.

早上 应该 多 吃 一点儿，
Zǎoshang yīnggāi duō chī yìdiǎnr,

晚上 应该 少 吃 一点儿。
wǎnshang yīnggāi shǎo chī yìdiǎnr.

学生 学习，需要 (to need) 体力 (physical strength)，
Xuésheng xuéxí, xūyào tǐlì,

别 不 吃饭，亏待 (to treat unfairly) 自己 (oneself)。
bié bù chīfàn, kuīdài zìjǐ.

## 汉字 Characters

### 1 汉字的部件（10） Components of Chinese characters (10)

| | | |
|---|---|---|
| 广 guǎngzìpáng room | 店 shop | 广＋占 |
| | 腐 rotten; putrid | 广＋府 |
| | 麻 *general term for hemp, flax, jute, etc.* | 广＋林 |
| | 康 health; well-being | 广＋隶 |
| | 应 should | 广＋业 |

| | | |
|---|---|---|
| 疒 bìngzìpáng illness | 疼 painful; aching | 疒＋冬 |
| | 病 illness; disease/to be ill; to be sick | 疒＋丙 |

### 2 认写基本汉字 Learn and write the basic Chinese characters

（1）隶 lì to be subordinate to

㇇ ㇇一 彐 肀 肀 隶 隶 隶 8 strokes

（2）井 jǐng well

一 二 ＋ 井 4 strokes

（3）广 guǎng broad; wide

丶 亠 广 3 strokes

## 3 认写本课汉字 Learn and write the Chinese characters in this lesson

（1）健康 jiànkāng healthy

健 → 亻+聿+廴 healthy; strong

康 → 广+隶 health; well-being

（2）第 dì *a prefix indicating ordinal numbers*

第 → ⺮+弔+丿

（3）病 bìng illness; disease/to be ill; to be sick

病 → 疒+丙

（4）讲 jiǎng to speak; to explain; to make clear

讲 → 讠+井

（5）比如 bǐrú for example

比 → 比+匕 to draw an analogy; to compare

如 → 女+口 for example

（6）有意思 yǒu yìsi interesting

思 → 田+心 sī thought; thinking

（7）最 zuì most; to the greatest extent

最 → 曰+耳+又

（8）复习 fùxí to review; to revise

复 → 𠂉+日+夂 to repeat

（9）着急 zháojí worried; anxious

着 → 𦍌+目 to feel; to suffer

急 → ⺈+彐+心 anxious; worried

（10）应该 yīnggāi should

应 → 广+业 should

该 → 讠+亥 should

## 实践活动 Activity

### 走一走，问一问　Go for a survey

问一问别的班的同学，他们的老师一般留什么作业。

Interview students from other classes about the homework they usually have.

| 姓名 | 综合课（zōnghé kè, Comprehensive Course）作业 | 阅读课（yuèdú kè, Reading Course）作业 | 口语课（kǒuyǔ kè, Speaking Course）作业 |
|---|---|---|---|
| | | | |
| | | | |
| | | | |

## 文化点滴 Cultural Note

春节

Chunjié

The Spring Festival

最快乐、最热闹的中国节日——你一定要体验！

The happiest and liveliest Chinese festival that you must experience!

逛庙会

guàng miàohuì

visiting a temple fair

舞龙

wǔlóng

dragon dance

贴春联
tiē chūnlián
pasting Spring Festival couplets

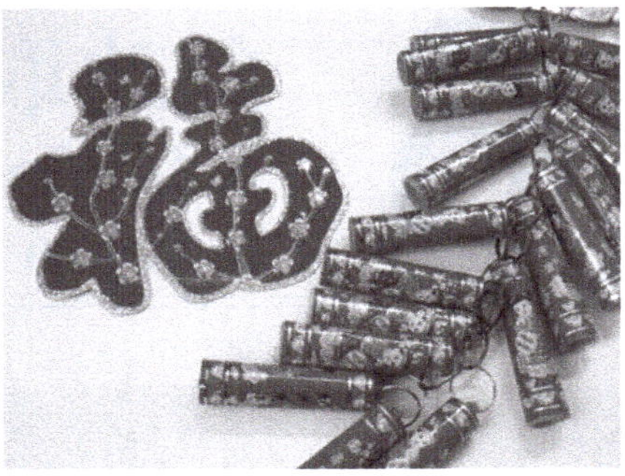

放爆竹
fàng bàozhú
setting off firecrackers

**查一查　Do a research**

1. 今年的春节是几月几号？明年呢？
   What is the date of the Spring Festival this year? How about next year?
2. 明年的春节你打算做什么？
   What is your plan for the Spring Festival next year?

## 学习后记　Summary

| 词语　Vocabulary | 语言点　Grammar |
| --- | --- |
| | |

# 26 自动取款机比银行方便

## It Is More Convenient to Use an ATM than to Go to the Bank

## 学习提示 Learning Tips

| | |
|---|---|
| 重点词<br>Key Words | 已经　比　总是　花　浪费　时间　时候　最好　可是<br>每　怎么办　比较　离 |
| 重点句<br>Key Sentences | 1. 你还没办卡？我已经办了。<br>Nǐ hái méi bàn kǎ? Wǒ yǐjīng bàn le.<br>2. 自动取款机比银行方便。<br>Zìdòng qǔkuǎnjī bǐ yínháng fāngbiàn.<br>3. 那什么时候人少一点儿？<br>Nà shénme shíhou rén shǎo yìdiǎnr?<br>4. 我每天上午都有课，怎么办？<br>Wǒ měi tiān shàngwǔ dōu yǒu kè, zěnme bàn?<br>5. 我觉得那儿离学校太远，没有校内方便。<br>Wǒ juéde nàr lí xuéxiào tài yuǎn, méiyǒu xiàonèi fāngbiàn. |
| 功能<br>Functions | 办卡　Applying for a bank card<br>比较（1）Making a comparison (1) |

## 热身活动 Warm-up

**想一想** Think about the following questions

1. 你常去银行吗？ Do you often go to a bank?
2. 你去银行做什么？ What do you do in a bank?
3. 你有银行卡吗？还有什么卡？
   Do you have any bank card? What other cards do you have?

## 课文 Texts

26-01

### （一）

（学校 银行 附近）
(Xuéxiào yínháng fùjìn)

杰克：你去哪儿？
Jiékè: Nǐ qù nǎr?

金在元：去银行，我想办一张银行卡。
Jīn Zàiyuán: Qù yínháng, wǒ xiǎng bàn yì zhāng yínhángkǎ.

杰克：你还没办卡？我已经办了。自动取款机比银行方便。
Jiékè: Nǐ hái méi bàn kǎ? Wǒ yǐjīng bàn le. Zìdòng qǔkuǎnjī bǐ yínháng fāngbiàn.

金在元：对，学校银行人总是特别多。
Jīn Zàiyuán: Duì, xuéxiào yínháng rén zǒngshì tèbié duō.

杰克：你不应该现在去，现在人最多，排队可能要花一个小时左右，太浪费时间了。
Jiékè: Nǐ bù yīnggāi xiànzài qù, xiànzài rén zuì duō, páiduì kěnéng yào huā yí ge xiǎoshí zuǒyòu, tài làngfèi shíjiān le.

金在元：那什么时候人少一点儿[1]？
Jīn Zàiyuán: Nà shénme shíhou rén shǎo yìdiǎnr?

杰克：上午 比 下午 少，你 最好 上午 去。
Jiékè: Shàngwǔ bǐ xiàwǔ shǎo, nǐ zuìhǎo shàngwǔ qù.

金在元：可是 我 每 天 上午 都 有 课[2]，怎么 办？
Jīn Zàiyuán: Kěshì wǒ měi tiān shàngwǔ dōu yǒu kè, zěnme bàn?

杰克：你也可以去 校外 的 银行，那儿比 校内 的 银行 大，
Jiékè: Nǐ yě kěyǐ qù xiàowài de yínháng, nàr bǐ xiàonèi de yínháng dà,

窗口 比较 多。
chuāngkǒu bǐjiào duō.

金在元：不过 我 觉得 那儿 离[3] 学校 太 远，没有 校内 方便。
Jīn Zàiyuán: Búguò wǒ juéde nàr lí xuéxiào tài yuǎn, méiyǒu xiàonèi fāngbiàn.

## 练一练 Exercises

1. 听课文，说说你听到了什么 Listen to the text and talk about what you hear.
2. 跟老师读课文 Read the text after the teacher.
3. 两人一组，分角色读 Work in pairs to play the roles and read the text.
4. 先回答问题，再根据课文内容互相提问
   Answer the following questions and then ask each other questions based on the text.
   （1）金在元去银行做什么？
   （2）金在元喜欢去校内的银行还是校外的银行？为什么？
   ……
5. 两人一组，根据提示分角色表演
   Work in pairs and play the roles based on the following hints.

| 杰克 | 金在元 |
|---|---|
| 哪儿 | 银行 办 卡 |
| 还没……？ 已经……了 比 | 总是 |
| 不应该 最 排队 可能 | 什么时候 ……一点儿 |
| 花 浪费 | 可是 每……都…… |
| 比 最好 | 不过 ……离……远 |
| 可以 校外 比 窗口 比较 | 没有……方便 |

（二）

自动取款机比银行方便，所以很多人都喜欢用银行卡。金在元也想去办一张银行卡，杰克说他已经办了，还说现在人最多，排队可能要花一个小时左右，很浪费时间。银行上午比下午人少，最好上午去。可是金在元每天上午都有课。杰克说可以去校外的银行，那儿比校内的银行大，窗口比较多。可是金在元说那儿离学校太远，没有校内方便。

## 练一练 Exercises

1. 朗读课文 Read the text aloud.

2. 复述课文 Retell the text.

自动取款机＿＿＿＿＿＿＿＿方便，所以很多人＿＿＿＿＿＿＿＿＿＿＿＿＿＿。金在元＿＿＿＿＿＿＿＿，杰克说＿＿＿＿＿＿＿＿，还说现在＿＿＿＿＿＿＿＿，排队可能＿＿＿＿＿＿＿＿，很＿＿＿＿＿＿＿＿。银行＿＿＿＿＿＿＿＿，最好＿＿＿＿＿＿＿＿＿＿＿＿＿＿。可是金在元每天上午＿＿＿＿＿＿＿＿。杰克说可以＿＿＿＿＿＿＿＿，那儿＿＿＿＿＿＿＿＿，窗口＿＿＿＿＿＿＿＿＿＿＿＿＿＿。可是金在元说那儿＿＿＿＿＿＿＿＿太远，＿＿＿＿＿＿＿＿＿＿＿＿＿＿校内方便。

## 生词 New Words

26-02

| 序号 No. | 词语 Word / Phrase | 拼音 *Pinyin* | 词性 Word Class | 英文释义 Meaning in English | 例子 Example(s) |
|---|---|---|---|---|---|
| 1 | 办 | bàn | V | to do; to handle; to apply for | 办事<br>办签证 (qiānzhèng, visa) |
| 2 | 张 | zhāng | M | *a measure word for flat objects* | 一张纸 (zhǐ, paper) |

| | | | | | |
|---|---|---|---|---|---|
| 3 | 卡 | kǎ | N | card | 银行卡　电话卡　图书卡<br>饭卡　卡号　办一张卡 |
| 4 | 已经 | yǐjīng | Adv | already | 已经去了　已经吃了 |
| 5 | 自动 | zìdòng | A/Adv | automatic;<br>automatically | 自动挡 (dǎng, gear) |
| 6 | 取款机 | qǔkuǎnjī | N | automatic teller machine (ATM) | 自动取款机 |
| | 取 | qǔ | V | to get; to fetch | 取东西 |
| 7 | 比 | bǐ | Prep | than | 比你高　比校外方便 |
| 8 | 总是 | zǒngshì | Adv | always | 总是不吃早饭<br>总是买贵的　总是很漂亮 |
| 9 | 排队 | páiduì | VO | to line up; to form a line | 排队买饭　要排队<br>排一会儿队 |
| 10 | 花 | huā | V | to spend | 花钱 |
| 11 | 浪费 | làngfèi | V | to waste | 浪费钱　浪费东西 |
| 12 | 时间 | shíjiān | N | time | 浪费时间　有时间<br>没时间　花很多时间 |
| 13 | 时候 | shíhou | N | time; moment | 什么时候　……的时候 |
| 14 | 少 | shǎo | A | few; little | 很少　不少　太少了 |
| 15 | 最好 | zuìhǎo | Adv | had better | 最好不去那儿　最好先做作业　最好明天去 |
| 16 | 可是 | kěshì | Conj | but; however | 我想玩儿，可是我没有时间玩儿 |
| 17 | 每天 | měi tiān | | every day | 每天去　每天都有课 |
| | 每 | měi | Pr | every; each | 每周　每年<br>每（个）月　每（个）人<br>每（个）星期 |
| 18 | 怎么办 | zěnme bàn | | what to do; what should be done | 没有钱，怎么办？ |
| 19 | 窗口 | chuāngkǒu | N | window | 银行的窗口　食堂的窗口 |
| 20 | 比较 | bǐjiào | Adv/V | relatively; quite; rather/ to compare | 那个不太好，这个比较好<br>我比较喜欢那家饭馆<br>请比较一下 |
| 21 | 离 | lí | V | to be away from | 宿舍离食堂很近 |

# 注释 Notes

## [1] "A +（一）点儿" The structure "A +（一）点儿"

"A +（一）点儿"表示程度略高，用于显性或隐性的比较。"A +（一）点儿"在句子中的位置比较灵活，自身可以做谓语，也可以后接"的"构成"的"字短语。"A+（一）点儿"可以在名词前做定语，也可以在动词前做状语等。

The structure "A +（一）点儿" is used to indicate a slightly higher degree by explicit or implicit comparison. It can be used in different positions in a sentence. It can act as the predicate of a sentence or be used with "的" to form a "的" phrase. It can also act as an attributive modifier before a noun or as an adverbial modifier before a verb.

（1）这个菜有一点儿贵，那个便宜一点儿，点那个吧。
（2）这种苹果（píngguǒ, apple）有点儿小，有大一点儿的吗？
（3）天安门有点儿远，我不想去。我想去近点儿的地方（dìfang, place）。
（4）你明天早（zǎo, early）点儿去吧，早点儿去人比较少。

### 练一练 Exercises

请用"有（一）点儿"或"（一）点儿"填空

Fill in the blanks using "有（一）点儿" or "（一）点儿".

（1）我想买一个漂亮________的蛋糕。

（2）今天点的菜________多。

（3）有大________的字典吗？

（4）我觉得住校内方便________，你觉得呢？

（5）我________不舒服，想在家休息，你们去吧。

（6）我买贵________的吧，贵的东西质量（zhìliàng, quality）可能好________。

## [2] "每（+M）+N+ 都 +V/VP/AP" The structure "每（+ M）+ N + 都 + V/VP/AP"

强调全部、所有，没有例外。

This structure stresses that all are included without any exception.

（1）每个同学都喜欢张老师。
（2）我每星期都给妈妈打一次电话。
（3）她每天都很高兴。
（4）每个星期我都去游泳。

练一练 Exercises

1. 请给“都”选择恰当的位置 Choose a proper position for “都” in each sentence.

（1）我___A___每天___B___去___C___图书馆学习。

（2）___A___这儿的___B___每本书他___C___看了。

（3）我们___A___每天___B___上午___C___有课。

2. 组句 Rearrange the words and phrases to make sentences.

（1）杰克 朋友 每 吃饭 都 跟 周五晚上 一起

______________________________

（2）年 我 爸爸妈妈 每 送 都 生日礼物

______________________________

（3）很 我们班（bān, class） 个 每 都 人 努力（nǔlì, hard-working）

______________________________

### [3] 动词“离” The verb “离”

用于表示与目标相比较，在空间或时间上存在的距离。

The verb “离” is used to indicate the distance from the goal in time or space.

X + 离 + Y + Distance

| | | | |
|---|---|---|---|
| 图书馆 | 离 | 食堂 | 很近。 |
| 我 | 离 | 爸爸妈妈 | 很远。 |
| 学校 | 离 | 地铁站 | 一公里（gōnglǐ, kilometre）。 |
| 现在 | 离 | 春节 | 还有两个月。 |

## 练一练　Exercises

组句　Rearrange the words and phrases to make sentences.

（1）离　办公楼　很　教学楼　近

______________________________

（2）我　离　学校　不　远　家　太

______________________________

（3）有　今天　春节　还　离　两天

______________________________

（4）只　那儿　天安门　离　两　公里　有

______________________________

## 语法　Grammar

### 1 "比"字句　Comparative sentences with "比"

X＋比＋Y＋A：比较句——X 和 Y 相比较，X 程度高，Y 程度低。

X＋比＋Y＋A: Compared to Y, X is of a higher degree of the property denoted by A.

Y＋没（有）＋X＋A：比较句——Y和X相比较，Y程度低，X程度高，Y达不到X的程度。

Y＋没（有）＋X＋A: Compared to X, Y is of a lower degree of the property denoted by A.

（1）飞机（fēijī, airplane）
火车（huǒchē, train）
飞机比火车快。＝火车没有飞机快。

（2）苹果（píngguǒ, apple）
西瓜（xīguā, watermelon）
西瓜比苹果大。＝苹果没有西瓜大。

（3）黄河（Huánghé, Yellow River）：5464 km
长江（Chángjiāng, Yangtze River）：6397 km
长江比黄河长（cháng, long）。＝黄河没有长江长。

多知道一点儿

1. 坐飞机去比坐火车去快得多，坐飞机去吧。
2. 姐姐只比我大一岁，可是我比妹妹大得多。
3. 我的发音比以前好多了。

### 练一练 Exercises

1. 替换练习　Substitution drills.

校内　比　校外　方便，　校外没有校内　方便。

| | | | | | |
|---|---|---|---|---|---|
| 家里<br>爸爸<br>说 | 宿舍<br>妈妈<br>做 | 舒服<br>高（gāo, tall）<br>容易 | 宿舍<br>妈妈<br>做 | 家里<br>爸爸<br>说 | 舒服<br>高<br>容易 |

2. 组句　Rearrange the words and phrases to make sentences.

（1）我　姐姐（jiějie, elder sister）　比　大　，
妹妹（mèimei, younger sister）　比　小　我

______________________________

（2）美国　中国　没有　大

______________________________

（3）比　老师的汉语　我的汉语　好　，　没有　我的汉语　老师的汉语　好

______________________________

### 2 "什么时候"　The interrogative phrase "什么时候"

"什么时候"用于询问动作发生的时间，一般放在主语的后边。

The phrase "什么时候" is usually used after the subject to ask about the time when an action takes place.

（1）A：你们**什么时候**回宿舍？
B：我们下午四点回宿舍。

（2）A：银行**什么时候**人少？
B：中午十二点左右人比较少。

（3）A：**什么时候**给你打电话方便？
B：下午四点以后给我打吧。

### 练一练 Exercises

用"什么时候"完成对话　Complete the following dialogues using "什么时候".

（1）A：______________________________？
B：我打算下午去医院。

（2）A：________________________________________？

B：我周末有时间。

（3）A：________________________________________？

B：我们每天下午都没课。

## 情景交际 Communication

两人一组讨论，说说你觉得以下两个选择哪个好，为什么。准备时间：3 ～ 5 分钟。

Work in pairs and discuss which of the following two choices is better and why. Preparation time: 3-5 minutes.

1. 去食堂或者（huòzhě, or）饭馆吃饭
2. 自己（zìjǐ, oneself）做饭

提示　Tips

饭卡　总是　排队　花　时候　比较

可是　X 比 Y……　Y 没有 X……

## 写作 Writing

### 添句成段　Write more sentences to compose a paragraph

在所给句子前后加上两三句话，把它补充成一段完整的文字。

Write two or three sentences before or after the given sentence to make a complete passage.

你们最好坐地铁去

________________________________________

________________________________________

________________________________________

## 语音 Pronunciation

### 趣味朗读 Interesting reading material 26-03

什么 最 重要
Shénme zuì zhòngyào

我 问 你：钱 和 健康 哪个 重要？
Wǒ wèn nǐ: Qián hé jiànkāng nǎge zhòngyào?

你 说： 健康 比 钱 重要， 钱 没有 健康 重要。
Nǐ shuō: Jiànkāng bǐ qián zhòngyào, qián méiyǒu jiànkāng zhòngyào.

我 说：那 你 就 好好儿 休息。
Wǒ shuō: Nà nǐ jiù hǎohāor xiūxi.

你 问 我：今天 和 昨天 哪个 重要？
Nǐ wèn wǒ: Jīntiān hé zuótiān nǎge zhòngyào?

我 说：今天 比 昨天 重要， 昨天 没有 今天 重要。
Wǒ shuō: Jīntiān bǐ zuótiān zhòngyào, zuótiān méiyǒu jīntiān zhòngyào.

你 说：那 你 就 别 总是 想 昨天， 浪费 今天 的 时间。
Nǐ shuō: Nà nǐ jiù bié zǒngshì xiǎng zuótiān, làngfèi jīntiān de shíjiān.

## 汉字 Characters

### 1 汉字的部件（11） Components of Chinese characters (11)

| | | |
|---|---|---|
| 贝<br>bèizìpáng<br>money | 账 account | 贝＋长 |
| | 贵 expensive | 虫＋贝 |
| | 费 fee; expenses/to spend; to cost | 弗＋贝 |
| 足<br>zúzìpáng<br>foot | 踢 to kick | 足＋易 |
| | 路 road | 足＋各 |

| | | |
|---|---|---|
| 禾<br>hézìpáng<br>cereal | 租 to rent | 禾＋且 |
| | 和 and | 禾＋口 |
| | 种（zhǒng）type; kind<br>（zhòng）to plant; to grow | 禾＋中 |
| | 秋 autumn | 禾＋火 |

## 2 认写基本汉字 Learn and write the basic Chinese characters

（1）弓 gōng bow

㇆ ㇅ 弓 3 strokes

（2）弗 fú not

㇆ ㇅ 弓 弔 弗 5 strokes

（3）母 mǔ mother

𠃊 𠃋 𠂻 毋 母 5 strokes

## 3 认写本课汉字 Learn and write the Chinese characters in this lesson

（1）张 zhāng *a measure word for flat objects*

张 → 弓＋长

（2）卡 kǎ card

卡 → 上＋卜

（3）已经 yǐjīng already

经 → 纟＋又＋工 to pass through

（4）总是 zǒngshì always

总 → 丷＋口＋心 always

（5）排队 páiduì to line up; to form a line

排 → 扌＋非 to put in order

队 → 阝＋人 line; queue

（6）浪费　làngfèi　to waste

浪→ 氵+良　unrestrained

费→ 弗+贝　to spend; to cost

（7）时候　shíhou　time; moment

候 → 亻+丨+ㄱ+一+矢　hòu　time; season

（8）每天　měi tiān　every day

每 → 𠂉+毋　every; each

（9）窗口　chuāngkǒu　window

窗 → 穴+丿+口+夕　window

（10）比较　bǐjiào　relatively; quite; rather/to compare

较 → 车+交　to compare

（11）离　lí　to be away from

离 → 亠+凶+冂+厶

## 实践活动 Activity

### 走一走，问一问　Go for a survey

问问你的同学，他们觉得 A 选项和 B 选项哪儿好、哪儿不好。

Interview your classmates about their opinions on the advantages and disadvantages of the two choices A and B.

同学 1：________________

| | 哪儿好 | 哪儿不好 |
|---|---|---|
| A. 住校内 | | |
| B. 住校外 | | |
| A. 在宿舍学习 | | |
| B. 去图书馆学习 | | |

同学 2：________________

| | 哪儿好 | 哪儿不好 |
|---|---|---|
| A. 住校内 | | |
| B. 住校外 | | |
| A. 在宿舍学习 | | |
| B. 去图书馆学习 | | |

## 文化点滴 Cultural Note

十三亿人口大移动

A migration of 1.3 billion people

春运

Chūnyùn

Transport during the Spring Festival

**选一选　Choose the right answers**

1. “春运” 的 “春” 意思是：

“春” in “春运” means:

A. 春天（spring）　　B. 春节　　C. 生机（life; vitality）

2. “春运” 的 “运” 意思是：

“运” in “春运” means:

A. 运输（yùnshū, transportation）　　B. 运气（yùnqi, luck）

## 学习后记 Summary

词语 Vocabulary

语言点 Grammar

# 27 北京的名胜古迹多，成都的自然风景美

## Beijing Is Famous for Its Historical Sites and Chengdu for Its Natural Beauty

### 学习提示 Learning Tips

| | |
|---|---|
| 重点词<br>Key Words | 有的　为什么　环境　一样　因为　所以　玩儿<br>地方　自然　给 |
| 重点句<br>Key Sentences | 1. 有的 人 觉得 成都 好，有的 人 觉得 北京 好。<br>Yǒude rén juéde Chéngdū hǎo, yǒude rén juéde Běijīng hǎo.<br>2. 我 的 朋友 说 成都 跟 北京 一样，学校 里 的 学生 也 都 说 普通话。<br>Wǒ de péngyou shuō Chéngdū gēn Běijīng yíyàng, xuéxiào li de xuésheng yě dōu shuō pǔtōnghuà.<br>3. 成都 的 天气 跟 北京 不 一样。<br>Chéngdū de tiānqì gēn Běijīng bù yíyàng.<br>4. 房间 里 跟 房间 外 一样 冷。<br>Fángjiān li gēn fángjiān wài yíyàng lěng.<br>5. 我 晚上 给 弟弟 打 电话，告诉 他 这些 情况。<br>Wǒ wǎnshang gěi dìdi dǎ diànhuà, gàosu tā zhèxiē qíngkuàng. |
| 功能<br>Function | 比较（2） Making a comparison (2) |

## 热身活动 Warm-up

### 想一想 Think about the following questions

1. 你觉得北京怎么样？ How do you like Beijing?
2. 你知道北京的哪些名胜古迹？ What places of interest in Beijing do you know?
3. 你知道成都吗？你知道成都在中国的什么地方吗？
   Do you know Chengdu? Do you know in which part of China Chengdu is?

## 课文 Texts

27-01

### （一）

杰克：我弟弟也要来中国留学，他觉得北京和成都都不错，不知道应该去哪儿。
Jiékè: Wǒ dìdi yě yào lái Zhōngguó liúxué, tā juéde Běijīng hé Chéngdū dōu búcuò, bù zhīdào yīnggāi qù nǎr.

金大成：有的[1]人觉得成都好，有的人觉得北京好，我觉得北京好。
Jīn Dàchéng: Yǒude rén juéde Chéngdū hǎo, yǒude rén juéde Běijīng hǎo, wǒ juéde Běijīng hǎo.

杰克：为什么？
Jiékè: Wèi shénme?

金大成：北京的语言环境比成都好，大家都说普通话。
Jīn Dàchéng: Běijīng de yǔyán huánjìng bǐ Chéngdū hǎo, dàjiā dōu shuō pǔtōnghuà.

爱子：可是我的朋友说成都跟北京一样，学校里的学生也都说普通话。
Àizǐ: Kěshì wǒ de péngyou shuō Chéngdū gēn Běijīng yíyàng, xuéxiào li de xuésheng yě dōu shuō pǔtōnghuà.

杰克：成都　的 天气　怎么样？
Jiékè: Chéngdū de tiānqì zěnmeyàng?

爱子：成都　的 天气 跟 北京 不 一样，那儿 湿润 多 雨，不过
Àizǐ: Chéngdū de tiānqì gēn Běijīng bù yíyàng, nàr shīrùn duō yǔ, búguò
冬天　房间 里 没有 北京 暖和。
dōngtiān fángjiān li méiyǒu Běijīng nuǎnhuo.

杰克：啊？可是　成都 在 南方 啊！
Jiékè: Á? Kěshì Chéngdū zài nánfāng a!

爱子：因为　成都　冬天 没有 暖气，房间 里 跟 房间 外
Àizǐ: Yīnwèi Chéngdū dōngtiān méiyǒu nuǎnqì, fángjiān li gēn fángjiān wài
一样 冷。
yíyàng lěng.

杰克：玩儿 的 地方 呢？
Jiékè: Wánr de dìfang ne?

爱子：北京 的 名胜 古迹 多，成都 的 自然 风景 美，我 觉得
Àizǐ: Běijīng de míngshèng gǔjì duō, Chéngdū de zìrán fēngjǐng měi, wǒ juéde
北京 跟 成都 一样 好。
Běijīng gēn Chéngdū yíyàng hǎo.

杰克：好 吧，我 晚上 给[2]弟弟 打 电话，告诉 他 这些 情况。
Jiékè: Hǎo ba, wǒ wǎnshang gěi dìdi dǎ diànhuà, gàosu tā zhèxiē qíngkuàng.

## 练一练 Exercises

1. 听课文，说说你听到了什么　Listen to the text and talk about what you hear.

2. 跟老师读课文　Read the text after the teacher.

3. 三人一组，分角色读　Work in groups of three to play the roles and read the text.

4. 先回答问题，再根据课文内容互相提问
Answer the following questions and then ask each other questions based on the text.
（1）杰克问金大成和爱子什么？
（2）爱子觉得北京好还是成都好？
……

5. 三人一组，根据提示分角色表演

Work in groups of three and play the roles based on the following hints.

| 杰克 | 金大成 | 爱子 |
| --- | --- | --- |
| 要　觉得　不知道<br>为什么<br>天气<br>南方<br>玩儿的地方<br>给……打电话 | 有的……，<br>有的……<br>语言环境　比<br>普通话 | 可是　跟……一样　学校里<br>跟……不一样<br>冬天　没有……暖和<br>因为　跟……一样冷<br>名胜古迹　自然风景<br>跟……一样好 |

## （二）

杰克的弟弟也要来中国留学，他觉得北京和成都都不错，不知道去哪儿。金大成说有的人觉得成都好，有的人觉得北京好，他觉得北京好，因为北京的语言环境比成都好，大家都说普通话。爱子说成都的天气跟北京不一样，那儿湿润多雨，不过冬天房间里没有北京暖和。因为成都冬天没有暖气，房间里跟房间外一样冷。爱子还说北京的名胜古迹多，成都的自然风景美，她觉得北京跟成都一样好。杰克打算晚上给弟弟打电话，告诉他这些情况。

### 练一练　Exercises

1. 跟老师读课文　Read the text after the teacher.

2. 复述课文　Retell the text.

杰克的弟弟____________________，他觉得____________________都不错，不知道____________________。金大成说有的____________________，有的____________________，他觉得____________________，因为____________________比成都好，大家都说____________________。爱子说成都的天气跟北京____________________，那儿____________________，不过冬天____________________北京暖和。____________________成都冬天没有暖气，房间里跟房间外一样____________________。爱子还说

北京____________________，成都____________________，她觉得北京跟成都____________________。杰克打算晚上____________________打电话，____________________。

## 生词 New Words

27-02

| 序号<br>No. | 词语<br>Word / Phrase | 拼音<br>*Pinyin* | 词性<br>Word Class | 英文释义<br>Meaning in English | 例子<br>Example(s) |
|---|---|---|---|---|---|
| 1 | 弟弟 | dìdi | N | younger brother | 我弟弟 |
| 2 | 留学 | liúxué | V | to study abroad | 去中国留学　在中国留学 |
| 3 | 有的 | yǒude | Pr | some | 有的人　有的时候 |
| 4 | 为什么 | wèi shénme | | why | 为什么这样 (zhèyàng, so; like this) 做<br>为什么不吃早饭 (breakfast) |
| 5 | 语言 | yǔyán | N | language | 一种语言　学习语言 |
| 6 | 环境 | huánjìng | N | environment; surroundings | 语言环境　自然环境<br>环境不错　附近的环境 |
| 7 | 普通话 | pǔtōnghuà | N | Mandarin | 说普通话　讲普通话 |
| 8 | 一样 | yíyàng | A | same; alike | 不一样 |
| 9 | 天气 | tiānqì | N | weather | 天气很好 |
| 10 | 湿润 | shīrùn | A | humid; moist | 很湿润 |
| 11 | 雨 | yǔ | N | rain | 下雨　大雨 |
| 12 | 冬天 | dōngtiān | N | winter | 喜欢冬天 |
| 13 | 暖和 | nuǎnhuo | A | warm | 今天很暖和　天气很暖和 |
| 14 | 南方 | nánfāng | N | south; the southern part of a country | 南方人 |
| 15 | 因为 | yīnwèi | Conj | because; for; since | |
| | 所以 | suǒyǐ | Conj | so; therefore; as a result | 因为没有暖气，所以很冷 |
| 16 | 暖气 | nuǎnqì | N | central heating; heating | 房间里有暖气<br>暖气很热 (rè, hot) |

| | | | | | |
|---|---|---|---|---|---|
| 17 | 冷 | lěng | A | cold | 天气很冷　觉得很冷 |
| 18 | 玩儿 | wánr | V | to play | 去哪儿玩儿　喜欢玩儿 |
| 19 | 地方 | dìfang | N | place | 什么地方　地方很大<br>住的地方 |
| 20 | 名胜古迹 | míngshèng gǔjì | | place of historical interest and scenic beauty | 名胜古迹很多 |
| 21 | 自然 | zìrán | N/A | nature/natural | 大自然　很自然 |
| 22 | 风景 | fēngjǐng | N | scenery; view | 风景很好　自然风景 |
| 23 | 美 | měi | A | beautiful | 风景很美　美女 (beauty) |
| 24 | 给 | gěi | Prep | to; for | 给……打电话<br>给……买礼物 |
| 25 | 告诉 | gàosu | V | to tell | 告诉你一件事 |
| 26 | 情况 | qíngkuàng | N | situation; state of affairs | 一些情况 |

## 专有名词　Proper Nouns

| | | |
|---|---|---|
| 北京 | Běijīng | Beijing, capital of China |
| 成都 | Chéngdū | Chengdu, capital of Sichuan Province |

## 注释　Notes

### [1] 代词“有的”　The pronoun“有的”

表示全部中的一部分。常用于“有的 + N”格式。

The pronoun “有的” means part of the whole, usually used in the structure “有的 + N”.

（1）他们学校有的人会说普通话，有的人不会说普通话。

（2）那个商店有的东西很便宜，有的东西很贵。

（3）每天都有很多事（shì, matter; affair），有的时候我真想去一个没有人的地方，好好儿休息一下。

“有的”后的 N 可以省略，直接用“有的”表示上文中已提到的人或事物中的一部分。

Sometimes N is left out and “有的” is used alone to indicate some of the people or things mentioned previously.

（4）A：这些学生你都认识吗？
　　B：我有的认识，有的不认识。
（5）那个饭馆做的菜有的好吃，有的不好吃。
（6）A：这些都是中国学生吗？
　　B：不是，有的是留学生。

两个或两个以上的“有的（+N）”常常放在同一句子中，形成“有的……，有的……”句式，表示列举整体中包括的几部分或几类的情况。如例句（1）（2）（4）（5）。

Two or more “有的（+N）” are often used in one sentence, forming the construction “有的……，有的……”, which enumerates certain parts of the whole or certain kinds of situations, such as in sentences（1），（2），（4）and（5）.

### 练一练　Exercises

用“有的……”或“有的……，有的……”完成对话

Complete the following dialogues using “有的……” or “有的……，有的……”.

（1）A：你们班（bān, class）同学都会唱《朋友》吗？
　　B：＿＿＿＿＿＿＿＿＿＿＿＿＿＿＿＿＿＿。
（2）A：这些手机都能查字典吗？
　　B：＿＿＿＿＿＿＿＿＿＿＿＿＿＿＿＿＿＿。
（3）A：这些歌的歌词都很简单吗？
　　B：＿＿＿＿＿＿＿＿＿＿＿＿＿＿＿＿＿＿。
（4）A：你中午怎么吃饭？
　　B：＿＿＿＿＿＿＿＿＿＿＿＿＿＿＿＿＿＿。

## [2] 介词“给”　The preposition “给”

介词“给”之后引入动作的接受方，形成介词结构，在谓语动词前做状语。

The preposition “给” is followed by the recipient of an action, forming a prepositional phrase which acts as an adverbial modifier before the predicate verb.

（1）今天晚上我要给弟弟打电话。
（2）你能不能给我介绍（jièshào, to introduce）一下成都？
（3）我想给妈妈买一件生日礼物。
（4）我打算给花浇（jiāo, to water）点儿水。

## 练一练 Exercises

组句　Rearrange the words and phrases to make sentences.

（1）给　今天　作业　没　老师　我们　留

________________________________

（2）我　电话　每　爸爸妈妈　周　都　给　打

________________________________

（3）今天的　你　给　一下　新　我　吗　讲　能　语法（yǔfǎ, grammar）

________________________________

（4）我　家　周末　来　吧　，　做　给　大家　我　意大利面条

________________________________

（5）小猫（māo, cat）　牛奶　给　我　买　打算

________________________________

## 语法 Grammar

### 1 “跟……一样 / 不一样”　Making a comparison using “跟……一样 / 不一样”

X+ 跟 +Y+ 一样 / 不一样

表示相比较之下，X 跟 Y 相同或不同。

It means that X and Y are the same/different by comparison.

（1）我跟爸爸一样，也对中国很感兴趣。

（2）我跟你一样，也最喜欢北京的语言环境。

（3）中国南方的天气跟北方不一样，常常下雨（xià yǔ, to rain）。

**多知道一点儿**

A：汉语和日语都有汉字，中国人学日语是不是很容易啊？

B：不是，汉语跟日语很不一样，中国人学日语一点儿也不容易。

## 练一练 Exercises

用“X 跟 Y 一样 / 不一样”完成对话

Complete the following dialogues using “X 跟 Y 一样 / 不一样”.

（1）A：我晚上不看电视，你呢？

B：________________________________________。

（2）A：春节的时候我想去韩国玩儿，你呢？

B：________________________________________。

（3）A：我喜欢去图书馆学习，你呢？

B：________________________________________。

（4）A：来中国以后，我常常坐出租车。

B：________________________________________。

（5）A：我们每天八点到十二点上课，你们呢？

B：________________________________________。

> X+ 跟 +Y+ 一样 / 不一样 +A
>
> X+ 跟 +Y+ 一样 + VO

表示 X 跟 Y 相比较，某种性质、状态相同或者不相同。

It means that X and Y are the same/different in terms of the property or state compared.

（1）他们班的学生跟我们班一样多，都是二十二个人。

（2）我跟爱子不一样大，我二十一岁，爱子十八岁。

（3）我做的菜跟饭馆做的一样好吃。

（4）他觉得看电视跟上网一样浪费时间。

## 练一练 Exercises

组句　Rearrange the words and phrases to make sentences.

（1）那儿　暖气　没有　，　跟　房间　房间　一样　外　里　冷

________________________________________

（2）一样　妹妹　我　喜欢　跟　游泳

________________________________________

（3）也　一九九四年　我　是　七月　出生　，　你　跟　大　一样

______________________________

（4）一样　书　这　本　不　两　新　，　的　一点儿　新　有　还　吗

______________________________

（5）绿茶　一样　跟　不　红茶　，　喝　冬天　最好　红茶

______________________________

### 2 “为什么”　The interrogative “为什么”

“为什么”用来询问原因。多放在主语后边，语气更委婉。

The interrogative “为什么” is used to ask about the reason. It often follows the subject to soften the mood.

（1）你为什么不想住校内？
（2）你知道这个菜为什么叫麻婆豆腐吗？
（3）他为什么不喜欢过生日？

#### 练一练　Exercises

用“为什么”完成对话　Complete the following dialogues using “为什么”.

（1）A：______________________________？

B：我病了。

（2）A：______________________________？

B：他没钱。

（3）A：______________________________？

B：我对中国特别感兴趣。

### 3 “因为……，所以……”　The construction “因为……，所以……”

连词“因为”用来引出原因，连词“所以”用来引出结果。“因为”和“所以”一般都位于句首，可以同时使用，也可以单独使用。

The conjunction “因为” is used to introduce the reason and the conjunction “所以” to introduce the result. Both are used at the beginning of clauses. They can be used together, and either may be omitted.

（1）因为中国菜好吃，所以我常常去饭馆吃饭。
（2）银行上午人最多，所以你应该中午去。
（3）我打算给爸爸妈妈买一点儿中国茶，因为中国茶很好喝。

## 练一练 Exercises

用“因为”“所以”或者“因为……，所以……”完成对话
Complete the following dialogues using “因为”, “所以” or “因为……，所以……”.

（1）A：你昨天为什么没跟大家一起吃饭？
B：______________________________。（因为）
（2）A：______________________________。（因为……，所以……）
B：好，我们坐火车（huǒchē, train）去。
（3）A：______________________________。（所以）
B：我跟你一样，也总是去校内的银行，不去校外的。

## 情景交际 Communication

两个人一组，说说在中国学习汉语好还是在自己（zìjǐ, oneself）的国家学习汉语好，为什么。准备时间：3～5 分钟。

Work in pairs. Compare learning Chinese in China and in your own country and talk about which is better and why. Preparation time: 3-5 minutes.

提示 Tips

留学　为什么　天气　语言环境　玩儿
地方　跟……一样 / 不一样
X 比 Y……　Y 没有 X……
因为……，所以……

## 写作 Writing

### 添句成段 Write more sentences to compose a paragraph

在所给句子前后加上两三句话，把它补充成一段完整的文字。

Write two or three sentences before or after the given structure to make a complete passage.

所以我喜欢……

______________________________________________

______________________________________________

______________________________________________

## 语音 Pronunciation

### 趣味朗读 Interesting reading material 27-03

一样 不 一样

Yíyàng bù yíyàng

你 跟 我 一样，每 天 都 学习 汉语。
Nǐ gēn wǒ yíyàng, měi tiān dōu xuéxí Hànyǔ.

我 跟 你 一样，也 对 中国 感 兴趣。
Wǒ gēn nǐ yíyàng, yě duì Zhōngguó gǎn xìngqù.

中国 跟 我们 国家 (country) 不 一样 大，
Zhōngguó gēn wǒmen guójiā bù yíyàng dà,

人口 (population) 也 不 一样 多，
rénkǒu yě bù yíyàng duō,

但是，中国菜 跟 我们 国家 的 菜 一样 好吃。
dànshì, zhōngguócài gēn wǒmen guójiā de cài yíyàng hǎochī.

我们 都 只 会 说 一点儿 汉语，
Wǒmen dōu zhǐ huì shuō yìdiǎnr Hànyǔ,

所以，我 跟 你 一样， 有点儿 着急。
suǒyǐ, wǒ gēn nǐ yíyàng, yǒudiǎnr zháojí.

什么 时候 能 说 一 口 流利 (fluent) 的 汉语？
Shénme shíhou néng shuō yì kǒu liúlì de Hànyǔ?

快 点儿 告诉 我，有 什么 好 主意？
Kuài diǎnr gàosu wǒ, yǒu shénme hǎo zhǔyi?

我 跟 你 不 一样，我 不 上网 玩儿 游戏 (game)。
Wǒ gēn nǐ bù yíyàng, wǒ bú shàngwǎng wánr yóuxì.

## 汉字 Characters

### 1 汉字的部件（12） Components of Chinese characters (12)

| | | |
|---|---|---|
| 灬 sìdiǎndǐ fire | 点 dot | 占＋灬 |
| | 然 right; correct; so; like that; but | 肰＋灬 |
| 冫 liǎngdiǎnshuǐ ice | 次 (*a measure word*) time; occasion | 冫＋欠 |
| | 冷 cold | 冫＋令 |
| 王 wángzìpáng jade | 现 now | 王＋见 |
| | 玩 to play | 王＋元 |

### 2 认写基本汉字 Learn and write the basic Chinese characters

（1）犬 quǎn dog

一 ナ 大 犬 4 strokes

（2）为 wèi for; for the sake of

丶 丿 为 为 4 strokes

## 3 认写本课汉字 Learn and write the Chinese characters in this lesson

（1）名胜古迹 míngshèng gǔjì place of historical interest and scenic beauty

胜 → 月＋生 superb; wonderful

古 → 十＋口 ancient

迹 → 亦＋辶 remains; vestige

（2）自然 zìrán nature/natural

然 → 夕＋犬＋灬 so; like that

（3）风景 fēngjǐng scenery; view

风 → 几＋㐅 wind

景 → 日＋京 view

（4）美 měi beautiful

美 → 𦍌＋大

（5）弟弟 dìdi younger brother

弟 → 丷＋弔＋丿 younger brother

（6）语言 yǔyán language

语 → 讠＋五＋口 language

言 → 亠＋一＋一＋口 speech; word

（7）环境 huánjìng environment; surroundings

环 → 王＋不 to surround

境 → 土＋立＋日＋儿 condition; circumstance

（8）普通话 pǔtōnghuà Mandarin

普 → 丷＋亚＋日 general; universal

通 → 龴＋用＋辶 common; general

（9）湿润 shīrùn humid; moist

湿 → 氵＋日＋业 wet

润 → 氵＋门＋王 moist

（10）冬天　dōngtiān　winter

冬 → 夂 + ⺀　winter

（11）暖和　nuǎnhuo　warm

暖 → 日 + 爫 + 一 + 友　warm

（12）因为　yīnwèi　because; for; since

因 → 囗 + 大　cause; reason

（13）所以　suǒyǐ　so; therefore; as a result

所 → 戶 + 斤　place

（14）冷　lěng　cold

冷 → 冫 + 令

（15）玩儿　wánr　to play

玩 → 王 + 元　wán　to play

（16）告诉　gàosu　to tell

告 → ⺧ + 口　to tell

诉 → 讠 + 斥　sù　to tell

（17）情况　qíngkuàng　situation; state of affairs

情 → 忄 + 龶 + 月　situation; circumstance

况 → 冫 + 口 + 儿　condition; situation

## 实践活动 Activity

### 走一走，问一问　Go for a survey

问问不同国家的两个同学，了解他们国家某一个地方的情况，把结果写在表中。

Interview two classmates from different countries, learn about some place in their countries and fill in the following form with the information you get.

| 姓名 | 国籍<br>（guójí,<br>nationality） | 地方 | 语言 | 天气<br>（跟北京比较） | 环境<br>（自然风景、名胜古迹） |
|---|---|---|---|---|---|
| | | | | | |
| | | | | | |

## 文化点滴 Cultural Note

中国的气候
Zhōngguó de qìhòu
Climate of China

最热和最冷的感觉，你都可以在中国找到。

You can feel the hottest and coldest in China.

漠河
Mòhé

吐鲁番
Tǔlǔfān

昆明
Kūnmíng

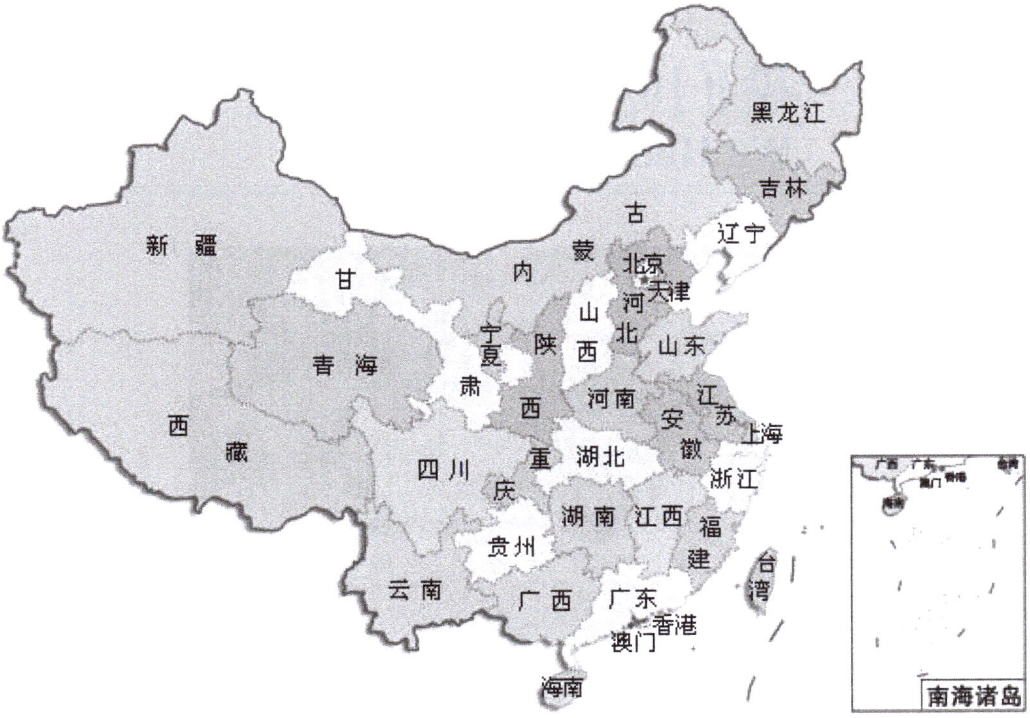


**圈一圈，说一说　Circle on the map and talk**

1. 请在上边的地图中找出中国最冷的地方、中国最热的地方、中国一年四季最舒服的地方，分别用① ② ③标出来。
   Please mark on the map the coldest and hottest places as well as the most comfortable place during the four seasons in China with ①, ② and ③ respectively.

2. 你最喜欢住在中国的什么地方？
   What is your favourite place to live in China?

## 学习后记 Summary

**词语　Vocabulary**

**语言点　Grammar**

# 28 我们吃了一次火锅
## We Had Hotpot

## 学习提示 Learning Tips

| | |
|---|---|
| 重点词<br>Key Words | 交朋友 一定 拍 照片 好玩儿 可……了 逛 有名 街 |
| 重点句<br>Key Sentences | 1. 这 是 我们 在 成都 买 的 小吃，你 尝尝 吧。<br>Zhè shì wǒmen zài Chéngdū mǎi de xiǎochī, nǐ chángchang ba.<br>2. 我们 去了 很 多 地方，还 吃了 不 少 好吃 的 东西。<br>Wǒmen qùle hěn duō dìfang, hái chīle bù shǎo hǎochī de dōngxi.<br>3. 我们 去了 杜甫 草堂、武侯 祠 和 乐山 大 佛，还 逛了 一 条 有名 的 小吃 街，吃了 一 次 火锅。<br>Wǒmen qùle Dùfǔ Cǎotáng、Wǔhóu Cí hé Lèshān Dà Fó, hái guàngle yì tiáo yǒumíng de xiǎochī jiē, chīle yí cì huǒguō.<br>4. 我 以后 一定 要 去 成都 玩儿玩儿。<br>Wǒ yǐhòu yídìng yào qù Chéngdū wánrwanr. |
| 功能<br>Function | 谈论旅行 Talking about travelling |

## 热身活动 Warm-up

### 想一想 Think about the following questions

1. 你知道哪些中国小吃? What Chinese snack foods do you know?
2. 你知道中国有哪些好玩儿的地方? What interesting places in China do you know?
3. 你喜欢逛街吗? 你一般什么时候去逛街?
Do you like shopping? When do you usually go shopping?

## 课文 Texts

28-01

### (一)

(杰克 和 金 大成 从 成都 回来,去爱子的 宿舍)
(Jiékè hé Jīn Dàchéng cóng Chéngdū huílai, qù Àizǐ de sùshè)

杰克:这 是 我们 在 成都 买 的 小吃,你 尝尝 吧。
Jiékè: Zhè shì wǒmen zài Chéngdū mǎi de xiǎochī, nǐ chángchang ba.

爱子:谢谢。你们 去了 很 多 地方 吧?
Àizǐ: Xièxie. Nǐmen qùle hěn duō dìfang ba?

杰克:是, 我们 去了 很 多 地方,还 吃了 不 少 好吃 的 东西。
Jiékè: Shì, wǒmen qùle hěn duō dìfang, hái chīle bù shǎo hǎochī de dōngxi.

金大成:还 交了 两 个 成都 朋友,学了 几句 成都 话。
Jīn Dàchéng: Hái jiāole liǎng ge Chéngdū péngyou, xuéle jǐ jù Chéngdū huà.

爱子:你们 一定 拍了 很 多 照片 吧?我 能 看看 吗?
Àizǐ: Nǐmen yídìng pāile hěn duō zhàopiàn ba? Wǒ néng kànkan ma?

杰克:好 啊,下 次 你 去 我们 宿舍 看 吧。
Jiékè: Hǎo a, xià cì nǐ qù wǒmen sùshè kàn ba.

爱子:成都 有 什么 好玩儿 的?
Àizǐ: Chéngdū yǒu shénme hǎowánr de?

金大成：可 多 了[1]！我们 去了 杜甫 草堂、 武侯 祠 和 乐山 大 佛，
Jīn Dàchéng: Kě duō le! Wǒmen qùle Dùfǔ Cǎotáng、Wǔhóu Cí hé Lèshān Dà Fó,
还 逛了 一 条 有名 的 小吃 街，吃了一次 火锅。
hái guàngle yì tiáo yǒumíng de xiǎochī jiē, chīle yí cì huǒguō.

爱子：真 不错！我 以后 一定 要去 成都 玩儿玩儿。
Àizǐ: Zhēn búcuò! Wǒ yǐhòu yídìng yào qù Chéngdū wánrwanr.

## 练一练 Exercises

1. 听课文，说说你听到了什么 Listen to the text and talk about what you hear.

2. 跟老师读课文 Read the text after the teacher.

3. 三人一组，分角色读 Work in groups of three to play the roles and read the text.

4. 先回答问题，再根据课文内容互相提问
Answer the following questions and then ask each other questions based on the text.

（1）杰克和金大成去爱子宿舍做什么？
（2）杰克和金大成现在会说成都话了吗？
……

5. 三人一组，根据提示分角色表演
Work in groups of three and play the roles based on the following hints.

| 杰克 | 爱子 | 金大成 |
| --- | --- | --- |
| 这是……的小吃 | 去 很多地方 | 还交……朋友 |
| 尝 | 一定 拍 | 学……成都话 |
| 去……很多地方 | 很多照片 看看 | 可……了！ |
| 还 吃……不少…… | 好玩儿的 | 去了……、……和……， |
| 下次 | 真……！ | 还逛了……街，吃了 |
| | 一定要…… | ……火锅 |

## （二）

杰克和金大成从成都回来，去爱子的宿舍，送了她一些在成都买的小吃。杰克和金大成说，他们去了很多地方，吃了不少好吃的东西，还交了两个成都朋友，

学了几句成都话。爱子想看看他们在成都拍的照片，杰克让她下次去他们宿舍看。金大成还说成都好玩儿的地方特别多，他们去了杜甫草堂、武侯祠和乐山大佛，还逛了一条有名的小吃街，吃了一次火锅。爱子说，以后她一定也要去成都玩儿玩儿。

## 练一练　Exercises

1. 朗读课文　Read the text aloud.

2. 复述课文　Retell the text.

杰克和金大成＿＿＿＿＿＿＿＿回来，去爱子的宿舍，送了她一些＿＿＿＿＿＿＿＿。杰克和金大成说，他们＿＿＿＿＿＿＿＿很多地方，＿＿＿＿＿＿＿＿不少好吃的东西，还交了两个成都朋友，＿＿＿＿＿＿＿＿几句成都话。爱子想看看＿＿＿＿＿＿＿＿的照片，杰克让她＿＿＿＿＿＿＿＿。金大成还说成都＿＿＿＿＿＿＿＿特别多，他们去了杜甫草堂、武侯祠和乐山大佛，还逛了一条＿＿＿＿＿＿＿＿小吃街，吃了一次＿＿＿＿＿＿＿＿。爱子说，以后她＿＿＿＿＿＿＿＿也要去成都玩儿玩儿。

## 生词　New Words

28-02

| 序号 No. | 词语 Word / Phrase | 拼音 *Pinyin* | 词性 Word Class | 英文释义 Meaning in English | 例子 Example(s) |
|---|---|---|---|---|---|
| 1 | 回来 | huílai | V | to come back | 什么时候回来　明天回来 |
| 2 | 小吃 | xiǎochī | N | snack | 很多小吃　吃小吃 |
| 3 | 尝 | cháng | V | to taste | 尝尝　尝一下味道 |
| 4 | 交朋友 | jiāo péngyou | | to make friends | 喜欢交朋友<br>交了一个中国朋友 |

| | | | | | |
|---|---|---|---|---|---|
| 5 | 句 | jù | M | *a measure word for sentences* | |
| 6 | 话 | huà | N | words; utterance | 一句话　说两句话 |
| 7 | 一定 | yídìng | Adv | shall; must; sure to | 一定去　一定喜欢<br>一定要去 |
| 8 | 拍 | pāi | V | to take (a picture) | |
| 9 | 照片 | zhàopiàn | N | picture; photograph | 一张照片　拍照片 |
| 10 | 下次 | xià cì | | next time | 下次再来 |
| | 下 | xià | N | next | 下(个)星期　下周<br>下个月　下一个 |
| 11 | 好玩儿 | hǎowánr | A | amusing; interesting | 那个地方很好玩儿　那个游戏 (yóuxì, game) 很好玩儿 |
| 12 | 可……了 | kě……le | | so; very; extremely | 可大了　可漂亮了 |
| 13 | 逛 | guàng | V | to stroll; to roam | 逛商店　逛书店<br>逛公园 (gōngyuán, park) |
| 14 | 条 | tiáo | M | *a measure word for narrow or long and thin things* | 一条鱼　一条路<br>一条裤子 (kùzi, trousers) |
| 15 | 有名 | yǒumíng | A | well-known; famous | 很有名　有名的大学 |
| 16 | 街 | jiē | N | street | 一条街　大街　逛街<br>小吃街　酒吧街 |
| 17 | 火锅 | huǒguō | N | hotpot | 吃火锅 |

## 专有名词　Proper Nouns

| | | |
|---|---|---|
| 杜甫草堂 | Dùfǔ Cǎotáng | Du Fu Thatched Cottage, a park and museum in honour of the Tang Dynasty poet Du Fu (712-770) |
| 武侯祠 | Wǔhóu Cí | Wuhou Temple Memorial, a temple in honour of the famous strategist Zhuge Liang (181-234) |
| 乐山大佛 | Lèshān Dà Fó | Leshan Giant Buddha, the largest stone Buddha in the world |

## 注释 Note

[1] **“可……了”** The structure “可……了”

“可……了”用在口语对话中，用于强调程度深，意思相当于“很 / 特别……”，有感叹的语气。用于传达或告知对方某种状况。“可”要重读。

The structure “可……了” is used in oral Chinese to emphasize high degree of something, meaning “很 / 特别……” in an exclamatory tone and conveying or telling information about a certain condition. “可” needs to be stressed.

（1）A：你们学校食堂怎么样？
B：我们食堂可大了！里边的饭菜可好吃了！

（2）A：外边冷不冷？
B：可冷了！冬天真的（zhēn de, really）到了。

（3）A：你们老师怎么样？
B：我们老师可好了！

（4）A：昨天我看电影《不见不散》了，可好看了，你一定要看。
B：好，我一定看。

（5）A：他听说这件事以后怎么想？
B：他可生气（shēngqì, to be anyry）了。

### 练一练 Exercises

用“可……了”完成对话 Complete the following dialogues using “可……了”.

（1）A：那个地方远不远？
B：________________！坐出租车要一个半小时呢！

（2）A：你们那儿的水果贵不贵？
B：不贵，________________！我每天都吃两三种水果。

（3）A：北京怎么样？
B：________________！你一定喜欢。

## 语法 Grammar

### 1 "V + 了 + 数量 + O" The structure "V + 了 + Num-M + O"

"V + 了 + 数量 + O" 陈述一个跟完成的动作直接相关的数量。

The structure "V + 了 + Num-M + O" states a quantity directly related to the action completed.

1）数量与 O 相关，表示宾语 O 的数量。

The numeral-measure word compound is related to the object, indicating the quantity of the object.

（1）A：今天你学新的汉字了吗？
B：学了。
A：学了多少（个）汉字？
B：今天我学了十个汉字。

（2）A：你中午吃什么了？
B：吃包子了。
A：吃了几个包子？
B：吃了四个包子。

（3）昨天晚上我做了不少菜，朋友们都说很好吃。

（4）她给朋友们买了很多礼物。

2）数量与 V 相关，表示动作 V 的数量。

The numeral-measure word compound is related to the verb, indicating the quantity of the action.

（1）A：昨天你写了几个小时作业？
B：我写了两个小时作业，你呢？
A：我写了三个小时。

（2）A：你今天打了几次游戏（yóuxì, game）？
B：我打了五次。

3）列举跟动作直接相关的多种事物时，用以下结构。

The following structure is used to enumerate a few things which are directly related to the action.

| V + 了 + O1、O2……和 On |
|---|

（1）A：昨天晚上你唱什么歌了？（唱了什么歌？）

　　B：我唱了《朋友》和《找朋友》。

（2）A：你中午吃什么了？（吃了什么？）

　　B：我吃了西红柿炒鸡蛋、麻婆豆腐和炒土豆丝。

（3）A：你去商店买什么了？（买了什么？）

　　B：我买了本子（běnzi, notebook）、笔（bǐ, pen）、面包（miànbāo, bread）、牛奶和茶。

## 练一练　Exercises

1. 用"V + 了 + 数量 + O"提问或回答

Ask or answer questions using the structure "V + 了 + Num-M + O".

（1）A：________________________？

　　B：我看了五个中国电影。

（2）A：________________________？

　　B：我认识了三位中国老师。

（3）A：________________________？

　　B：我去了三次银行。

（4）A：你昨天晚上喝了几杯咖啡？

　　B：________________________。

（5）A：你交了几个中国朋友？

　　B：________________________。

（6）A：你们在那儿拍了多少张照片？

　　B：________________________。

2. 替换练习　Substitution drills.

我们　去了　杜甫草堂、武侯祠　和　乐山大佛。

| | | | | |
|---|---|---|---|---|
| 我 | 留 | 姓名 | 电话 | 邮箱（e-mail） |
| 她 | 学 | 汉语 | 日语 | 韩国语 |
| 他们 | 逛 | 故宫 | 天安门 | 前门 |

3. 完成对话　Complete the following dialogues.

（1）A：昨天晚上你们班同学一起吃饭了吗？

B：________________________________。

A：吃什么了？

B：________________________________。

A：________________________________？

B：喝酒了。

A：你们喝了什么酒，啤酒还是白酒？

B：________________________________。

A：________________________________？

B：我们一共喝了十瓶啤酒。

（2）A：________________________________？

B：我们去成都玩儿了。

A：________________________________？

B：对，我们去了很多地方。

A：________________________________？

B：拍了。

A：________________________________？

B：拍了很多张照片。明天给你看。

（3）A：你们班老师教你们中文歌了没有？

B：________________________________。

A：________________________________？

B：教了一首，歌名叫《朋友》。很容易唱。

A：________________________________？

B：老师一共教了我们四遍。

A：________________________________？

B：我们都会唱了。

4. 组句　Rearrange the words and phrases to make sentences.

（1）中国　以后　来　两　火锅　次　我　了　吃

______________________________

（2）下午　三次　打　给　我　你　电话　了　，　去　了　你　哪儿

______________________________

（3）汉语　个　我们　句　每　都　几　人　了　说

______________________________

（4）我　商店　了　上午　买　去　礼物　一些　吃的　东西　和

______________________________

## 2 主谓结构做定语　A subject-predicate phrase used as an attributive modifier

在汉语里，主谓结构后接"的"可以做定语，修饰后边的名词。

In Chinese, a subject-predicate phrase followed by "的" can act as an attributive modifier before a noun.

| 名词短语（NP） | | | |
|---|---|---|---|
| 主谓结构（Subject-Predicate） | | 的 | 名词（N） |
| 名词（N）/ 代词（Pr） | 动词（V）/ 动词短语（VP） | | |
| 杰克 | 去 | 的 | 地方 |
| 他 | 认识 | 的 | 人 |
| 我 | 在成都买 | 的 | 小吃 |

以上这些由主谓结构充当定语的名词短语可以做句子的主语、宾语。

The above noun phrases in which a subject-predicate phrase acts as an attributive modifier can serve as the subject or object of a sentence.

（1）杰克去的地方冷不冷？（主语 S）
（2）他认识的人很多。（主语 S）
（3）这些都是我在成都买的小吃。（宾语 O）

## 练一练 Exercises

1. 根据实际情况回答问题　Answer the following questions based on the facts.

A：教室是什么地方？

B：________________________________________。

A：你们在几号教室上课？

B：________________________________________。

A：XXX 号教室是哪个班上课的地方？

B：________________________________________。

A：你们班上课的地方是几号教室？

B：________________________________________。

2. 组句　Rearrange the words to make sentences.

（1）复习　我们　太　要　的　多　东西　了

________________________________________

（2）我　在　买　的　礼物　宿舍

________________________________________

（3）拍　这　昨天　是　的　我　照片

________________________________________

（4）留　有点儿　老师　的　多　作业　今天

________________________________________

3. 给“的”选择恰当的位置　Choose a proper position for “的” in each sentence.

（1）这是爱子__A__在日本__B__买__C__笔（bǐ, pen）__D__。

（2）爸爸送__A__我__B__生日礼物__C__是手机__D__，最新流行的那种。

（3）你__A__做__B__作业__C__是第二十四课的，老师__D__让我们做的是第二十五课的。

（4）我喜欢__A__唱以前的歌，她喜欢__B__唱__C__歌__D__都是新的。

### 3 动词重叠　Reduplication of a verb

动词重叠表示委婉、轻松、尝试等语气，多用于意愿、请求、劝诱、命令等，还可以用来列举日常活动。

The reduplication of a verb employs a circumlocutory, relaxed or tentative tone to express an intention, request, suggestion or command or to talk about a daily schedule.

1）单音节的动词，重叠形式是：aa，注意后一个字要读轻声。例如：

The reduplicative form of a monosyllabic verb is "aa", in which the second "a" should be pronounced in a neutral tone. For example,

| | | | | | |
|---|---|---|---|---|---|
| 看 → | 看看 | 尝 → | 尝尝 | 等 → | 等等 |
| kàn | kànkan | cháng | chángchang | děng | děngdeng |

（1）我今天没课，想去逛逛书店。　（a → aa）

（2）您尝尝，看看味道怎么样。　（a → aa）

2）双音节的动词，通常重叠形式是：abab。例如：

The reduplicative form of a disyllabic verb is usually "abab". For example,

复习 → 复习复习　　介绍 → 介绍介绍　　休息 → 休息休息

（3）大家先休息休息，喝点儿水吧。　（ab → abab）

（4）今天作业不多，我晚上打算复习复习今天学的生词（shēngcí, new word）。（ab → abab）

但需注意，离合动词（动宾式结构）的重叠形式是：aab。例如：

The reduplicative form of a separable verb (verb-object compound) is "aab". For example,

唱歌→唱唱歌　　上网→上上网　　吃饭→吃吃饭

见面→见见面　　抽烟→抽抽烟　　聊天儿→聊聊天儿

（5）周末我常常跟朋友见见面，聊聊天儿，上上网或者去卡拉 OK 唱唱歌。（ab → aab）

如果有"了"，应放在两个重叠动词之间：a 了 a，a 了 ab。例如：

If there is a "了", it should be placed between the two reduplicative verbs, i.e. "a 了 a" and "a 了 ab". For example,

看 → 看了看　　尝→尝了尝　　上网→上了上网　　唱歌→唱了唱歌

（6）我问了问，图书馆一层和二层都能上网。　（a 了 a）

（7）妈妈看了看我的作业，说："你的汉字很漂亮！"　（a 了 a）

（8）我听了听你给我的录音，我觉得太简单了。　（a 了 a）

（9）昨天我跟好朋友聊了聊天儿，很高兴。　（a 了 ab）

## 练一练 Exercises

1. 看一看，读一读，想一想，比较左边与右边有什么不一样

Read and think about the difference between the sentences in the left column and those in the right.

| aa / aab | a 了 a / a 了 ab |
|---|---|
| 让我看看你的作业。 | 我看了看他的作业，说："你写的汉字真漂亮！" |
| 你尝尝我做的饭。 | 他尝了尝我做的饭，说："太好吃了！" |
| 我平时（píngshí, normally; usually）喜欢上上网。 | 我昨晚上了上网。 |
| 周末他常去 KTV 唱唱歌。 | 上周末他去 KTV 唱了唱歌。 |

2. 用"动词重叠（aa / abab / aab / a 了 a / a 了 ab）"的形式完成对话

Complete the following dialogues using the reduplicative forms of verbs (aa / abab / aab / a 了 a / a 了 ab).

（1）A：________________________________？　（aa）

B：没问题，你看吧。

（2）A：你晚上都做些什么？

B：________________________________。　（aa / aab / abab）

（3）A：《朋友》这首歌怎么样？

B：________________________________。　（a 了 a）

（4）A：昨天晚上你做什么了？

B：________________________________。　（a 了 a / a 了 ab）

## 情景交际 Communication

两人一组，说说昨天自己都做了哪些事情、明天想做什么。准备时间：3 ～ 5 分钟。

Work in pairs and talk about what you did yesterday and what you'd like to do tomorrow. Preparation time: 3-5 minutes.

**提示　Tips**

昨天　明天　打算　逛街　看电影　买东西　复习　写作业　听录音

跟朋友一起吃饭　多长时间（how long）

……了　没……　……了吗？/……了没有？　V＋了＋多少 / 几＋M＋O

V＋了＋多长时间＋O　V＋了＋数量＋O　V＋了＋O1、O2……和 On

## 写作 Writing

**添句成段　Write more sentences to compose a paragraph**

在所给句子前后加上两三句话，把它补充成一段完整的文字。

Write two or three sentences before or after the given sentence to make a complete passage.

昨天我很高兴

______________________________

______________________________

______________________________

## 语音 Pronunciation

### 趣味朗读 Interesting reading material

28-03

我 学了 两 个 月 汉语
Wǒ xuéle liǎng ge yuè Hànyǔ

我 学了 两 个 月 汉语，
Wǒ xuéle liǎng ge yuè Hànyǔ,

觉得 很 有 意思。
juéde hěn yǒu yìsi.

让 我 用 汉语 说说，
Ràng wǒ yòng Hànyǔ shuōshuo,

昨晚 都 做了 些 什么。
zuówǎn dōu zuòle xiē shénme.

七 点 我 去了一家 饭馆，
Qī diǎn wǒ qùle yì jiā fànguǎnr,

在那儿 点了一 个 套餐 (set meal)。
zài nàr diǎnle yí ge tàocān.

从 八 点 到 十一 点 学习。
Cóng bā diǎn dào shíyī diǎn xuéxí.

先 听了 三 遍 录音，
Xiān tīngle sān biàn lùyīn,

然后 复习了十七 个 词语 (word)。
ránhòu fùxíle shíqī ge cíyǔ.

写了一个 半 小时 作业，
Xiěle yí ge bàn xiǎoshí zuòyè,

还 找 (to look for) 了 找 不 懂 (to understand) 的 问题 (question; problem)。
hái zhǎo le zhǎo bù dǒng de wèntí.

睡 前 我 看了 半 个 小时 电视 (TV)，
Shuì qián wǒ kànle bàn ge xiǎoshí diànshì,

听懂了 不 少 句子 (sentence)。
tīngdǒngle bù shǎo jùzi.

这　就 是 我　晚上　的 四 个 半　小时。
Zhè jiù shì wǒ wǎnshang de sì ge bàn xiǎoshí.

## 汉字 Characters

### 1 汉字的部件（13） Components of Chinese characters (13)

| | | |
|---|---|---|
| 宀<br>bǎogàitóu<br>roof | 字 character | 宀＋子 |
| | 宿 to stay overnight | 宀＋佰 |
| | 定 to decide | 宀＋𤴓 |
| | 宫 palace | 宀＋吕 |
| | 宜 appropriate | 宀＋且 |
| | 安 safe | 宀＋女 |
| | 家 home; family | 宀＋豕 |

### 2 认写本课汉字 Learn and write the Chinese characters in this lesson

（1）火锅　huǒguō　hotpot

锅　→　钅+口+内　pot; pan; boiler

（2）尝　cháng　to taste

尝　→　⺌+冖+云

（3）句　jù　*a measure word for sentences*

句　→　勹+口

（4）一定　yídìng　shall; must; be sure to

定　→　宀+𤴓　surely; definitely

（5）拍　pāi　to take (a picture)

拍　→　扌+白

（6）照片　zhàopiàn　picture; photograph

照　→　日+刀+口+灬　to take a photograph/photograph

（7）逛　guàng　to stroll; to roam

逛 → 犭+王+辶

（8）街　jiē　street

街 → 彳+土+土+亍

## 实践活动 Activity

### 走一走，问一问，说一说　Go for a survey and talk

问问你的同学或者朋友，他们昨天中午都吃了些什么，下午或者晚上学习了些什么，晚上睡了几个小时。先填表，然后说一说。

Interview your classmates or friends about what they had for lunch yesterday, what they learned yesterday afternoon or evening and how many hours they slept last night. Fill in the following form and then talk about it.

| 动作（dòngzuò, action） | 数量（shùliàng, quantity） | 宾语 |
|---|---|---|
| 吃 | | |
| 吃 | | |
| 吃 | | |
| 喝 | | |

| 动作 | 数量（小时） | 宾语 |
|---|---|---|
| 复习 | | |
| 听 | | 录音 |
| 做 | | 作业 |
| 睡 | | |

## 文化点滴 Cultural Note

你累了吗？去成都吧！

Are you tired? Go to Chengdu!

### 休闲城市——成都
### Xiūxián chéngshì —— Chéngdū
### A City for Leisure — Chengdu

**查一查　Do a research**

1. 成都在哪个省？这个省的人口有多少？成都市的人口有多少？

   Which province is Chengdu in? What is the population of this province? What is the population of Chengdu?

2. 成都都有哪些有名的小吃？你最想尝尝哪一种？

   What famous snack foods are there in Chengdu? Which one would you like to try the most?

## 学习后记 Summary

| 词语　Vocabulary | 语言点　Grammar |
| --- | --- |
| | |

## 注释、语法：单元总结（五）（第 25 课～第 28 课）

Notes and Grammar: Unit Review 5 (Lesson 25 ~ Lesson 28)

| 课号 Lesson | | 注释 / 语法 Note / Grammar | 页码 Page No. | 例句 Example sentence | 我的句子 My sentence |
|---|---|---|---|---|---|
| 第25课 | 注释 | "A+ 多了" | 131 | 好多了。 | |
| | | "比如 + a、b、c…… 什么的" | | 讲"中国的节日"了，比如春节、端午节、中秋节什么的。 | |
| | | "V + 一下" | | 我晚上要好好复习一下。 | |
| | | "别 + V/VP/A/AP" | | 别抽烟。 别着急。 | |
| | | "第 + Num" | | 健康第一。 | |
| | 语法 | 句末"了" | 134 | 老师今天讲什么了？ | |
| | | 能愿动词"要"（表示意愿或将要） | | 我晚上要好好儿复习一下。 | |
| | | 能愿动词"应该" | | 我觉得你应该好好儿休息。 | |
| | | "不"和"没（有）" | | 老师今天没留作业。 | |
| 第26课 | 注释 | "A+（一）点儿" | 153 | 什么时候人少一点儿？ | |
| | | "每（+M）+N+ 都 +V/VP/AP" | | 我每天上午都有课。 | |
| | | 动词"离" | | 我觉得那儿离学校太远。 | |
| | 语法 | "比"字句 | 155 | 自动取款机比银行方便。 | |
| | | "什么时候" | | 什么时候人少一点儿？ | |
| 第27课 | 注释 | 代词"有的" | 168 | 有的人觉得成都好，有的人觉得北京好。 | |
| | | 介词"给" | | 我晚上给弟弟打电话。 | |
| | 语法 | "跟……一样 / 不一样" | 170 | 成都的天气跟北京不一样。我觉得北京跟成都一样好。他觉得看电视跟上网一样浪费时间。 | |
| | | "为什么" | | 为什么（有人觉得成都好，有人觉得北京好）？ | |
| | | "因为……，所以……" | | 因为他学汉语时间不长，所以他只会说几句汉语。 | |
| 第28课 | 注释 | "可……了" | 185 | （成都好玩儿的地方）可多了！ | |
| | 语法 | "V + 了 + 数量 + O" | 186 | 我们吃了一次火锅。 | |
| | | 主谓结构做定语 | | 这是我们在成都买的小吃。 | |
| | | 动词重叠 | | 你尝尝吧。 | |

# 29 他演得怎么样

## What Do You Think of His Acting

## 学习提示 Learning Tips

| | |
|---|---|
| 重点词<br>Key Words | 演　非常　刚　开始　咱们　晚　别的　合适　介绍 |
| 重点句<br>Key Sentences | 1. 他 演 得 怎么样?<br>Tā yǎn de zěnmeyàng?<br>2. 他 歌 也 唱 得 非常 好，很 多 人 都 喜欢 他。<br>Tā gē yě chàng de fēicháng hǎo, hěn duō rén dōu xǐhuan tā.<br>3. 我 会 一点儿 太极拳。<br>Wǒ huì yìdiǎnr tàijíquán.<br>4. 我 刚 开始 学，打 得 不 太 好。<br>Wǒ gāng kāishǐ xué, dǎ de bú tài hǎo.<br>5. 咱们 学校 的 王 老师 打 得 非常 好，你 跟 他 学 吧。<br>Zánmen xuéxiào de Wáng lǎoshī dǎ de fēicháng hǎo, nǐ gēn tā xué ba. |
| 功能<br>Function | 评论（1） Making comments (1) |

## 热身活动 Warm-up

### 想一想 Think about the following questions

1. 你知道成龙吗？你喜欢他演的电影吗？
   Do you know Jackie Chan? Do you like his movies?
2. 你觉得他演得怎么样？ What do you think of his acting?
3. 你知道太极拳吗？你会打太极拳吗？
   Do you know *taijiquan*? Can you play *taijiquan*?

## 课文 Texts

29-01

### （一）

（在 教室 里，金 大成 跟 杰克 聊天儿）
(Zài jiàoshì li, Jīn Dàchéng gēn Jiékè liáotiānr)

金大成：昨天 晚上 我 看了 一部 成 龙 演 的 电影，《功夫 之 王》。
Jīn Dàchéng: Zuótiān wǎnshang wǒ kànle yí bù Chéng Lóng yǎn de diànyǐng,《Gōngfu Zhī Wáng》.

杰克：他 演 得 怎么样？
Jiékè: Tā yǎn de zěnmeyàng?

金大成：演 得 不错。听说 他 歌 也 唱 得 非常 好，很 多 人 都 喜欢 他。
Jīn Dàchéng: Yǎn de búcuò. Tīngshuō tā gē yě chàng de fēicháng hǎo, hěn duō rén dōu xǐhuan tā.

杰克：他 的 功夫 都 是 真 的 吧？我 也 想 学 一点儿 中国 功夫。
Jiékè: Tā de gōngfu dōu shì zhēn de ba? Wǒ yě xiǎng xué yìdiǎnr Zhōngguó gōngfu.

金大成：我 会 一点儿 太极拳。
Jīn Dàchéng: Wǒ huì yìdiǎnr tàijíquán.

杰克：那 你 能 教 我 吗？
Jiékè: Nà nǐ néng jiāo wǒ ma?

金大成：我 刚[1] 开始 学，打 得 不 太 好，咱们[2] 学校 的 王 老师 打 得 非常 好，你 跟[3] 他 学 吧。
Jīn Dàchéng: Wǒ gāng kāishǐ xué, dǎ de bú tài hǎo, zánmen xuéxiào de Wáng lǎoshī dǎ de fēicháng hǎo, nǐ gēn tā xué ba.

杰克：他 什么 时候 教？
Jiékè: Tā shénme shíhou jiāo?

金大成：每 天 早上 六 点 半 在 学校 操场，一 次 一 个 小时。
Jīn Dàchéng: Měi tiān zǎoshang liù diǎn bàn zài xuéxiào cāochǎng, yí cì yí ge xiǎoshí.

杰克：哎呀，太 早 了！我 睡 得 晚，起 得 也 晚。有 没有 别 的 时间？
Jiékè: Āiyā, tài zǎo le! Wǒ shuì de wǎn, qǐ de yě wǎn. Yǒu méiyǒu bié de shíjiān?

金大成：那 咱们 一起 去 问问 吧，看看 下午 有 没有 合适 的 时间。
Jīn Dàchéng: Nà zánmen yìqǐ qù wènwen ba, kànkan xiàwǔ yǒu méiyǒu héshì de shíjiān.

## 练一练 Exercises

1. 听课文，说说你听到了什么 Listen to the text and talk about what you hear.

2. 跟老师读课文 Read the text after the teacher.

3. 两人一组，分角色读 Work in pairs to play the roles and read the text.

4. 先回答问题，再根据课文内容互相提问
Answer the following questions and then ask each other questions based on the text.

（1）金大成昨天晚上看了一部什么电影？
（2）大家为什么都喜欢成龙？
……

5. 两人一组，根据提示分角色表演

Work in pairs and play the roles based on the following hints.

**金大成**

昨天晚上　部　电影
演……不错　听说
歌……唱……不错　很多……都……
会一点儿
刚　打……不太好　咱们
打……非常好　跟……学
每天早上……在……　一次
一起去……吧　看看　合适

**杰克**

演……怎么样？
……都是……吧？
也想　一点儿
能……吗？
什么时候
太……了　睡……晚
起……也晚　别的

## （二）

金大成给杰克介绍了一部成龙演的电影，叫《功夫之王》。杰克也知道成龙。成龙是一个会中国功夫的演员，演得不错，歌也唱得非常好，很多人都喜欢他。他的功夫都是真的。杰克也想学一点儿中国功夫。学校的王老师太极拳打得很好，杰克想跟他学，不过杰克觉得王老师上课上得太早了，因为他睡得晚，起得也晚。

### 练一练　Exercises

1. 朗读课文　Read the text aloud.
2. 复述课文　Retell the text.

金大成给杰克__________，叫《功夫之王》。杰克也__________。成龙是__________，演得不错，歌__________，很多人__________。他的功夫__________。杰克也想学__________。学校的王老师__________，杰克想__________，不过杰克觉得王老师__________，因为他__________，__________。

## 生词 New Words

29-02

| 序号 No. | 词语 Word | 拼音 *Pinyin* | 词性 Word Class | 英文释义 Meaning in English | 例子 Example(s) |
|---|---|---|---|---|---|
| 1 | 部 | bù | M | *a measure word for books, films, etc.* | 一部 |
| 2 | 演 | yǎn | V | to play; to act | |
| 3 | 电影 | diànyǐng | N | film; movie | 一部电影　看电影　演电影　老电影　新电影 |
| 4 | 功夫 | gōngfu | N | kung fu | 中国功夫 |
| 5 | 之 | zhī | Pt | *used to connect the modifier and the word modified* | |
| 6 | 王 | wáng | N | king | 功夫之王 |
| 7 | 得 | de | Pt | *a structural particle used before a complement of result or degree* | 演得很好　唱得不好听　学得怎么样 |
| 8 | 非常 | fēicháng | Adv | very; extremely | 非常好　非常高兴 |
| 9 | 太极拳 | tàijíquán | N | *taijiquan*, Chinese shadow-boxing | 打太极拳　学太极拳 |
| 10 | 刚 | gāng | Adv | just; only a short while ago | 刚学　刚买　刚下课 |
| 11 | 开始 | kāishǐ | V | to begin; to start | 刚开始　开始学太极拳　几点开始上课　开始的时候 |
| 12 | 咱们 | zánmen | Pr | we; us (including both the speaker and the listener) | 咱们什么时候考试? |
| 13 | 早上 | zǎoshang | N | (early) morning | 今天早上　明天早上　每天早上 |
| 14 | 操场 | cāochǎng | N | playground | 在操场上　学校操场 |
| 15 | 哎呀 | āiyā | Int | *expressing surprise or dissatisfaction* | 哎呀，你来了，太好了 |
| 16 | 早 | zǎo | A | early | 很早　起得早　老师早 |
| 17 | 睡 | shuì | V | to sleep | 睡得早　睡得好 |
| 18 | 晚 | wǎn | A | late | 很晚　睡得晚 |

| | | | | | |
|---|---|---|---|---|---|
| 19 | 起 | qǐ | V | to get up; to rise | 起床 (qǐchuáng, to get up)<br>起得晚 |
| 20 | 别的 | biéde | Pr | other; another | 别的人　别的东西<br>别的时间 |
| 21 | 合适 | héshì | A | suitable; proper | 很合适　不合适<br>合适的时间 |
| 22 | 介绍 | jièshào | V | to introduce | 介绍一下<br>给……介绍介绍 |
| 23 | 演员 | yǎnyuán | N | actor; actress | 一个演员　有名的演员<br>男演员　女演员 |

## 专有名词　Proper Noun

| | | |
|---|---|---|
| 成龙 | Chéng Lóng | Jackie Chan, a Hong Kong actor |

## 注释 Notes

### [1] 副词“刚”　The adverb “刚”

一般用在动词或动词短语前，表示某一动作行为在很短的时间前发生。

The adverb “刚” is usually used before a verb or a verbal phrase to indicate that an action took place only a short time ago.

（1）我昨天刚认识他。

（2）我刚下课，可能晚点儿到，你们先吃吧。

（3）他们刚开始学汉语，还说得不太好。

**注意**：“刚”不与句末“了”同现。

**Note**: “刚” and “了” (as a sentence final) cannot appear in the same sentence/clause.

他们刚开始学汉语了，说得不太好。　（×）

### 练一练 Exercises

给“刚”选择恰当的位置　Choose a proper position for “刚” in each sentence.

（1）我们＿A＿去成都了，＿B＿昨天＿C＿回来。

（2）＿A＿我＿B＿去银行办了一张银行卡，你什么时候＿C＿办？

（3）我＿A＿到家，＿B＿还没吃饭，半个小时以后我＿C＿给你打电话吧

### [2] “咱们”和“我们”　Comparison between “咱们” and “我们”

用人称代词“咱们”时，包括说话方和听话方。“我们”可以包括听话方，也可以不包括。

The personal pronoun “咱们” includes both the speaker and the listener, while “我们” may or may not include the listener.

（1）

我们（咱们 ×）都是日本人，你们是哪国人？

我们（咱们 ×）是美国人。

（2）A：明天上午你做什么？

B：我想去书店买外文书。

A：咱们 / 我们一起去吧。

（3）A：明天上午你们做什么？

B：我们打算去书店买外文书，你呢？

### 练一练 Exercises

用“咱们”或“我们”完成句子

Complete the following sentences using “咱们” or “我们”.

（1）你们几点去图书馆？＿＿＿＿一起去吧

（2）＿＿＿＿跟你一起学习汉语吧。

（3）这次考试（kǎoshì, examination）＿＿＿＿班比他们班好。

（4）你请＿＿＿＿吃饭，＿＿＿＿请你唱歌。

### [3] 介词“跟” The preposition “跟”

用来引出动作行为朝向的对象。

The preposition “跟” is used to introduce the target towards which an action is directed.

（1）我想跟王老师学一年汉语。
（2）今天我们要跟老师学一首中文歌。
（3）请大家跟我唱一遍。

还可以用来表示动作行为伴随的对象，相当于“和”。

It can also mean “and/with”, indicating with whom the subject does an action.

（1）下午我跟她一起去游泳。
（2）金大成跟金在元都是韩国人。
（3）我想跟你照个相（xiàng, photograph），可以吗？

#### 练一练 Exercises

用“跟”完成对话 Complete the following dialogues using “跟”.

（1）A：上个星期谁跟杰克去成都了？

B：______________________________。

（2）A：你打算跟谁学《朋友》这首歌？

B：______________________________。

（3）A：______________________________？

B：我喜欢跟杰克聊天儿。

## 语法 Grammar

### 1 情态补语 The modal complement

情态补语用来描述或评价动作，这个动作可以是已经发生的，也可以是经常性的。情态补语的基本格式如下：

A modal complement describes or evaluates an action, which can be a past one or a regular one. The basic patterns of the modal complement are as follows:

| 主语（S） | 动词（V） | 得 | 形容词（A）/ 形容词短语（AP） | 标点（Punctuation） |
|---|---|---|---|---|
| 王老师 | 唱 | 得 | 很好 | 。 |
| 他 | 学 | 得 | 不错 | 。 |
| 我 | 来 | 得 | 很早 | 。 |

询问时常用以下格式：

The interrogative forms often include:

| 主语（S） | 动词（V） | 得 | 怎么样 / A 吗 / A 不 A | 标点（Punctuation） |
|---|---|---|---|---|
| 王老师 | 唱 | 得 | 怎么样 | ？ |
| 他 | 演 | 得 | 好吗 | ？ |
| 你 | 来 | 得 | 早不早 | ？ |

动词既有情态补语又有宾语时，常用如下格式：

When the verb takes an object as well as a modal complement, the patterns are as follows:

| 主语（S） | 宾语（O） | 动词（V） | 得 | 形容词（A）/ 形容词短语（AP） | 标点（Punctuation） |
|---|---|---|---|---|---|
| 他 | 歌 | 唱 | 得 | 非常好 | 。 |
| 金大成 | 汉语 | 说 | 得 | 不错 | 。 |
| 王老师 | 太极拳 | 打 | 得 | 特别棒 | 。 |

动词既有情态补语又有宾语时，还可以这样说：

The patterns can also be:

| 主语（S） | 动宾结构（VO） | 动词（V） | 得 | 形容词（A）/ 形容词短语（AP） | 标点（Punctuation） |
|---|---|---|---|---|---|
| 他 | 唱歌 | 唱 | 得 | 非常好 | 。 |
| 金大成 | 说汉语 | 说 | 得 | 不错 | 。 |
| 王老师 | 打太极拳 | 打 | 得 | 特别棒 | 。 |

**注意：**
**Note:** 他唱歌得很好。 （ × ）

## 练一练 Exercises

1. 用情态补语完成对话　Complete the following dialogues using modal complements.

（1）A：你汉字写得怎么样？

B：________________________________。

（2）A：________________________________？

B：我觉得成龙演得非常好。

（3）A：你们班谁唱中文歌唱得最好？

B：________________________________。

（4）A：________________________________？

B：杰克汉语学得很不错。

2. 模仿例句改写句子　Rewrite the sentences following the example.

例：爱子写汉字写得很漂亮。

→ 爱子汉字写得很漂亮。

（1）金大成踢足球踢得很棒。

→

（2）杰克唱中国歌唱得最好。

→

（3）爱子说汉语说得很流利（liúlì, fluent）。

→

（4）我妈妈做菜做得很好吃。

→

（5）老师说普通话说得很不错。

→

## 2 汉语的主要句子成分：补语　A main sentence element in Chinese: complement

补语用来补充说明动作行为或性质的情况，放在动词或形容词的后面。补语有很多种，例如情态补语、时量补语、动量补语、趋向补语等。

A complement is used after a verb or an adjective to add a remark about an action or a property. There are various types of complements, including modal complement, complement of duration, complement of frequency and complement of direction, etc.

（1）她唱歌唱得很好。 （情态补语）

（2）老师说我汉语说得不错。 （情态补语）

多知道一点儿 时量补语 complement of duration

1. 我每天看一个小时电视，你呢？
2. 等女朋友的时候，我听了五遍《北京欢迎你》这首歌。

动量补语 complement of frequency

## 练一练 Exercises

组句 Rearrange the words and phrases to make sentences.

（1）张老师 教 非常 得 好 汉语 教

______

（2）得 说 有的 成都人 不 太 普通话 好

______

（3）怎么样 中国 在 玩 你们 得

______

（4）你 骑 得 自行车 快（kuài, fast） 不快

______

（5）你 做饭 得 好吃 吗 做 妈妈

______

## 情景交际 Communication

两人或三人一组，介绍自己最喜欢的一首歌或一部电影，请说明为什么喜欢它。准备时间：3 ～ 5 分钟。

Work in pairs or groups of three to introduce your favourite song or movie and talk about why you like it. Preparation time: 3-5 minutes.

**提示 Tips**

演员　歌手（gēshǒu, singer）　歌词　演　唱
好听　V+ 得 +AP　V+ 得 + 怎么样

## 写作 Writing

### 添句成段　Write more sentences to compose a paragraph

在所给句子前后加上两三句话，把它补充成一段完整的文字。
Write two or three sentences before or after the given sentence to make a complete passage.

汉字写得也很漂亮

______________________________

______________________________

______________________________

## 语音 Pronunciation

### 趣味朗读　Interesting reading material　29-03

说 “得”
Shuō “de”

我 喜欢 汉语，你 喜欢 汉语。
Wǒ xǐhuan Hànyǔ, nǐ xǐhuan Hànyǔ.

你 学 得 很 好，我 学 得不 好。
Nǐ xué de hěn hǎo, wǒ xué de bù hǎo.

我 知道 成 龙，他 演 得 不错。
Wǒ zhīdao Chéng Lóng, tā yǎn de búcuò.

他 长 (to grow; to appear) 得 很 帅 (handsome; cute)，打 得 也 精彩 (wonderful)。
Tā zhǎng de hěn shuài, dǎ de yě jīngcǎi.

## 汉字 Characters

### 1 汉字的部件（14） Components of Chinese characters (14)

| | | |
|---|---|---|
| 又 yòuzìpáng again | 欢 joyous | 又＋欠 |
| | 鸡 chicken | 又＋鸟 |

| | | |
|---|---|---|
| 石 shízìpáng stone | 码 code | 石＋马 |
| | 碗 bowl | 石＋宛 |

### 2 认写基本汉字 Learn and write the basic Chinese characters

（1）夫 fū man; person engaged in manual labour

一 二 夫 夫 4 strokes

（2）及 jí and

丿 乃 及 3 strokes

（3）牙 yá tooth

一 二 于 牙 4 strokes

（4）垂 chuí to droop

一 二 千 壬 垂 垂 垂 垂 8 strokes

（5）介 jiè to be situated between

丿 人 介 介 4 strokes

## 3 认写本课汉字 Learn and write the Chinese characters in this lesson

（1）演 yǎn to play; to act

演 → 氵+宀+一+由+八

（2）部 bù *a measure word for books, films, etc.*

部 → 立+口+阝

（3）电影 diànyǐng movie

影 → 景+彡 shadow

（4）功夫 gōngfu kung fu; workmanship

功 → 工+力 skill

（5）太极拳 tàijíquán *taijiquan*, Chinese shadow-boxing

极 → 木+及 extreme

拳 → 龹+手 fist; boxing

（6）刚 gāng just; only a short while ago

刚 → 冈+刂

（7）开始 kāishǐ to begin; to start

始 → 女+厶+口 to begin; to start

（8）咱们 zánmen we; us (including both the speaker and the listener)

咱 → 口+自 we; us (including both the speaker and the listener)

（9）早上 zǎoshang (early) morning

早 → 日+十 early

（10）操场 cāochǎng playground

操 → 扌+口+口+口+木 drill; exercise

场 → 土+汤 place where people gather for a specific purpose

（11）哎呀 āiyā *expressing surprise or dissatisfaction*

哎 → 口+艾

呀 → 口 + 牙

（12）睡 shuì to sleep

睡 → 目 + 垂

（13）别的 biéde other; another

别 → 口 + 力 + 刂 other; else

（14）合适 héshì suitable; proper

合 → 人 + 一 + 口 to suit

适 → 舌 + 辶 fit; suitable; comfortable

（15）介绍 jièshào to introduce

绍 → 纟 + 刀 + 口

（16）演员 yǎnyuán actor; actress

员 → 口 + 贝 person engaged in a certain field of activity

## 实践活动 Activity

### 走一走，问一问 Go for a survey

问一问你的朋友，他们最喜欢看的电影或最喜欢听的歌是什么，为什么。要求询问三位以上，填在下面的表里。下次课汇报。

Interview three or more of your friends about their favourite movies or songs and the reasons why they love them. Fill in the following form and make a report in the next class.

| 姓名 | 最喜欢的电影 / 歌 | 为什么 |
|---|---|---|
| | | |
| | | |
| | | |
| | | |

## 文化点滴 Cultural Note

学中国功夫，让你健康，让你自信。

Chinese kung fu brings you good health and confidence.

### 中国功夫
Zhōngguó gōngfu
Chinese Kung Fu

①

②

③

④

⑤

**圈一圈，说一说　Circle the pictures and talk**

1. 上面图片中的中国功夫，你知道哪些？
   Which of the above types of kung fu do you know?
2. 你想练中国功夫吗？想练什么中国功夫？
   Would you like to practise Chinese kung fu? Which kung fu would you like to practise?

## 学习后记 Summary

### 词语 Vocabulary

### 语言点 Grammar

# 30 我篮球打得比他们好

## I Play Basketball Better than They Do

## 学习提示 Learning Tips

| | |
|---|---|
| 重点词<br>Key Words | 比赛　准　更　长　快　开玩笑　参加　当然 |
| 重点句<br>Key Sentences | 1. 我 昨天 又 看了一 场 篮球 比赛。<br>Wǒ zuótiān yòu kànle yì chǎng lánqiú bǐsài.<br>2. 姚 明 篮球 打 得 不错。<br>Yáo Míng lánqiú dǎ de búcuò.<br>3. 我 跑 得 没有 乔丹 快，长 得 没有 姚 明 高，可是 我 篮球 打 得 比 他们 好。<br>Wǒ pǎo de méiyǒu Qiáodān kuài, zhǎng de méiyǒu Yáo Míng gāo, kěshì wǒ lánqiú dǎ de bǐ tāmen hǎo.<br>4. 你 真 会 开 玩笑。<br>Nǐ zhēn huì kāi wánxiào. |
| 功能<br>Function | 评论（2） Making comments (2) |

## 热身活动 Warm-up

**想一想** Think about the following questions

1. 你会打篮球吗？打得怎么样？ Can you play basketball? How well do you play it?
2. 你知道姚明吗？你觉得他篮球打得怎么样？
   Do you know Yao Ming? How well do you think he plays basketball?
3. 你知道乔丹吗？你觉得他篮球打得怎么样？
   Do you know Michael Jordan? How well do you think he plays basketball?

## 课文 Texts

30-01

### （一）

杰克：我 昨天 又[1]看了 一 场 篮球 比赛。
Jiékè: Wǒ zuótiān yòu kànle yì chǎng lánqiú bǐsài.

金大成：我 也 看 了，里边 有 姚 明。
Jīn Dàchéng: Wǒ yě kàn le, lǐbian yǒu Yáo Míng.

杰克：姚 明 篮球 打 得 不错。
Jiékè: Yáo Míng lánqiú dǎ de búcuò.

金大成：是啊，我 最 喜欢 姚 明，他 投 球 投 得 真 准！
Jīn Dàchéng: Shì a, wǒ zuì xǐhuan Yáo Míng, tā tóu qiú tóu de zhēn zhǔn!

杰克：不过 我 更[2]喜欢 乔丹，他 篮球 打 得 好，电影 演 得 不错，长 得 也 比 姚 明 帅。
Jiékè: Búguò wǒ gèng xǐhuan Qiáodān, tā lánqiú dǎ de hǎo, diànyǐng yǎn de búcuò, zhǎng de yě bǐ Yáo Míng shuài.

金大成：你 篮球 打 得 怎么样？
Jīn Dàchéng: Nǐ lánqiú dǎ de zěnmeyàng?

杰克：我 跑 得 没有 乔丹 快，长 得 没有 姚 明 高，可是
Jiékè: Wǒ pǎo de méiyǒu Qiáodān kuài, zhǎng de méiyǒu Yáo Míng gāo, kěshì

我 篮球 打得比 他们 好。
wǒ lánqiú dǎ de bǐ tāmen hǎo.

金大成：你 真 会[3] 开 玩笑。哎，听说 下 星期 学校 有 篮球 比赛，
Jīn Dàchéng: Nǐ zhēn huì kāi wánxiào. Āi, tīngshuō xià xīngqī xuéxiào yǒu lánqiú bǐsài,
你 参加 吗？
nǐ cānjiā ma?

杰克：当然 参加。你 呢？
Jiékè: Dāngrán cānjiā. Nǐ ne?

金大成：我 也 参加。不过 不 打 篮球，我 去 给 你们 加油。
Jīn Dàchéng: Wǒ yě cānjiā. Búguò bù dǎ lánqiú, wǒ qù gěi nǐmen jiāyóu.

## 练一练 Exercises

1. 听课文，说说你听到了什么 Listen to the text and talk about what you hear.
2. 跟老师读课文 Read the text after the teacher.
3. 两人一组，分角色读 Work in pairs to play the roles and read the text.
4. 先回答问题，再根据课文内容互相提问
   Answer the following questions and then ask each other questions based on the text.
   （1）杰克昨天看了什么比赛？
   （2）金大成为什么喜欢姚明？
   ……
5. 两人一组，根据提示分角色表演
   Work in pairs and play the roles based on the following hints.

| 杰克 | 金大成 |
| --- | --- |
| 又看……比赛 | 也 里边 |
| 打得…… | 最 投球 投 准 |
| 不过 更 篮球 电影 | ……怎么样 |
| 长……也比…… | 开玩笑 听说 参加 |
| 跑 没有 长 没有 可是 | 也 不过 给……加油 |
| ……比…… | |
| 当然 | |

## （二）

昨天杰克和金大成都看了篮球比赛。金大成最喜欢姚明，他觉得姚明打得不错，投球投得很准。杰克说他更喜欢乔丹，因为乔丹篮球打得好，电影演得不错，长得也比姚明帅。杰克开玩笑说，他长得没有姚明高，跑得没有乔丹快，可是他篮球打得比他们好。下星期杰克要参加学校的篮球比赛，金大成要去给杰克加油。

## 练一练 Exercises

1. 朗读课文 Read the text aloud.
2. 复述课文 Retell the text.

昨天杰克和金大成都____________________。金大成最喜欢姚明，他觉得____________________，投球____________________。杰克说他更____________________，因为乔丹篮球____________________，电影____________________，长____________________也____________________。杰克开玩笑说，他长得____________________，跑得____________________，可是他____________________。下星期杰克____________________，金大成要去给____________________加油。

## 生词 New Words

30-02

| 序号 No. | 词语 Word / Phrase | 拼音 *Pinyin* | 词性 Word Class | 英文释义 Meaning in English | 例子 Example(s) |
| --- | --- | --- | --- | --- | --- |
| 1 | 又 | yòu | Adv | again | 他昨天去图书馆了，今天又去了 |
| 2 | 场 | chǎng | M | *a measure word for recreational or sports activities* | 一场　几场　看一场电影 |
| 3 | 篮球 | lánqiú | N | basketball | 一个篮球 |

| | | | | | |
|---|---|---|---|---|---|
| 4 | 比赛 | bǐsài | N/V | match; contest; competition; game/ to compete; to contest | 一场比赛　篮球比赛 中国队 (duì, team) 跟日本队比赛 |
| 5 | 打 | dǎ | V | to play | 打篮球　打太极拳　打球 |
| 6 | 投 | tóu | V | to throw; to toss | |
| 7 | 球 | qiú | N | ball | 投球　踢球 |
| 8 | 准 | zhǔn | A | accurate; precise | 很准　不准　发音很准 表 (biǎo, watch) 不太准 |
| 9 | 更 | gèng | Adv | more; even more | 更好　更便宜 |
| 10 | 长 | zhǎng | V | to grow; to appear | 长得怎么样　长得很漂亮 |
| 11 | 帅 | shuài | A | handsome; cute | 很帅　长得很帅 |
| 12 | 跑 | pǎo | V | to run | |
| 13 | 快 | kuài | A | fast | 跑得很快　快跑　快点儿 |
| 14 | 高 | gāo | A | tall; high | 很高　不高　长得很高 高楼 |
| 15 | 开玩笑 | kāi wánxiào | | to joke; to make fun of | 跟……开玩笑 开(一)个玩笑 爱开玩笑　很会开玩笑 |
| 16 | 哎 | āi | Int | (*used as a reminder or warning*) hey; ah | |
| 17 | 参加 | cānjiā | V | to take part in; to attend | 参加比赛　参加 HSK 考试 参加聚会 (jùhuì, party) |
| 18 | 当然 | dāngrán | Adv | of course | 当然去　当然想参加比赛 |
| 19 | 加油 | jiāyóu | VO | to cheer sb. on | 给……加油 |

## 专有名词　Proper Nouns

| | | |
|---|---|---|
| 姚明 | Yáo Míng | Yao Ming, a Chinese basketball player |
| 乔丹 | Qiáodān | Michael Jordan, an American basketball player |

## 注释 Notes

### [1] “又”和“再” Comparison between “又” and “再”

副词“又”放在动词或动词短语前，表示已经重复的动作或状态。

The adverb “又” is used before a verb or a verbal phrase to indicate an action or a state that has recurred.

（1）他昨天看了成龙的《功夫之王》，今天又看了一遍。
（2）上个星期我去故宫了，这个星期我又去故宫了。
（3）我又说了一遍，老师说这次我说得非常好。
（4）你看，她又不高兴了。

如果表示将要重复的动作或状态，要用“再”。

The adverb “再” is used to indicate an action or a state which is going to recur.

（1）《功夫之王》真好看，我还想再看一遍。
（2）这种苹果（píngguǒ, apple）真好吃，我还想再吃一个。
（3）你再说一遍，好吗？
（4）再便宜点儿吧，我是学生，没有钱。

#### 练一练 Exercises

用“又”或“再”完成句子 Complete the following sentences using “又” or “再”.

（1）他上午去了一次银行，现在________去了。
（2）爱子唱得很好，谁能________唱一遍？
（3）杰克昨天没来上课，今天________没来。
（4）大家还想________学一首中文歌吗？

### [2] 副词“更” The adverb “更”

程度副词，用于比较。在肯定两者程度都较深的前提下，强调其中一方程度比另一方更深。比较的双方可以是不同的人或事物，也可以是相同主体的不同时间、阶段等。

The adverb of degree “更” is used to make a comparison, emphasizing that although X is of a high degree, Y is of a higher degree. X and Y can be different people or objects or different times or stages of the same subject, etc.

（1）中国：960 万 $km^2$
俄罗斯（Éluósī, Russia）：1707.54 万 $km^2$
→ 中国很大，俄罗斯更大。

（2）黄河（Huáng Hé, Yellow River）：5464 km
长江（Cháng Jiāng, Yangtze River）：6397 km
→ 黄河很长，长江比黄河更长。

（3）住学校附近比较方便，住校内特别方便。
→ 住学校附近比较方便，住校内更方便。

（4）她以前 80 公斤（kg），现在 90 公斤。
→ 她以前很胖，现在更胖了。

**练一练 Exercises**

模仿例句，用“更”改写句子 Rewrite the sentences using “更” following the example.

例：找（zhǎo, to look for）工作很难，找个好工作特别难。
→ 找工作很难，找个好工作更难。

（1）我弟弟一米（mǐ, metre）八五，我哥哥一米九一。
→

（2）我喜欢学汉语，每天学 6 个小时；杰克也喜欢学汉语，每天学 8 个小时。
→

（3）《功夫之王》很好看，《我是谁》特别好看。
→

（4）以前他一分钟能写（xiě, to write）20 个汉字，现在一分钟能写 30 个汉字。
→

### [3] 能愿动词“会”（表示擅长） The optative verb “会” (indicating being good at doing sth.)

能愿动词“会”放在动词前，有时表示懂得怎么做、擅长。

The optative verb “会” used before a verb sometimes indicates knowing how to do something or being good at doing something.

（1）你的篮球打得比姚明好？你真会开玩笑。
（2）她买的衣服都又便宜又好看，她特别会买衣服。
（3）她很会做饭，她做的饭我们都爱吃。
（4）他不会休息，所以总是很累。

## 练一练 Exercises

用“会”完成句子　Complete the following sentences using “会”.

（1）A：你看，这件毛衣怎么样？一百块钱。

　　B：太漂亮了，也很便宜，______________________________________！

（2）A：大家吃得怎么样？

　　B：很好，______________________________________。

（3）______________________________________，每次喝很多酒也不醉（zuì, drunk）。

（4）______________________________________，她的汉语课我们都爱听。

## 语法 Grammar

### 情态补语的扩展用法　The extended use of a modal complement

（O+）V+ 得 + 比……A<br>（O+）V+ 得 + 没有……A

是情态补语的扩展用法，用来表示对动作差别的评价。
is an extended use of a modal complement to evaluate the difference between actions.

（1）

| X | + | V | + | 得 | + | 比 | + | Y | + | A |
|---|---|---|---|---|---|---|---|---|---|---|
| 乔丹 | | 跑 | | 得 | | 比 | | 我 | | 快。 |

| Y | + | V | + | 得 | + | 没有 | + | X | + | A |
|---|---|---|---|---|---|---|---|---|---|---|
| 我 | | 跑 | | 得 | | 没有 | | 乔丹 | | 快。 |

（2）

| X | + | O | + | V | + | 得 | + | 比 | + | Y | + | A |
|---|---|---|---|---|---|---|---|---|---|---|---|---|
| 姚明 | | 篮球 | | 打 | | 得 | | 比 | | 我 | | 好。 |

| Y | + | O | + | V | + | 得 | + | 没有 | + | X | + | A |
|---|---|---|---|---|---|---|---|---|---|---|---|---|
| 我 | | 篮球 | | 打 | | 得 | | 没有 | | 姚明 | | 好。 |

也可以用下面的格式表达：
The following patterns can also be used:

（O+）比……V+ 得 + A<br>（O+）没有……V+ 得 +A

（1）

| X | + | 比 | + | Y | + | V | + | 得 | + | A |
|---|---|---|---|---|---|---|---|---|---|---|
| 乔丹 | | 比 | | 我 | | 跑 | | 得 | | 快。 |

| Y | + | 没有 | + | X | + | V | + | 得 | + | A |
|---|---|---|---|---|---|---|---|---|---|---|
| 我 | | 没有 | | 乔丹 | | 跑 | | 得 | | 快。 |

（2）

| X | + | O | + | 比 | + | Y | + | V | + | 得 | + | A |
|---|---|---|---|---|---|---|---|---|---|---|---|---|
| 姚明 | | 篮球 | | 比 | | 我 | | 打 | | 得 | | 好。 |

| Y | + | O | + | 没有 | + | X | + | V | + | 得 | + | A |
|---|---|---|---|---|---|---|---|---|---|---|---|---|
| 我 | | 篮球 | | 没有 | | 姚明 | | 打 | | 得 | | 好。 |

多知道一点儿

1. 我高兴得不知道说什么好。
2. 他忙得没有时间吃饭。

## 练一练 Exercises

1. 看图，用“比”和“没有”完成对话

Look at the pictures and complete the dialogues using “比” and “没有”.

（1）

大卫

兰兰

A：他们谁长得高？

B：______________________________。

（2）

乔丹

姚明

A：姚明和乔丹谁汉语说得好？

B：________________________________________。

2. 组句　Rearrange the words and phrases to make sentences.

（1）来　早　今天　我　得　老师　比

________________________________________

（2）汉字　你　得　写　老师　比　漂亮

________________________________________

（3）妈妈　吃　得　多　儿子（érzi, son）　没有

________________________________________

（4）篮球　打　我　得　好　没有　乔丹

________________________________________

（5）我　没有　得　好　中国人　说　汉语

________________________________________

3. 模仿例句，改写句子　Rewrite the sentences following the example.

例：大卫学得比我好。
　　→大卫比我学得好。

（1）我跑得比爸爸快。
　　→

（2）我起得没有老师早。
　　→

（3）我睡得比妈妈晚。

→

（4）我中文歌唱得没有中国人好听。

→

（5）妈妈饭做得比爸爸好吃。

→

（6）我汉字写得没有爱子漂亮。

→

## 情景交际 Communication

两三个人一组，互相比一比各自的习惯、爱好、学习情况等。准备时间：3～5分钟。

Work in pairs or groups of three and compare your habits, hobbies and learning performances. Preparation time: 3-5 minutes.

| 习惯（xíguàn, habit）<br>爱好（àihào, hobby）<br>学习情况 | V+得 | A |
|---|---|---|
| 学汉语 | 学得 | 好 / 不好 |
| 写汉字 | 写得 | 漂亮 / 不漂亮 |
| 做饭 | 做得 | 好吃 / 不好吃 |
| 吃饭 | 吃得 | 多 / 少 |
| 打太极拳 | 打得 | 好、棒 / 不好 |
| 踢足球 | 踢得 | 好 / 不好 |
| 打篮球 | 打得 | 好 / 不好 |
| 上网 | 上得 | 多 / 少 |
| 看电视 | 看得 | 多 / 少 |

**提示　Tips**

X＋O＋V＋得＋比＋Y＋A
Y＋O＋V＋得＋没有＋X＋A

X＋O＋比＋Y＋V＋得＋A
Y＋O＋没有＋X＋V＋得＋A

## 写作 Writing

**添句成段　Write more sentences to compose a paragraph**

在所给句子前后加上两三句话，把它补充成一段完整的文字。
Write two or three sentences before or after the given sentence to make a complete passage.

不过我篮球打得比他好

________________________________________
________________________________________
________________________________________

## 语音 Pronunciation

**趣味朗读　Interesting reading material**　30-03

比一比
Bǐ yì bǐ

我　唱　得比你好，——我　好。
Wǒ chàng de bǐ nǐ hǎo, —— wǒ hǎo.

你　长　得比我　高，——你　高。
Nǐ zhǎng de bǐ wǒ gāo, —— nǐ gāo.

他 学 得 没有 你 好，——你 好。
Tā xué de méiyǒu nǐ hǎo, —— nǐ hǎo.

可是 他 最 骄傲 (arrogant)。——这样 (so; like this) 不 好。
Kěshì tā zuì jiāo'ào. —— Zhèyàng bù hǎo.

## 汉字 Characters

### 1 汉字的部件（15） Components of Chinese characters (15)

| | | |
|---|---|---|
| ⺮<br>zhúzìtóu<br>bamboo | 等 to wait | ⺮ + 寺 |
| | 算 to calculate | ⺮ + 弄 |
| | 篮 basket | ⺮ + 监 |
| | 第 *a prefix indicating ordinal numbers* | ⺮ + 弔 |

| | | |
|---|---|---|
| 彡<br>sānpiěr<br>ornament | 影 shadow | 景 + 彡 |
| | 参 to join; to take part in | 厶大 + 彡 |

### 2 认写基本汉字 Learn and write the basic Chinese characters

（1）皿 mǐn container; utensil

丨 冂 冂 罒 皿 5 strokes

（2）当 dāng ought; should

丨 丨 ⺌ 当 当 当 6 strokes

（3）更 gèng more; even more

一 厂 丆 戸 百 更 更 7 strokes

### 3 认写本课汉字 Learn and write the Chinese characters in this lesson

（1）篮球 lánqiú basketball

篮 → ⺮ + 丨丨 + ⺈ + 皿 basket

（2）比赛　bǐsài　match; competition; contest; game/to compete; to contest

赛 → 宀 + 共 + 贝　match; competition; contest

（3）投　tóu　to throw; to toss

投 → 扌+殳

（4）准　zhǔn　accurate; precise

准 → 冫+亻+主

（5）帅　shuài　handsome; cute

帅 → 刂+巾

（6）跑　pǎo　to run

跑 → 𧾷+包

（7）开玩笑　kāi wánxiào　to joke; to make fun of

笑 → ⺮ + 夭　to smile; to laugh

（8）参加　cānjiā　to take part in; to attend

参 → 厶 + 大 + 彡　to join; to take part in

加 → 力+口　to add

（9）加油　jiāyóu　to cheer sb. on

油 → 氵+由　oil

## 实践活动 Activity

### 看一看，比一比　Make a comparison

请跟你的同桌（tóngzhuō, deskmate）进行比较，找出你们不一样的地方，至少五个。下次课汇报。

Make a comparison between you and your deskmate to find at least five differences. Make a report in the next class.

| | 我和同桌不一样的地方 |
|---|---|
| 1 | |
| 2 | |
| 3 | |
| 4 | |
| 5 | |

## 文化点滴 Cultural Note

中国的竞技运动强项已经不止以下这些。

China excels in more sports than the following.

### 中国的体育和体育明星
Zhōngguó de tǐyù hé tǐyù míngxīng
Sports and Sports Stars in China

羽毛球
（yǔmáoqiú, badminton）

跳水
（tiàoshuǐ, diving）

乒乓球
（pīngpāngqiú, table tennis）

体操
（tǐcāo, gymnastics）

排球
（páiqiú, volleyball）

**连一连　Match**

你知道下边这些运动员吗？到网上查一查，然后将他们的名字与他们擅长的体育项目连起来。

Do you know the following athletes? Search for their information online and then match their names with the sports they are good at.

| | |
|---|---|
| 邓亚萍（Dèng Yàpíng） | 排球 |
| 林丹（Lín Dān） | 乒乓球 |
| 郭晶晶（Guō Jīngjīng） | 体操 |
| 李宁（Lǐ Níng） | 羽毛球 |
| 郎平（Láng Píng） | 跳水 |

## 学习后记 Summary

| 词语 Vocabulary | 语言点 Grammar |
|---|---|
| | |

# 31 我正在收拾行李

## I Am Packing

## 学习提示 Learning Tips

| | |
|---|---|
| 重点词<br>Key Words | 睡觉　正在　吃饭　原来　放假　马上　最近　见面　用　告诉 |
| 重点句<br>Key Sentences | 1. 你那儿十二点了吧，还没睡觉啊？<br>Nǐ nàr shí'èr diǎn le ba, hái méi shuìjiào a?<br>2. 我正在收拾行李。你在做什么？<br>Wǒ zhèngzài shōushi xíngli. Nǐ zài zuò shénme?<br>3. 我原来打算放假的时候去旅游，可是公司让我马上回国。<br>Wǒ yuánlái dǎsuan fàngjià de shíhou qù lǚyóu, kěshì gōngsī ràng wǒ mǎshàng huí guó.<br>4. 见面以后你可以用汉语跟我聊聊天儿，考考我的汉语。<br>Jiànmiàn yǐhòu nǐ kěyǐ yòng Hànyǔ gēn wǒ liáoliao tiānr, kǎokao wǒ de Hànyǔ.<br>5. 到时候我打电话告诉你。<br>Dào shíhou wǒ dǎ diànhuà gàosu nǐ. |
| 功能<br>Function | 动作的进行、持续　Progress and continuation of an action |

## 热身活动 Warm-up

### 想一想 Think about the following questions

1. 你现在正在做什么？ What are you doing right now?

2. 你们国家（guójiā, country）一年放多少天假？
How many days of holidays do you have in your country?

3. 最近你觉得累不累？你想不想马上放假？
Are you feeling tired recently? Do you want to have a few days off right away?

4. 你喜欢旅游吗？ Do you like travelling?

## 课文 Texts

31-01

### （一）

（在 房间 里，安娜 给 在俄罗斯的 朋友 伊凡 打 电话）
(Zài fángjiān li, Ānnà gěi zài Éluósī de péngyou Yīfán dǎ diànhuà)

安娜：喂，是 我，安娜。
Ānnà: Wèi, shì wǒ, Ānnà.

伊凡：是 安娜 啊，你那儿[1]十二 点 了吧，还 没 睡觉 啊？
Yīfán: Shì Ānnà a, nǐ nàr shí'èr diǎn le ba, hái méi shuìjiào a?

安娜：我 正在 收拾 行李。你 在 做 什么？
Ānnà: Wǒ zhèngzài shōushi xíngli. Nǐ zài zuò shénme?

伊凡：我 正在 吃饭。
Yīfán: Wǒ zhèngzài chīfàn.

安娜：那 你 打 电话 不 方便 吧？
Ānnà: Nà nǐ dǎ diànhuà bù fāngbiàn ba?

伊凡：没 关系。你 是 不 是 要 回 国？
Yīfán: Méi guānxi. Nǐ shì bu shì yào huí guó?

安娜：对，我 原来 打算 放假 的 时候[2] 去 旅游，可是 公司 让 我 马上 回 国。最近 你 在 做 什么？
Ānnà: Duì, wǒ yuánlái dǎsuan fàngjià de shíhou qù lǚyóu, kěshì gōngsī ràng wǒ mǎshàng huí guó. Zuìjìn nǐ zài zuò shénme?

伊凡：我 也 在 学 汉语，每 天 晚上 都 去 上课，很 忙，有点儿 累，不过 老师 教 得 非常 好。我 现在 会 写 很 多 汉字，比如 "我"、"爱"、"你"。
Yīfán: Wǒ yě zài xué Hànyǔ, měi tiān wǎnshang dōu qù shàngkè, hěn máng, yǒudiǎnr lèi, búguò lǎoshī jiāo de fēicháng hǎo. Wǒ xiànzài huì xiě hěn duō Hànzì, bǐrú "wǒ"、"ài"、"nǐ".

安娜：真 的 吗？那 你 应该 到 机场 来 接 我。
Ānnà: Zhēn de ma? Nà nǐ yīnggāi dào jīchǎng lái jiē wǒ.

伊凡：没 问题。见面 以后 你 可以 用 汉语 跟 我 聊聊天儿，考考 我 的 汉语。
Yīfán: Méi wèntí. Jiànmiàn yǐhòu nǐ kěyǐ yòng Hànyǔ gēn wǒ liáoliaotiānr, kǎokao wǒ de Hànyǔ.

安娜：好 啊！我 可能 买 二十 号 左右 的 票，到 时候 我 打 电话 告诉 你。
Ānnà: Hǎo a! Wǒ kěnéng mǎi èrshí hào zuǒyòu de piào, dào shíhou wǒ dǎ diànhuà gàosu nǐ.

## 练一练 Exercises

1. 听课文，说说你听到了什么 Listen to the text and talk about what you hear.
2. 跟老师读课文 Read the text after the teacher.
3. 两人一组，分角色读 Work in pairs to play the roles and read the text.
4. 先回答问题，再根据课文内容互相提问
   Answer the following questions and then ask each other questions based on the text.
   （1）安娜放假以后打算去旅游还是马上回国？为什么？
   （2）伊凡最近在做什么？
   ……

5. 两人一组，根据提示分角色表演

Work in pairs and play the roles based on the following hints.

**安娜**

喂　是……

正在……　你在……？

那……不方便吧？

原来　……的时候　可是

让　马上　最近　在

真的　那　应该　到……接

可能　左右　票　到时候　告诉

**伊凡**

……那儿　还没……

正在……

是不是……

也在……　每……都……　忙

累　不过　教　会　比如

问题　见面　用

跟……聊天儿　考

## （二）

（安娜说）

我给伊凡打电话的时候，他正在吃饭。我告诉伊凡我原来打算放假以后去旅游，可是公司让我马上回国。伊凡告诉我，他也在学汉语，每天晚上都去上课，很忙，有点儿累，不过他们老师教得很好。伊凡还说他现在会写很多汉字，比如“我”、“爱”、“你”三个字，我就开玩笑让伊凡去机场接我。伊凡说没问题，让我见面以后用汉语跟他聊聊天儿，考考他的汉语怎么样。我告诉伊凡我可能买二十号左右的票，到时候打电话告诉他。

## 练一练　Exercises

1. 朗读课文　Read the text aloud.

2. 复述课文　Retell the text.

我给伊凡打电话______________，他正在______________。我告诉伊凡我______________打算放假以后去旅游，可是公司______________。伊凡告诉我，他也______________，每天晚上都______________，很______________，有点儿______________，不过他们老师______________。伊凡还说他现在______________

＿＿＿＿＿＿＿＿，比如＿＿＿＿＿＿＿＿＿＿，我就开玩笑让＿＿＿＿＿＿＿＿。伊凡说＿＿＿＿＿＿＿＿＿，让我见面以后＿＿＿＿＿＿＿＿，＿＿＿＿＿＿＿＿他的汉语怎么样。我告诉伊凡＿＿＿＿＿＿＿＿，＿＿＿＿＿＿＿＿打电话告诉他。

## 生词 New Words

31-02

| 序号 No. | 词语 Word / Phrase | 拼音 *Pinyin* | 词性 Word Class | 英文释义 Meaning in English | 例子 Example(s) |
|---|---|---|---|---|---|
| 1 | 喂 | wèi | Int | hello; hey | 喂，李明在吗？ |
| 2 | 睡觉 | shuìjiào | VO | to sleep; to go to bed | 十一点睡觉　睡一会儿觉<br>睡六个小时觉 |
| 3 | 正在 | zhèngzài | Adv | in the process of | 正在睡觉　正在学习 |
|  | 在 | zài | Adv | in the process of | 在踢足球　在看电视 |
| 4 | 收拾 | shōushi | V | to put in order; to tidy up; to get ready | 收拾房间　收拾一下东西<br>收拾收拾 |
| 5 | 行李 | xíngli | N | luggage | 一件行李　行李很多 |
| 6 | 吃饭 | chīfàn | VO | to eat; to have a meal | 在食堂吃饭　去饭馆吃饭<br>吃了一个小时饭 |
| 7 | 没关系 | méi guānxi |  | never mind; that's OK | A：对不起。<br>B：没关系。 |
| 8 | 回国 | huí guó |  | to return to one's own country | 什么时候回国　下个月回国<br>回一次国　回国以后 |
| 9 | 原来 | yuánlái | N/A | past/original; former | 原来打算回国<br>原来的女朋友　原来的打算 |
| 10 | 放假 | fàngjià | VO | to have a holiday or vacation | 放假以后　放三天假<br>七月开始放假 |
| 11 | 旅游 | lǚyóu | V | to travel; to tour | 去旅游　去日本旅游<br>喜欢旅游 |
| 12 | 公司 | gōngsī | N | company | 一个 / 家公司　大公司<br>旅游公司 |

| | | | | | |
|---|---|---|---|---|---|
| 13 | 马上 | mǎshàng | Adv | at once; immediately | 马上去　马上就吃饭 |
| 14 | 最近 | zuìjìn | N | recently | 最近怎么样 |
| 15 | 汉语 | Hànyǔ | N | Chinese (language) | 学汉语　汉语很有意思 |
| 16 | 忙 | máng | A | busy | 最近很忙　不太忙　有点儿忙 |
| 17 | 累 | lèi | A | tired | 很累　不累　有点儿累 |
| 18 | 写 | xiě | V | to write | 写字　写作业<br>写作文 (zuòwén, composition)<br>写得很漂亮 |
| 19 | 汉字 | Hànzì | N | Chinese character | 一个汉字　写汉字 |
| 20 | 真 | zhēn | A | real; ture | 真的　真爱　真名 |
| 21 | 机场 | jīchǎng | N | airport | 去机场　在机场<br>在机场等人 |
| 22 | 接 | jiē | V | to pick up; to receive; to meet | 接人　接朋友　接电话<br>接球 |
| 23 | 问题 | wèntí | N | question; problem | 有问题　什么问题　没问题<br>问题很多　问题很大 |
| 24 | 见面 | jiànmiàn | VO | to meet | 跟朋友见面　在哪儿见面<br>见一次面　见个面　见见面 |
| 25 | 用 | yòng | V | to use | 用汉语聊天儿　用手机上网<br>用一下　用一下电脑<br>(diànnǎo, computer) |
| 26 | 考 | kǎo | V | to test; to give or take a test | 考汉语　考得很好　考考你 |
| 27 | 票 | piào | N | ticket | 车票　火车票　飞机票<br>球票　电影票　买票 |

## 专有名词　Proper Nouns

| | | |
|---|---|---|
| 俄罗斯 | Éluósī | Russia |
| 伊凡 | Yīfán | Ivan, name of a Russian boy. Please refer to "Introduction to the Main Characters" for details. |

## 注释 Notes

### [1] 某人 + “那儿 / 这儿” The structure “sb. + ‘那儿 / 这儿’ ”

“某人 + ‘那儿 / 这儿’ ” 表示地方，指这个人所在的地方。

The structure “sb. + ‘那儿 / 这儿’ ” is used to indicate the place where a person is.

（1）A：谁知道我的书在哪儿？
　　B：你的书在杰克那儿。

（2）A：杰克去哪儿了？
　　B：杰克去他朋友那儿了，晚上回来。

（3）A：你现在来我这儿一下，我要给你一个东西。
　　B：好的，我马上去你那儿。

#### 练一练 Exercises

用 “某人 + ‘那儿 / 这儿’ ” 完成对话

Complete the following dialogues using “sb. + ‘那儿 / 这儿’ ”.

（1）A：你知道安娜去哪儿了吗？
　　B：____________________________。

（2）A：我的字典在谁那儿？
　　B：____________________________。

（3）A：____________________________？
　　B：坐公共汽车要花一个小时左右。

### [2] “……的时候” The structure “……的时候”

“（S+）V（+O）/ A / N + 的时候” 表示某个特定的时间。

The structure “（S+）V（+O）/ A / N + 的时候” is used to express a specific time.

（1）来的时候给我打一个电话。（V+ 的时候）
（2）坐车的时候别看书。（V+O+ 的时候）
（3）昨天他去你宿舍的时候你去哪儿了？（S+V+O+ 的时候）
（4）累的时候一定要马上休息。（A+ 的时候）

（5）我忙的时候喜欢叫外卖（wàimài, takeaway）。　（S+A+ 的时候）
（6）春节的时候我们都回家。　（N+ 的时候）

## 练一练 Exercises

组句　Rearrange the words and phrases to make sentences.

（1）的时候　见面　他　告诉　吧　，　不用　说　现在

______

（2）我　的时候　中国　留学　在　认识　很多　了　中国人

______

（3）的时候　咳嗽　我　感冒　每次　都

______

（4）到站　告诉　的时候　我　一下

______

（5）太　的时候　别　冷　旅游　去

______

## 语法 Grammar

### 副词“正在”“在”　The adverbs “正在” and “在”

副词“正在”“在”后接动词，表示动作正在进行。常用的结构如下：

The adverb “正在” or “在” is put before a verb to indicate that an action is in progress. The basic pattern is as follows:

S + 正在 / 在 +V（+ O）

（1）A：你在做什么？
　　B：我在吃早饭。

（2）A：他们正在做什么？
　　B：他们正在上课。

（3）姐姐正在 / 在听录音，你别跟她说话。

（4）妈妈打电话的时候我正在 / 在睡觉。

（5）A：昨天晚上你做什么了？
　　B：我从八点到十一点一直在学习。

**注意：**"在＋V"强调的是动作正在进行的状态，表示的是某一时段动作的进行。"正在＋V"强调的是动作正在进行，表示的是某一时点动作的进行。所以"正在"不能与表示持续的副词同现。

**Note:** The structure "在 + V" stresses the state of an action in progress during a certain period of time, while the structure "正在 + V" emphasizes the fact that the action is in progress at a certain point in time. Therefore, "正在" cannot be used with an adverb denoting continuity.

（1）他要去中国，所以最近<u>一直</u> <u>正在</u>学习汉语。　（×）
（2）他要去中国，所以最近<u>一直</u> <u>在</u>学习汉语。　（√）

否定形式为"没（在）+V"，疑问句可以只用"没有"来简单回答。

The negative form is "没（在）+V", and the question can be replied simply with "没有".

（1）A：他在睡觉吗？
　　B：他没（在）睡觉，他在写汉字。

（2）A：他在睡觉吗？
　　B：没有，他在写汉字。

动作进行的时间可以是现在、过去、将来。

An action may be in progress in the present, past or future.

（1）昨天我去找他的时候，他正在看电视。　（过去 guòqù, past）

（2）A：杰克现在在学习吗？
　　B：对，他正在宿舍写作业。　（现在 xiànzài, present）

（3）A：明天上午十点我给你打电话吧。
　　B：不行，明天那个时候我正在上课，你下午再打吧。　（将来 jiānglái, future）

多知道一点儿

A：喂，是我，金大成。你做什么呢？
B：我吃饭呢。

## 练一练 Exercises

看图说话　Look at the pictures and talk about them.

大卫一家 / 吃饭

他们 / 游泳

小美 / 唱歌

小明 / 打篮球

（1）A：……在做什么？
　　B：……在……。

（2）A：……在做什么？
　　B：……正在……。

（3）……的时候，……正在……。

## 情景交际 Communication

假设你下周放假回国，你给朋友打电话，让他 / 她去机场接你，同时，跟他 / 她聊聊你们最近各自在做什么。准备时间：3 ～ 5 分钟。

Suppose you are going back to your country for a vacation next week. Call your friend, ask him/her to pick you up at the airport and talk with him/her about what each of you is doing recently. Preparation time: 3-5 minutes.

提示 Tips

收拾 放假 回国 机场
接 最近 见面 告诉
到时候
正在＋V 在＋V

## 写作 Writing

### 添句成段 Write more sentences to compose a paragraph

在所给短语前后加上两三句话，把它补充成一段完整的文字。

Write two or three sentences before or after the given phrase to make a complete passage.

没有时间去玩儿

______________________________

______________________________

______________________________

## 语音 Pronunciation

### 趣味朗读并学唱 Interesting reading material: Read and learn to sing

31-03

打 电话
Dǎ diànhuà

两 个 小 娃娃 (child) 呀，
Liǎng ge xiǎo wáwa ya,

正在 打 电话 呀。
zhèngzài dǎ diànhuà ya.

"喂　喂　喂，你 在哪里呀？"
"Wèi wèi wèi, nǐ zài nǎli ya?"

"哎 哎 哎，我　在　幼儿园 (kindergarten)。"
"Āi āi āi, wǒ zài yòu'éryuán."

两　个　小　娃娃　呀，
Liǎng ge xiǎo wáwa ya,

正在　打　电话　呀。
zhèngzài dǎ diànhuà ya.

"喂　喂　喂，你 在　做　什么？"
"Wèi wèi wèi, nǐ zài zuò shénme?"

"哎哎哎，我　在　学　唱歌。"
"Āi āi āi, wǒ zài xué chànggē."

## 汉字 Characters

### 1 汉字的部件（16） Components of Chinese characters (16)

| | | |
|---|---|---|
| 门<br>ménzìkuàng<br>door | 间 room | 门＋日 |
| | 问 to ask | 门＋口 |

| | | |
|---|---|---|
| 囗<br>guózìkuàng<br>the country frame | 国 country | 囗＋玉 |
| | 图 picture | 囗＋冬 |
| | 因 cause; reason | 囗＋大 |

### 2 认写基本汉字 Learn and write the basic Chinese characters

（1）厂　chǎng　factory

一　厂　2 strokes

（2）亡　wáng　to die

丶 亠 亡　3 strokes

（3）与　yǔ　and

一 与 与　3 strokes

## 3 认写本课汉字　Learn and write the Chinese characters in this lesson

（1）正在　zhèngzài　in the process of

正 → 一＋止　in the process of

（2）收拾　shōushi　to put in order; to tidy up; to get ready

收 → 丩＋攵　to gather together; to put in proper place

拾 → 扌＋合　shí　to pick up; to put in order

（3）行李　xíngli　luggage

李 → 木＋子　lǐ　plum

（4）喂　wèi　hello; hey

喂 → 口＋田＋𧘇

（5）没关系　méi guānxi　never mind; that's OK

关 → 丷＋天　to involve; to concern

系 → 丿＋糸　xì　to relate to

（6）原来　yuánlái　past/original; former

原 → 厂＋白＋小　original; former

（7）放假　fàngjià　to have a holiday or vacation

放 → 方＋攵　to release; to set free

假 → 亻＋𠂤＋コ＋又　holiday; vacation

（8）旅游　lǚyóu　to travel; to tour

旅 → 方＋𠂉＋𧘇　to travel

（9）公司 gōngsī company
司 → 𠃌+一+口 to take charge of

（10）汉语 Hànyǔ Chinese (language)
汉 → 氵+又 Chinese; the Han nationality

（11）忙 máng busy
忙 → 忄+亡

（12）累 lèi tired
累 → 田+糸

（13）写 xiě to write
写 → 冖+与

（14）接 jiē to pick up; to receive; to meet
接 → 扌+立+女

（15）问题 wèntí question; problem
题 → 是+页 problem; topic; subject; title

（16）考 kǎo to test; to give or take a test
考 → 耂+丂

（17）票 piào ticket
票 → 覀+示

## 实践活动 Activity

### 走一走，问一问 Go for a survey

给你的一个朋友打电话，问问他/她正在做什么，他们什么时候放假，放假以后的打算，最近他/她学习怎么样。把结果填入表中。

Call your friend and ask about what he/she is doing right now, when he/she is going to have a vacation, what's his/her plan for the vacation and how his/her study is lately. Fill in the following form with the information you get.

| | |
|---|---|
| 朋友在哪儿 | |
| 正在做什么 | |
| 开始放假的时间 | |
| 放假以后的打算 | |
| 最近的学习情况 | |

## 文化点滴 Cultural Note

### 普通话和方言
Pǔtōnghuà hé fāngyán
Mandarin and Dialects

好好儿学发音，或许有一天你会发现，你的普通话可能比许多中国人都标准。

Work hard on your pronunciation and some day you may find that your Mandarin is better than many Chinese!

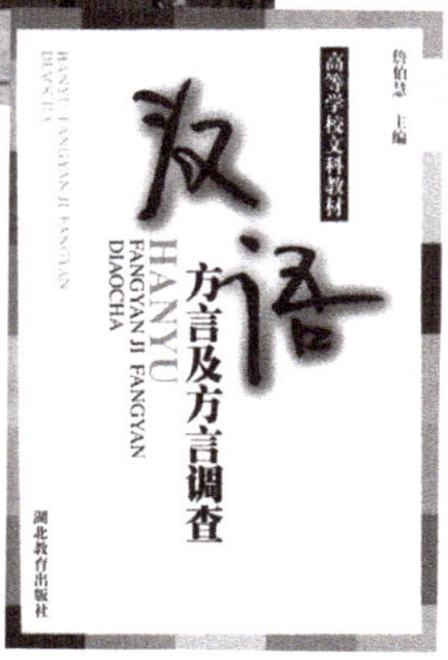

**选一选　Choose the right answers**

1. 现代汉语共同的交际口语和书面语是：

   The commonly used spoken and written Chinese is:

   A. 普通话 Mandarin　　B. 北京话 Beijing dialect　　C. 东北话 Northeastern dialect

2. 普通话又叫国语、华语。普通话的基础方言是：

   Mandarin is also called National Language or Chinese. Mandarin is based on:

   A. 北方话 Northern dialects　　B. 南方话 Southern dialects

3. 普通话的语音基础是：

   The pronunciation of Mandarin is based on:

   A. 北京话的语音 the pronunciation of Beijing dialect

   B. 上海话的语音 the pronunciation of Shanghai dialect

4. 普通话就是北京话吗？ Is Mandarin exactly Beijing dialect?

   A. 是 Yes　　B. 不是 No

## 学习后记 Summary

| 词语 Vocabulary | 语言点 Grammar |
| --- | --- |
| | |

# 32 我姐姐出来了
## My Sister Is Coming Out

## 学习提示 Learning Tips

| | |
|---|---|
| 重点词<br>Key Words | 上　然后　进　出　穿　过　看见　习惯　这么　下 |
| 重点句<br>Key Sentences | 1. 咱们　从 哪儿 上去？<br>Zánmen cóng nǎr shàngqu?<br>2. 咱们　先 坐 电梯 上去，然后 从 左边 的 门 进去。<br>Zánmen xiān zuò diàntī shàngqu, ránhòu cóng zuǒbian de mén jìnqu.<br>3. 我 姐姐 出来 了。<br>Wǒ jiějie chūlai le.<br>4. 他　晚上　有 课，就 先 回 学校 去 了。<br>Tā wǎnshang yǒu kè, jiù xiān huí xuéxiào qu le.<br>5. 听 你 这么 说，我 也 想 去 中国。<br>Tīng nǐ zhème shuō, wǒ yě xiǎng qù Zhōngguó. |
| 功能<br>Function | 接人　Picking sb. up |

## 热身活动 Warm-up

### 想一想 Think about the following questions

1. 现在你在哪儿学汉语？ Where are you studying Chinese now?
2. 你想去中国学汉语吗？你觉得在中国学汉语怎么样？
   Would you like to study Chinese in China? What do you think of studying Chinese in China?
3. 说说中国跟你们国家哪些地方不一样。
   Talk about the differences between China and your own country.
4. 你喜欢中国的什么东西？ What do you like about China?

## 课文 Texts

32-01

### （一）

（安娜的妹妹丽莎和伊凡在机场的地下停车场）
(Ānnà de mèimei Lìshā hé Yīfán zài jīchǎng de dìxià tíngchēchǎng)

丽莎：咱们从哪儿上去？
Lìshā: Zánmen cóng nǎr shàngqu?

伊凡：那边有电梯，咱们先坐电梯上去，然后[1]从左边的门进去。
Yīfán: Nàbian yǒu diàntī, zánmen xiān zuò diàntī shàngqu, ránhòu cóng zuǒbian de mén jìnqu.

（在机场大厅）
(Zài jīchǎng dàtīng)

丽莎：快看，我姐姐出来了，就是那个穿黑衣服的。她过来了，过来了！
Lìshā: Kuài kàn, wǒ jiějie chūlai le, jiù shì nàge chuān hēi yīfu de. Tā guòlai le, guòlai le!

伊凡：哦，看见 了。安娜，我们 在 这儿！
Yīfán: Ò, kànjiàn le. Ānnà, wǒmen zài zhèr!

安娜：让 你们 久等 了，飞机 晚点 了。丽莎，你 男朋友 呢[2]？
Ānnà: Ràng nǐmen jiǔděng le, fēijī wǎndiǎn le. Lìshā, nǐ nánpéngyou ne?

丽莎：他 晚上 有 课，就[3] 先 回 学校 去 了。
Lìshā: Tā wǎnshang yǒu kè, jiù xiān huí xuéxiào qu le.

伊凡：安娜，今天 你 真 漂亮！ 怎么样，在 北京 习惯 吗？
Yīfán: Ānnà, jīntiān nǐ zhēn piàoliang! Zěnmeyàng, zài Běijīng xíguàn ma?

安娜：很 习惯。北京 又 大 又 漂亮， 名胜 古迹 很 多。你 也 应该 去 看看。
Ānnà: Hěn xíguàn. Běijīng yòu dà yòu piàoliang, míngshèng gǔjì hěn duō. Nǐ yě yīnggāi qù kànkan.

丽莎：听 你 这么[4] 说，我 也 想 去 中国。 回去 以后 你 再 好好儿 给 我 讲讲。
Lìshā: Tīng nǐ zhème shuō, wǒ yě xiǎng qù Zhōngguó. Huíqu yǐhòu nǐ zài hǎohāor gěi wǒ jiǎngjiang.

安娜：好。我 拍了 很 多 照片， 还 买了 很 多 礼物，回去 给 你们 看看。
Ānnà: Hǎo. Wǒ pāile hěn duō zhàopiàn, hái mǎile hěn duō lǐwù, huíqu gěi nǐmen kànkan.

伊凡：那 我们 快 走 吧， 从 这儿 下去。
Yīfán: Nà wǒmen kuài zǒu ba, cóng zhèr xiàqu.

## 练一练 Exercises

1. 听课文，说说你听到了什么 Listen to the text and talk about what you hear.
2. 跟老师读课文 Read the text after the teacher.
3. 三人一组，分角色读 Work in groups of three to play the roles and read the text.
4. 先回答问题，再根据课文内容互相提问
   Answer the following questions and then ask each other questions based on the text.

（1）今天丽莎和伊凡去机场接谁？
（2）丽莎和伊凡为什么在机场等了很长时间？
（3）安娜觉得北京怎么样？
……

5. 三人一组，根据提示分角色表演

Work in groups of three and play the roles based on the following hints.

| 丽莎 | 伊凡 | 安娜 |
|---|---|---|
| 从……上去？ | ……有电梯 | 让……久等 |
| 出来　就是 | 先……然后…… | 晚点　……呢？ |
| 过来 | 看见 | 很习惯 |
| 有课 | 漂亮　习惯 | 又……又…… |
| 先回……去了 | 快走 | 名胜古迹　也应该 |
| 听……这么说 | 从……下去 | 拍……照片 |
| 想去 | | 买……礼物 |
| 好好儿 | | 回去给……看看 |

## （二）

（丽莎说）

今天我们去机场接姐姐。飞机晚点了，我们等了两个小时。我男朋友因为晚上有课，就先回学校去了。两个小时以后，姐姐从里边出来了。她穿的是黑衣服，很漂亮。她说她在北京很习惯，北京又大又漂亮，名胜古迹很多，我们以后都应该去看看。听她这么说，我也很想去看看。姐姐还说她拍了很多照片，买了很多礼物，我们都非常高兴。

### 练一练　Exercises

1. 朗读课文　Read the text aloud.

2. 复述课文　Retell the text.

今天我们去机场____________________。飞机____________________，我们等了____________________。我男朋友因为____________________，

就先＿＿＿＿＿＿＿＿＿＿了。＿＿＿＿＿＿＿＿＿＿以后，姐姐＿＿＿＿＿＿＿＿了。她穿的＿＿＿＿＿＿＿＿＿＿，很＿＿＿＿＿＿＿＿。她说＿＿＿＿＿＿＿＿＿＿，北京＿＿＿＿＿＿＿＿＿＿，名胜古迹＿＿＿＿＿＿＿＿＿＿，我们以后都＿＿＿＿＿＿＿＿＿＿。听她＿＿＿＿＿＿＿＿＿＿，我也＿＿＿＿＿＿＿＿＿＿。姐姐还说＿＿＿＿＿＿＿＿＿＿，买了＿＿＿＿＿＿＿＿＿＿，我们都＿＿＿＿＿＿＿＿＿＿＿＿＿＿。

## 生词 New Words

32-02

| 序号 No. | 词语 Word | 拼音 *Pinyin* | 词性 Word Class | 英文释义 Meaning in English | 例子 Example(s) |
|---|---|---|---|---|---|
| 1 | 妹妹 | mèimei | N | younger sister | 我妹妹　两个妹妹 |
| 2 | 地下 | dìxià | N | underground | 在地下　地下商场 (shāngchǎng, shopping mall) |
| 3 | 停车场 | tíngchēchǎng | N | parking lot | 地下停车场　在停车场 |
|  | 停车 | tíngchē | VO | to stop or park a car, bus, etc. | 停一下车　在……停车　马上停车 |
| 4 | 上 | shàng | V | to come or go up; to get on | 上来　上去　上楼　上车 |
| 5 | 那边 | nàbian | Pr | there | 在那边　看那边　往那边走 |
|  | 这边 | zhèbian | Pr | here | 看这边　这边漂亮 |
| 6 | 电梯 | diàntī | N | lift; elevator | 上电梯　在电梯里 |
| 7 | 然后 | ránhòu | Conj | then; after that; afterwards | 先……，然后…… |
| 8 | 进 | jìn | V | to enter | 进来　进去　请进 |
| 8 | 大厅 | dàtīng | N | hall; lobby | 在大厅里 |
| 10 | 姐姐 | jiějie | N | elder sister | 一个姐姐　我姐姐 |
| 11 | 出 | chū | V | to come or go out | 出来　出去 |
| 12 | 穿 | chuān | V | to wear; to put on | 穿什么　穿得很漂亮 |

| | | | | | |
|---|---|---|---|---|---|
| 13 | 黑 | hēi | A | black; dark | 很黑 有点儿黑 黑色 |
| 14 | 衣服 | yīfu | N | clothing; clothes; dress | 一件衣服 穿衣服<br>买衣服 做衣服 |
| 15 | 过 | guò | V | to go through or across; to pass | 过来 过去 |
| 16 | 哦 | ò | Int | (*indicating realization or understanding*) ah; oh | 哦，我知道了 |
| 17 | 看见 | kànjiàn | V | to see; to catch sight of | 看见他 看见了 没看见 |
| 18 | 久等 | jiǔděng | V | to wait for a long time | 让您 / 你 / 你们久等了 |
| 19 | 飞机 | fēijī | N | airplane | 上飞机 坐飞机 在飞机上 |
| 20 | 晚点 | wǎndiǎn | V | (of a train, ship, plane, etc.) to be late | 飞机晚点 晚点一个小时 |
| 21 | 男朋友 | nánpéngyou | N | boyfriend | 我男朋友 有男朋友 |
| | 女朋友 | nǚpéngyou | N | girlfriend | 有女朋友 没有女朋友 |
| 22 | 习惯 | xíguàn | V/N | to get used to/habit | 习惯这儿的天气<br>对……很习惯<br>好习惯 坏 (huài, bad) 习惯 |
| 23 | 听 | tīng | V | to listen to | 听录音 听一下 听见 |
| 24 | 这么 | zhème | Pr | so; like this | 这么好 这么便宜<br>这么喜欢 |
| 25 | 下 | xià | V | to come or go down; to get off | 下来 下去 下楼 下车 |

## 专有名词 Proper Noun

| | | |
|---|---|---|
| 丽莎 | Lìshā | Lisa, name of a Russian girl. Please refer to "Introduction to the Main Characters" for details. |

## 注释 Notes

[1] **"先……，然后……" The construction "先……，然后……"**

"先……，然后……"表示动作的先后顺序。

The construction "先……，然后……" is used to indicate the order of actions.

（1）我们先复习十分钟，然后讲第三十二课。

（2）你们可以先坐公共汽车到西直门，然后换地铁到天安门。

（3）下课以后我先回宿舍，然后再去银行。

### 练一练 Exercises

用"先……，然后……"回答问题

Answer the following questions using "先……，然后……".

（1）下课以后你去哪儿？

（2）我们每天上课都做些什么？

（3）你每天晚上怎么学习？

### [2] "N/Pr + 呢" The structure "N/Pr + 呢"

"N/Pr + 呢"，表示疑问，用于询问人或事物所在的地点。

The structure "N/Pr + 呢" is used to ask about the location of somebody or something.

（1）A：爱子呢？

B：爱子在教室。

（2）A：我的书呢？

B：你的书在杰克那儿。

（3）A：啊！你们来了！他们呢？

B：他们正在路上，马上到。

### 练一练 Exercises

用"N/Pr + 呢"改写句子 Rewrite the sentences using "N/Pr + 呢".

（1）金大成在哪儿？

→

（2）你的字典在哪儿？我想用一下。

→

（3）你女朋友去哪儿了？

→

## [3] 副词“就”（表示承接） The adverb “就” (bridging actions/events)

“就”表示承接时有两种情况：

“就” acts as a bridge in the following two situations:

1）用来连接两个具有因果关系的动作或情况。

It is used to bridge two actions or events, which have a cause-effect relationship.

（1）我今天觉得很累，就没去上课。
（2）听说那个地方很远，我们就换了个地方。
（3）你说今天不行，那我们就明天去吧。

2）用来表示第一个动作或情况结束后紧接着发生第二个动作或情况。

It is used to bridge two actions or events, with the second action/event taking place immediately after the first.

（1）她感冒刚好就去上课了。
（2）她让我到中国以后就给她打电话。
（3）我下课以后就去你的宿舍，行吗？

**多知道一点儿**

A：你每天晚上九点半就睡觉？你睡得也太早了吧！

B：可是我早上很早就起床啊！我四点就起床，只睡六个半小时。

### 练一练 Exercises

给“就”选择恰当的位置

Choose a proper position for “就” in each sentence.

（1）__A__她__B__不舒服，__C__去医院了__D__。

（2）__A__她觉得__B__那件衣服__C__很漂亮，__D__买了。

（3）__A__姐姐__B__刚__C__回国__D__病了。

（4）__A__我们下课__B__以后__C__去__D__办银行卡吧。

## [4] 指示代词“这么” The demonstrative pronoun “这么”

后接动词或形容词，常用来表示动作的方式或形容词的程度。

The demonstrative pronoun “这么” is often used before a verb or an adjective to indicate the manner of an action or the degree of a property.

（1）这个汉字这么写不对。

（2）从学校到天安门这么坐车最快。

（3）你们这么喜欢这首歌，我们就再唱一遍吧。

（4）成都的自然风景这么美，我们一定要去看看。

### 练一练 Exercises

给“这么”选择恰当的位置 Choose a proper position for “这么” in each sentence.

（1）__A__烤鸭（kǎoyā, roast duck）不__B__应该__C__吃，我教你怎么吃。

（2）__A__这个词（cí, word）__B__我们不__C__用。

（3）你__A__点__B__多菜，__C__太浪费了。

（4）__A__今天__B__冷，__C__你穿得太少了。

## 语法 Grammar

### 1 简单趋向补语“（V+）来 / 去” The simple complement of direction “（V+）来 / 去”

“来”“去”可以放在一些动词后面，用于表示动作的趋向，构成简单趋向补语。“来”表示动作朝着说话人的方向，“去”表示动作背离说话人的方向。如图：

When put after certain verbs, “来” or “去” can act as a simple complement of direction indicating the direction of an action. “来” indicates the action proceeds towards the speaker, while “去” away from the speaker. See the picture below:

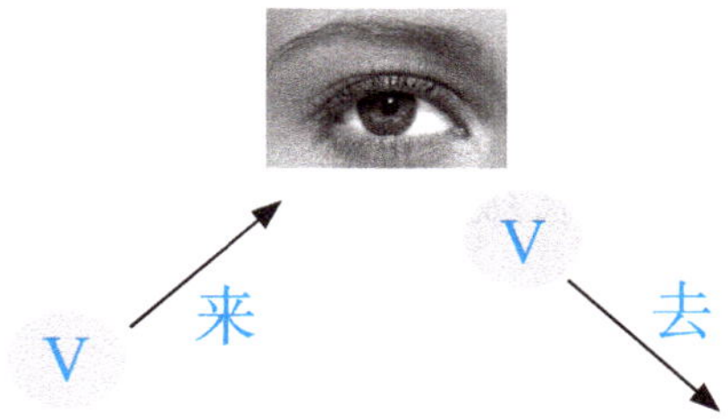


放在“来 / 去”前边的动词通常有两类：一类为表示主体移动的动作类动词，如“上”“下”“进”“出”“回”“过”“起”等；另一类为携带、传递类动词，如“送、拿（ná, to take）、带（dài, to bring）、买、寄（jì, to mail）、发（fā, to send）等。

There are two categories of verbs that can be put before “来 / 去” : verbs denoting movement, such as “上”, “下”, “进”, “出”, “回”, “过” and “起”, etc., and verbs denoting carrying or delivering something, such as “送”, “拿 (ná, to take)”, “带 (dài, to bring)”, “买”, “寄 (jì, to mail)” and “发 (fā, to send)”, etc.

1）表示主体移动的动作类动词与简单趋向补语“来 / 去”的搭配如下：

The simple complement of direction “来 / 去” used with verbs denoting movement:

| V / 趋向补语 | 上 | 下 | 进 | 出 | 回 | 过 | 起 |
| --- | --- | --- | --- | --- | --- | --- | --- |
| 来 | 上来 | 下来 | 进来 | 出来 | 回来 | 过来 | 起来 |
| 去 | 上去 | 下去 | 进去 | 出去 | 回去 | 过去 | |

看！他上来了。

她上去了。

她下来了。

他下去了。

请进来吧。

他要进去。

她出来了。

她出去了。

妈妈回来了。

她回去了。

他们过来了。

他们过去了。

请起来。

如果这些动词有处所宾语，处所宾语应在“V”和“来”“去”之间。

If the verb takes a location as its object, the location should be inserted between the verb and “来” or “去”.

V + Location + 来 / 去

（1）我们进屋（wū, room）去吧，屋里暖和。
（2）你马上上楼来，我在楼上等你。
（3）我不太舒服，我现在要回宿舍去。

**注意： Note:**

（1）我们进去屋吧，屋里暖和。 （×）
（2）你马上上来楼，我在楼上等你。 （×）
（3）我不太舒服，我现在要回去宿舍。 （×）

2）表示携带、传递类的动词与简单趋向补语“来 / 去”的搭配如下：

The simple complement of direction “来 / 去” used with verbs denoting carrying or delivering something:

| V / 趋向补语 | 送 | 拿 | 带 | 买 | 寄 | 发 |
|---|---|---|---|---|---|---|
| 来 | 送来 | 拿来 | 带来 | 买来 | 寄来 | 发来 |
| 去 | 送去 | 拿去 | 带去 | 买去 | 寄去 | 发去 |

有宾语时，宾语位置如下：

If there is an object, the structure should be:

V + 来 / 去 + O

（1）我刚给你发去了几张照片，你看看。
（2）她男朋友给她送来了一些感冒药。
（3）姐姐要从日本给我寄来一些日文书。

有时，宾语也可以放在动词和“来”“去”之间。

Sometimes the object can also be put between the verb and “来” or “去”.

V + O + 来 / 去

（1）我给你们拿了一些水果来，你们尝尝吧。
（2）你给他们带一点儿茶去吧。
（3）妈妈打算给我寄五千块钱来。

## 练一练 Exercises

1. 替换练习 Substitution drills.

（1）咱们 坐电梯 上去。

| | | |
|---|---|---|
| 你们 | 坐出租车 | 过来 |
| 我们 | 坐飞机 | 回去 |
| 他们 | 开车（to drive） | 进去 |

（2）我姐姐 出来 了。

| | |
|---|---|
| 老师 | 过来 |
| 妹妹 | 回来 |
| 电梯 | 下来 |

2. 用"V+ 来 / 去"完成句子 Complete the following sentences using "V+ 来 / 去".

（1）他很不舒服，老师让他________了。

（2）我男朋友今天从美国________，下午我要去机场接他。

（3）听说你从日本________了一些好东西，给我们看看吧。

（4）你看，电梯刚________，我们再等一会儿吧。

（5）那边有一家饭馆，我们________吃饭吧。

（6）你在房间里做什么？快________，跟我们一起打篮球吧。

（7）我有很多书给你，你________拿吧。

3. 给括号中的词选择恰当的位置 Choose a proper position for each word in the brackets.

（1）外边太冷了，我们__A__快点儿__B__进__C__去__D__吧。 （屋）

（2）咱们__A__先__B__上__C__去__D__吧，我想喝点儿水。 （楼）

（3）他有点儿不舒服，__A__先__B__回__C__去__D__了。 （宿舍）

（4）__A__他们__B__刚从__C__出来__D__，我们快点儿吧。 （机场）

（5）爱子不在这儿，__A__她已经__B__回__C__去__D__了。 （家）

## 2 连动句（表示方式） A sentence with serial verb phrases (indicating manner)

有的连动句中，第一个动词或动词短语表示第二个动作的方式。

In some sentences with serial verb phrases, the first verb or verb phrase indicates the manner of the action denoted by the second verb or verb phrase.

（1）我们坐电梯上去。

（2）我们应该多跟中国人用汉语聊天儿。

（3）我喜欢用手机上网。

（4）你等等我，我马上坐出租车过去。

### 练一练 Exercises

用连动句完成对话

Complete the following dialogues using sentences with serial verb phrases.

（1）A：故宫很远，我们怎么去？

B：你可以________________________去故宫。

（2）A：我觉得在银行的窗口取（qǔ, to draw; to withdraw）钱不太方便。

B：对，我觉得________________________更方便。

（3）A：你们老师上课的时候说哪种语言？

B：________________________。

## 情景交际 Communication

假设你放假了，回国时，朋友来机场接你，跟朋友聊聊你眼中的中国。准备时间：3～5分钟。

Suppose your friend picks you up at the airport when you get to your home country on a vacation. Talk to your friend about China in your eyes. Preparation time: 3-5 minutes.

提示 Tips

出来　过来　习惯　应该　照片　礼物

让……久等　从……下去（出去）

## 写作 Writing

### 添句成段 Write more sentences to compose a paragraph

在所给句子前后加上两三句话，把它补充成一段完整的文字。

Write two or three sentences before or after the given sentence to make a complete passage.

女朋友出来的时候已经五点了

______________________________

______________________________

______________________________

## 语音 Pronunciation

### 趣味朗读 Interesting reading material

32-03

我 从 中国 来
Wǒ cóng Zhōngguó lái

我 从 中国 来，带来 好 礼物。
Wǒ cóng Zhōngguó lái, dàilai hǎo lǐwù.

绿茶 和 红茶， 朋友 都 喜欢。
Lǜchá hé hóngchá, péngyou dōu xǐhuan.

他 到 北京 去，送去 友谊 (friendship) 花 (flower)。
Tā dào Běijīng qù, sòngqu yǒuyì huā.

同 住 地球 (earth; globe) 上， 我们 是 一 家。
Tóng zhù dìqiú shang, wǒmen shì yì jiā.

## 汉字 Characters

### 1 汉字的部件（17） Components of Chinese characters (17)

| | | |
|---|---|---|
| 欠 qiànzìpáng mouth; mood | 歌 song | 哥＋欠 |
| | 款 fund | 款＋欠 |

| | | |
|---|---|---|
| 攵 fǎnwénpáng action | 散 to become separate | 昔＋攵 |
| | 教 to teach | 孝＋攵 |

### 2 认写基本汉字 Learn and write the basic Chinese characters

（1）衣 yī clothes

丶 亠 ナ 衣 衣 衣 6 strokes

（2）久 jiǔ for a long time

丿 ク 久 3 strokes

（3）飞 fēi to fly

乁 飞 飞 3 strokes

### 3 认写本课汉字 Learn and write the Chinese characters in this lesson

（1）姐姐 jiějie elder sister

姐 → 女＋且 elder sister

（2）妹妹 mèimei younger sister

妹 → 女＋未 younger sister

（3）停车场 tíngchēchǎng parking lot

停 → 亻＋亠＋口＋冖＋丁 to stop

（4）进 jìn to enter
进 → 井＋辶

（5）大厅 dàtīng hall; lobby
厅 → 厂＋丁 hall

（6）电梯 diàntī lift; elevator
梯 → 木＋弟 ladder; stairs

（7）穿 chuān to wear; to put on
穿 → 穴＋牙

（8）黑 hēi black; dark
黑 → 口＋丷＋土＋灬

（9）哦 ò (*indicating realization or understanding*) ah; oh
哦 → 口＋我

（10）男朋友 nánpéngyou boyfriend
男 → 田＋力 man; male

（11）习惯 xíguàn to get used to/habit
惯 → 忄＋毌＋贝 to be used to

## 实践活动 Activity

**走一走，问一问 Go for a survey**

问问你的同学、朋友，请他们说说他们觉得中国的以下各方面怎么样。

Ask your classmates and friends to talk about what they think of the situations in China in the following aspects.

| 姓名 | 中国的…… | | | | | | |
|---|---|---|---|---|---|---|---|
| | 衣 | 食 | 住 | 交通（jiāotōng, transportation） | 教育（jiàoyù, education） | 娱乐（yúlè, entertainment） | 中国人 |
| | | | | | | | |
| | | | | | | | |
| | | | | | | | |
| | | | | | | | |

## 文化点滴 Cultural Note

想热闹，去东南；想安静，去西部。

Go to southeast China if you like busy cities; go to the west if you prefer a quiet life.

### 中国的行政区划

Zhōngguó de xíngzhèng qūhuà

Administrative Divisions in China

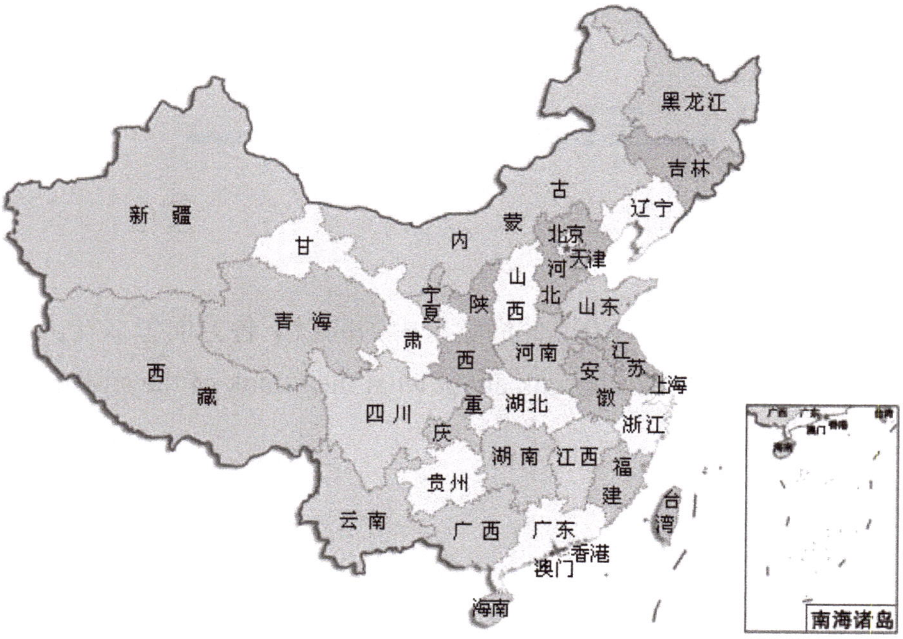

**圈一圈，答一答　Circle on the map and do the exercises**

1. 圈出你知道的地方。

   Circle the places you know.

2. 试着写出你去过的城市的名字。

   Try to write down the names of the cities you have been to.

3. 你最喜欢哪个城市？

   Which is your favourite city?

## 学习后记　Summary

**词语　Vocabulary**

**语言点　Grammar**

## 注释、语法：单元总结（六）（第 29 课～第 32 课）
## Notes and Grammar: Unit Review 6 (Lesson 29 ~ Lesson 32)

| 课号 Lesson | | 注释 / 语法 Note / Grammar | 页码 Page No. | 例句 Example sentence | 我的句子 My sentence |
|---|---|---|---|---|---|
| 第29课 | 注释 | 副词“刚” | 204 | 我刚开始学。 | |
| | | “咱们”和“我们” | | 咱们学校的王老师打得非常好。 | |
| | | 介词“跟” | | 你跟他学吧。 | |
| | 语法 | 情态补语 | 206 | 他演得不错。听说他歌也唱得非常好。 | |
| | | 汉语的主要句子成分：补语 | | 我睡得晚，起得也晚。 | |
| 第30课 | 注释 | “又”和“再” | 221 | 我昨天又看了一场篮球比赛。 | |
| | | 副词“更” | | 不过我更喜欢乔丹。 | |
| | | 能愿动词“会”（表示擅长） | | 你真会开玩笑。 | |
| | 语法 | 情态补语的扩展用法 | 223 | 我跑得没有乔丹快，长得没有姚明高，可是我篮球打得比他们好。 | |
| 第31课 | 注释 | 某人＋“那儿 / 这儿” | 238 | 你那儿十二点了吧。 | |
| | | “……的时候” | | 我原来打算放假的时候去旅游。 | |
| | 语法 | 副词“正在”“在” | 239 | 我正在收拾行李。我也在学汉语。 | |
| 第32课 | 注释 | “先……，然后……” | 253 | 咱们先坐电梯上去，然后从左边的门进去。 | |
| | | “N/Pr＋呢” | | 你男朋友呢？ | |
| | | 副词“就”（表示承接） | | 他晚上有课，就先回学校去了。 | |
| | | 指示代词“这么” | | 听你这么说，我也想去中国。 | |
| | 语法 | 简单趋向补语“（V＋）来 / 去” | 256 | 咱们从哪儿上去？ | |
| | | 连动句（表示方式） | | 咱们先坐电梯上去。 | |

# 生词表
# Vocabulary Index

| 词语<br>Word / Phrase | 拼音<br>*Pinyin* | 词性<br>Word Class | 英文释义<br>Meaning in English | 课号<br>Lesson |
|---|---|---|---|---|
| **A** | | | | |
| 哎 | āi | Int | (*used as a reminder or warning*) hey; ah | 30 |
| 哎呀 | āiyā | Int | *expressing surprise or dissatisfaction* | 29 |
| 爱 | ài | V/N | to love; to like/love | 22 |
| **B** | | | | |
| 爸爸 | bàba | N | father | 21 |
| 白 | bái | A | white | 24 |
| 百 | bǎi | Num | hundred | 20 |
| 办 | bàn | V | to do; to handle; to apply for | 26 |
| 棒 | bàng | A | good; amazing | 23 |
| 包子 | bāozi | N | steamed stuffed bun | 17 |
| 北 | běi | N | north | 18 |
| 北边 | běibian | N | north; northern side | 18 |
| 比 | bǐ | Prep | than | 26 |
| 比较 | bǐjiào | Adv/ V | relatively; quite; rather/to compare | 26 |
| 比如 | bǐrú | V | for example | 25 |
| 比赛 | bǐsài | N/V | match; contest; competition; game/ to compete; to contest | 30 |
| 遍 | biàn | M | (*for actions*) once through | 22 |
| 别 | bié | Adv | don't | 25 |
| 别的 | biéde | Pr | other; another | 29 |
| 病 | bìng | N/V | illness; disease/to be ill; to be sick | 25 |
| 不错 | búcuò | A | good; not bad | 17 |
| 不过 | búguò | Conj | but; however | 23 |
| 不见不散 | bú jiàn bú sàn | | to not leave before seeing each other | 19 |
| 不客气 | bú kèqi | | you're welcome | 24 |

| | | | | |
|---|---|---|---|---|
| 不用 | búyòng | Adv | need not | 24 |
| 部 | bù | M | *a measure word for books, films, etc.* | 29 |

## C

| | | | | |
|---|---|---|---|---|
| 菜 | cài | N | dish; cuisine | 17 |
| 参加 | cānjiā | V | to take part in; to attend | 30 |
| 操场 | cāochǎng | N | playground | 29 |
| 茶 | chá | N | tea | 20 |
| 查 | chá | V | to look up; to consult | 23 |
| 尝 | cháng | V | to taste | 28 |
| 常 | cháng | Adv | often | 17 |
| 常常 | chángcháng | Adv | often | 17 |
| 场 | chǎng | M | *a measure word for recreational or sports activities* | 30 |
| 唱 | chàng | V | to sing | 22 |
| 唱歌 | chànggē | VO | to sing a song | 19 |
| 炒 | chǎo | V | to stir-fry | 20 |
| 车 | chē | N | vehicle | 18 |
| 车站 | chēzhàn | N | (bus) stop; (railway) station | 18 |
| 吃 | chī | V | to eat | 17 |
| 吃饭 | chīfàn | VO | to eat; to have a meal | 31 |
| 抽烟 | chōuyān | VO | to smoke | 23 |
| 出 | chū | V | to come or go out | 32 |
| 出租车 | chūzūchē | N | taxi | 18 |
| 穿 | chuān | V | to wear; to put on | 32 |
| 窗口 | chuāngkǒu | N | window | 26 |
| 次 | cì | M | time; occasion | 24 |
| 从 | cóng | Prep | from | 18 |

## D

| | | | | |
|---|---|---|---|---|
| 打 | dǎ | V | to play | 30 |
| 打针 | dǎzhēn | VO | to give or take an injection | 24 |
| 大家 | dàjiā | Pr | all; everyone; everybody | 22 |
| 大厅 | dàtīng | N | hall; lobby | 32 |
| 当然 | dāngrán | Adv | of course | 30 |
| 到 | dào | V | to arrive; to reach; to get to | 18 |

| | | | | |
|---|---|---|---|---|
| 得 | de | Pt | *a structural particle used before a complement of result or degree* | 29 |
| 等 | děng | V | to wait | 19 |
| 地方 | dìfang | N | place | 27 |
| 地铁 | dìtiě | N | underground; subway | 18 |
| 地下 | dìxià | N | underground | 32 |
| 弟弟 | dìdi | N | younger brother | 27 |
| 第 | dì | Pref | *indicating ordinal numbers* | 25 |
| 第一 | dìyī | Num | first | 25 |
| 点菜 | diǎn cài | | to order dishes | 20 |
| 电视 | diànshì | N | TV | 23 |
| 电梯 | diàntī | N | lift; elevator | 32 |
| 电影 | diànyǐng | N | film; movie | 29 |
| 东 | dōng | N | east | 18 |
| 冬天 | dōngtiān | N | winter | 27 |
| 豆腐 | dòufu | N | tofu | 19 |
| 对不起 | duìbuqǐ | V | I'm sorry; sorry; excuse me | 23 |
| 对……感兴趣 | duì…… gǎn xìngqù | | to be interested in | 21 |

**F**

| | | | | |
|---|---|---|---|---|
| 饭馆 | fànguǎn(r) | N | restaurant | 19 |
| 放假 | fàngjià | VO | to have a holiday or vacation | 31 |
| 飞机 | fēijī | N | airplane | 32 |
| 非常 | fēicháng | Adv | very; extremely | 29 |
| 分钟 | fēnzhōng | N | minute | 24 |
| 风景 | fēngjǐng | N | scenery; view | 27 |
| 附近 | fùjìn | N | nearby; in the vicinity | 19 |
| 复习 | fùxí | V | to review; to revise | 25 |

**G**

| | | | | |
|---|---|---|---|---|
| 感冒 | gǎnmào | N/V | cold; influenza/to catch a cold | 24 |
| 刚 | gāng | Adv | just; only a short while ago | 29 |
| 高 | gāo | A | tall; high | 30 |
| 告诉 | gàosu | V | to tell | 27 |
| 歌 | gē | N | song | 22 |

| | | | | |
|---|---|---|---|---|
| 歌词 | gēcí | N | lyrics | 22 |
| 给 | gěi | Prep | to; for | 27 |
| 跟 | gēn | Prep | with; to; from | 21 |
| 更 | gèng | Adv | more; even more | 30 |
| 公共汽车 | gōnggòng qìchē | | bus | 18 |
| 公司 | gōngsī | N | company | 31 |
| 功夫 | gōngfu | N | kung fu | 29 |
| 逛 | guàng | V | to stroll; to roam | 28 |
| 贵 | guì | A | expensive | 17 |
| 过 | guò | V | to go through or across; to pass | 32 |

## H

| | | | | |
|---|---|---|---|---|
| 还是 | háishi | Conj | or | 19 |
| 汉语 | Hànyǔ | N | Chinese (language) | 31 |
| 汉字 | Hànzì | N | Chinese character | 31 |
| 好吃 | hǎochī | A | delicious; yummy | 17 |
| 好好儿 | hǎohāor | Adv | well; to one's heart's content | 24 |
| 好听 | hǎotīng | A | pleasant to hear | 22 |
| 好玩儿 | hǎowánr | A | amusing; interesting | 28 |
| 喝 | hē | V | to drink | 20 |
| 合适 | héshì | A | suitable; proper | 29 |
| 和 | hé | Conj | and | 17 |
| 黑 | hēi | A | black; dark | 32 |
| 红茶 | hóngchá | N | black tea | 21 |
| 花 | huā | V | to spend | 26 |
| 花茶 | huāchá | N | scented tea | 21 |
| 话 | huà | N | words; utterance | 28 |
| 欢迎 | huānyíng | V | to welcome | 20 |
| 环境 | huánjìng | N | environment; surroundings | 27 |
| 换 | huàn | V | to change; to exchange; to transfer | 18 |
| 回 | huí | V | to come or go back | 24 |
| 回国 | huí guó | | to return to one's own country | 31 |
| 回来 | huílai | V | to come back | 28 |
| 会 | huì | OpV/V | can; to be able to/to have knowledge of | 22 |
| 火锅 | huǒguō | N | hotpot | 28 |

## J

| | | | | |
|---|---|---|---|---|
| 机场 | jīchǎng | N | airport | 31 |
| 加油 | jiāyóu | VO | to cheer sb. on | 30 |
| 家 | jiā | M/N | *a measure word for families or business establishments*/home; family | 19 |
| 简单 | jiǎndān | A | simple | 22 |
| 见 | jiàn | V | to meet; to see | 19 |
| 见面 | jiànmiàn | VO | to meet | 31 |
| 件 | jiàn | M | piece | 21 |
| 健康 | jiànkāng | A | healthy | 25 |
| 讲 | jiǎng | V | to explain; to make clear | 25 |
| 交朋友 | jiāo péngyou | | to make friends | 28 |
| 教 | jiāo | V | to teach | 22 |
| 饺子 | jiǎozi | N | dumpling | 17 |
| 教室 | jiàoshì | N | classroom | 21 |
| 教学楼 | jiàoxuélóu | N | teaching building; classroom block | 23 |
| 接 | jiē | V | to pick up; to receive; to meet | 31 |
| 街 | jiē | N | street | 28 |
| 节日 | jiérì | N | festival; holiday | 25 |
| 结账 | jiézhàng | VO | to settle accounts; to pay a bill | 20 |
| 姐姐 | jiějie | N | elder sister | 32 |
| 介绍 | jièshào | V | to introduce | 29 |
| 斤 | jīn | M | *a measure word for weight* (=500g) | 20 |
| 进 | jìn | V | to enter | 32 |
| 近 | jìn | A | near; close | 18 |
| 久等 | jiǔděng | V | to wait for a long time | 32 |
| 句 | jù | M | *a measure word for sentences* | 28 |
| 觉得 | juéde | V | to feel; to think | 21 |

## K

| | | | | |
|---|---|---|---|---|
| 卡 | kǎ | N | card | 26 |
| 开始 | kāishǐ | V | to begin; to start | 29 |
| 开玩笑 | kāi wánxiào | | to joke; to make fun of | 30 |
| 看见 | kànjiàn | V | to see; to catch sight of | 32 |
| 看看 | kànkan | | to have a look | 20 |
| 考 | kǎo | V | to test; to give or take a test | 31 |

| | | | | |
|---|---|---|---|---|
| 咳嗽 | késou | V | to cough | 24 |
| 可……了 | kě……le | | so; very; extremely | 28 |
| 可能 | kěnéng | Adv | probably; maybe; perhaps | 24 |
| 可是 | kěshì | Conj | but; however | 26 |
| 可以 | kěyǐ | OpV | can; may | 21 |
| 客气 | kèqi | A | polite; modest | 24 |
| 快 | kuài | A | fast | 30 |

**L**

| | | | | |
|---|---|---|---|---|
| 辣 | là | A | spicy; hot | 20 |
| 来 | lái | V | to come | 20 |
| 篮球 | lánqiú | N | basketball | 30 |
| 浪费 | làngfèi | V | to waste | 26 |
| 了 | le | Pt | *used after a verb or an adjective to indicate the occurrence of a real or expected action or a change* | 25 |
| 累 | lèi | A | tired | 31 |
| 冷 | lěng | A | cold | 27 |
| 离 | lí | V | to be away from | 26 |
| 礼物 | lǐwù | N | gift; present | 21 |
| 聊天儿 | liáotiānr | VO | to chat | 21 |
| 零 | líng | Num | zero | 20 |
| 留 | liú | V | to leave behind; to leave | 25 |
| 留学 | liúxué | V | to study abroad | 27 |
| 流行 | liúxíng | A | popular; in vogue | 22 |
| 录音 | lùyīn | VO/N | to record/sound recording | 23 |
| 路上 | lùshang | N | on the road | 17 |
| 旅游 | lǚyóu | V | to travel; to tour | 31 |
| 绿茶 | lǜchá | N | green tea | 20 |

**M**

| | | | | |
|---|---|---|---|---|
| 妈妈 | māma | N | mother | 21 |
| 马上 | mǎshàng | Adv | at once; immediately | 31 |
| 忙 | máng | A | busy | 31 |
| 没关系 | méi guānxi | | never mind; that's OK | 31 |
| 每 | měi | Pr | every; each | 26 |
| 每天 | měi tiān | | every day | 26 |

| | | | | |
|---|---|---|---|---|
| 美 | měi | A | beautiful | 27 |
| 妹妹 | mèimei | N | younger sister | 32 |
| 门 | mén | N | door; gate | 18 |
| 米饭 | mǐfàn | N | cooked rice | 17 |
| 面条 | miàntiáo | N | noodles | 17 |
| 名胜古迹 | míngshèng gǔjì | | place of historical interest and scenic beauty | 27 |

**N**

| | | | | |
|---|---|---|---|---|
| 那边 | nàbian | Pr | there | 32 |
| 男朋友 | nánpéngyou | N | boyfriend | 32 |
| 南 | nán | N | south | 18 |
| 南方 | nánfāng | N | south; the southern part of a country | 27 |
| 难 | nán | A | difficult | 22 |
| 能 | néng | OpV | can; to be able to; to be capable of | 20 |
| 女朋友 | nǚpéngyou | N | girlfriend | 32 |
| 暖和 | nuǎnhuo | A | warm | 27 |
| 暖气 | nuǎnqì | N | central heating; heating | 27 |

**O**

| | | | | |
|---|---|---|---|---|
| 哦 | ò | Int | (*indicating realization or understanding*) ah; oh | 32 |

**P**

| | | | | |
|---|---|---|---|---|
| 拍 | pāi | V | to take (a picture) | 28 |
| 排队 | páiduì | VO | to line up; to form a line | 26 |
| 跑 | pǎo | V | to run | 30 |
| 朋友 | péngyou | N | friend | 22 |
| 便宜 | piányi | A | cheap; inexpensive | 17 |
| 片 | piàn | M | (flat, thin) piece | 24 |
| 票 | piào | N | ticket | 31 |
| 漂亮 | piàoliang | A | pretty; beautiful | 21 |
| 普通话 | pǔtōnghuà | N | Mandarin | 27 |

**Q**

| | | | | |
|---|---|---|---|---|
| 骑 | qí | V | to ride (an animal or bicycle) | 18 |
| 起 | qǐ | V | to get up, to rise | 29 |
| 汽车 | qìchē | N | car; automobile | 18 |
| 清楚 | qīngchu | A | clear; distinct | 23 |
| 情况 | qíngkuàng | N | situation; state of affairs | 27 |

| | | | | |
|---|---|---|---|---|
| 请 | qǐng | V | to invite | 19 |
| | qǐng | V | please | 22 |
| 球 | qiú | N | ball | 30 |
| 取 | qǔ | V | to get; to fetch | 26 |
| 取款机 | qǔkuǎnjī | N | automatic teller machine (ATM) | 26 |
| **R** | | | | |
| 然后 | ránhòu | Conj | then; after that; afterwards | 32 |
| 让 | ràng | V | to let; to allow | 22 |
| 容易 | róngyì | A | easy | 22 |
| **S** | | | | |
| 嗓子 | sǎngzi | N | throat; voice | 24 |
| 上 | shàng | V | to come or go up; to get on | 32 |
| 上网 | shàngwǎng | VO | to surf the Internet | 23 |
| 少 | shǎo | A | few; little | 26 |
| 谁 | shéi/shuí | Pr | who; whom | 22 |
| 什么的 | shénmede | Pt | and so on; etc. | 25 |
| 湿润 | shīrùn | A | humid; moist | 27 |
| 时候 | shíhou | N | time; moment | 26 |
| 时间 | shíjiān | N | time | 26 |
| 食堂 | shítáng | N | dining hall; canteen; cafeteria | 17 |
| 收拾 | shōushi | V | to put in order; to tidy up; to get ready | 31 |
| 手机 | shǒujī | N | mobile phone | 23 |
| 首 | shǒu | M | *a measure word for poems and songs* | 22 |
| 舒服 | shūfu | A | well; comfortable | 24 |
| 帅 | shuài | A | handsome; cute | 30 |
| 睡 | shuì | V | to sleep | 29 |
| 睡觉 | shuìjiào | VO | to sleep; to go to bed | 31 |
| 说 | shuō | V | to say; to speak; to talk | 18 |
| 丝 | sī | N | slice; shred | 20 |
| 送 | sòng | V | to give (as a present); to send | 21 |
| 所以 | suǒyǐ | Conj | so; therefore; as a result | 27 |
| **T** | | | | |
| 太 | tài | Adv | too; excessively | 17 |
| 太极拳 | tàijíquán | N | *taijiquan*, Chinese shadow-boxing | 29 |

| | | | | |
|---|---|---|---|---|
| 太……了 | tài……le | | too; so | 17 |
| 特别 | tèbié | Adv | uncommonly; extraordinarily; very | 19 |
| 疼 | téng | A | painful; aching | 24 |
| 天气 | tiānqì | N | weather | 27 |
| 条 | tiáo | M | *a measure word for narrow or long and thin things* | 28 |
| 听 | tīng | V | to listen to | 32 |
| 听说 | tīngshuō | V | to hear of; to be told | 19 |
| 停车 | tíngchē | V | to stop or park a car, bus, etc. | 32 |
| 停车场 | tíngchēchǎng | N | parking lot | 32 |
| 同学 | tóngxué | N | classmate | 23 |
| 头疼 | tóuténg | A | having a headache | 24 |
| 投 | tóu | V | to throw; to toss | 30 |
| 土豆 | tǔdòu | N | potato | 20 |

## W

| | | | | |
|---|---|---|---|---|
| 外 | wài | N | outside | 18 |
| 玩儿 | wánr | V | to play | 27 |
| 晚 | wǎn | A | late | 29 |
| 晚点 | wǎndiǎn | V | (of a train, ship, plane, etc.) to be late | 32 |
| 碗 | wǎn | N | bowl | 20 |
| 王 | wáng | N | king | 29 |
| 往 | wǎng | Prep | toward | 18 |
| 卫生间 | wèishēngjiān | N | toilet; bathroom | 23 |
| 为什么 | wèi shénme | | why | 27 |
| 位 | wèi | M | *a polite measure word for people* | 20 |
| 味道 | wèidao | N | taste; flavour | 17 |
| 喂 | wèi | Int | hello; hey | 31 |
| 问题 | wèntí | N | question; problem | 31 |

## X

| | | | | |
|---|---|---|---|---|
| 西 | xī | N | west | 18 |
| 习惯 | xíguàn | V/N | to get used to/habit | 32 |
| 喜欢 | xǐhuan | V | to like | 19 |
| 下 | xià | N | next | 28 |
| | xià | V | to come or go down; to get off | 32 |

| | | | | |
|---|---|---|---|---|
| 下车 | xià chē | | to get off (a bus, train, etc.) | 18 |
| 下次 | xià cì | | next time | 28 |
| 先 | xiān | Adv | first; before | 20 |
| 先生 | xiānsheng | N | Mr.; sir | 20 |
| 现在 | xiànzài | N | now | 20 |
| 想 | xiǎng | OpV/V | to want to; would like/to miss | 21 |
| 小 | xiǎo | A | small | 23 |
| 小吃 | xiǎochī | N | snack | 28 |
| 小时 | xiǎoshí | N | hour | 20 |
| 些 | xiē | M | some; a few | 24 |
| 写 | xiě | V | to write | 31 |
| 谢谢 | xièxie | V | to thank; thank you | 24 |
| 新 | xīn | A | new | 23 |
| 行李 | xíngli | N | luggage | 31 |
| 学 | xué | V | to learn; to study | 22 |
| 学校 | xuéxiào | N | school | 17 |
| ***Y*** | | | | |
| 颜色 | yánsè | N | colour | 21 |
| 演 | yǎn | V | to play; to act | 29 |
| 演员 | yǎnyuán | N | actor; actress | 29 |
| 药 | yào | N | medicine; drug | 24 |
| 要 | yào | OpV | must; should | 25 |
| 一定 | yídìng | Adv | shall; must; sure to | 28 |
| 一会儿 | yíhuìr | | a little while | 20 |
| 一下 | yíxià | | *used after a verb to indicate a short, random, informal action* | 25 |
| 一样 | yíyàng | A | same; alike | 27 |
| 一边 | yìbiān | Conj | (*indicating two actions taking place at the same time*) while; as | 23 |
| (一)点儿 | (yì)diǎnr | | a few; a little | 20 |
| 一直 | yìzhí | Adv | straight; continuously; always | 18 |
| 衣服 | yīfu | N | clothing; clothes; dress | 32 |
| 医生 | yīshēng | N | doctor | 24 |
| 医院 | yīyuàn | N | hospital | 24 |
| 已经 | yǐjīng | Adv | already | 26 |

| | | | | |
|---|---|---|---|---|
| 以后 | yǐhòu | N | after; since | 17 |
| 以前 | yǐqián | N | before; ago | 17 |
| 意思 | yìsi | N | interest; fun | 25 |
| 因为 | yīnwèi | Conj | because; for; since | 27 |
| 应该 | yīnggāi | OpV | should; ought to | 25 |
| 用 | yòng | V | to use | 31 |
| 有的 | yǒude | Pr | some | 27 |
| 有名 | yǒumíng | A | well-known; famous | 28 |
| 有（一）点儿 | yǒu(yì)diǎnr | Adv | somewhat; a little bit | 20 |
| 有意思 | yǒu yìsi | | interesting | 25 |
| 又 | yòu | Adv | again | 30 |
| 又……又…… | yòu……yòu…… | Adv | both...and... | 17 |
| 鱼 | yú | N | fish | 19 |
| 雨 | yǔ | N | rain | 27 |
| 语言 | yǔyán | N | language | 27 |
| 元 | yuán | M | *unit of Chinese currency* | 20 |
| 原来 | yuánlái | N/A | past/original; former | 31 |

## Z

| | | | | |
|---|---|---|---|---|
| 再 | zài | Adv | again; once more | 20 |
| 再见 | zàijiàn | V | good-bye | 24 |
| 在 | zài | Adv | in the process of | 31 |
| 咱们 | zánmen | Pr | we; us (including both the speaker and the listener) | 29 |
| 早 | zǎo | A | early | 29 |
| 早上 | zǎoshang | N | (early) morning | 29 |
| 怎么 | zěnme | Pr | (*used to indicate nature, condition or manner in general*) how | 18 |
| 怎么办 | zěnme bàn | | what to do; what should be done | 26 |
| 怎么样 | zěnmeyàng | Pr | (*used to ask about nature, condition, manner, volition, etc.*) how | 17 |
| 站 | zhàn | N | stop; station | 18 |
| 张 | zhāng | M | *a measure word for flat objects* | 26 |
| 长 | zhǎng | V | to grow; to appear | 30 |

| | | | | |
|---|---|---|---|---|
| 着急 | zháojí | A | worried; anxious | 25 |
| 照片 | zhàopiàn | N | picture; photograph | 28 |
| 这边 | zhèbian | Pr | here | 32 |
| 这么 | zhème | Pr | so; like this | 32 |
| 这些 | zhèxiē | Pr | these | 24 |
| 真 | zhēn | Adv | really | 23 |
| | zhēn | A | real; true | 31 |
| 正在 | zhèngzài | Adv | in the process of | 31 |
| 之 | zhī | Pt | *used to connect the modifier and the word modified* | 29 |
| 知道 | zhīdao | V | to know | 21 |
| 只 | zhǐ | Adv | only; merely | 22 |
| 中文 | Zhōngwén | N | Chinese (language) | 22 |
| 中午 | zhōngwǔ | N | noon | 17 |
| 种 | zhǒng | M | type; kind | 20 |
| 重要 | zhòngyào | A | important | 25 |
| 准 | zhǔn | A | accurate; precise | 30 |
| 自动 | zìdòng | A/Adv | automatic; automatically | 26 |
| 自然 | zìrán | N/A | nature/natural | 27 |
| 自行车 | zìxíngchē | N | bicycle | 18 |
| 字典 | zìdiǎn | N | dictionary | 23 |
| 总是 | zǒngshì | Adv | always | 26 |
| 走 | zǒu | V | to walk | 18 |
| 最 | zuì | Adv | most; to the greatest extent | 25 |
| 最好 | zuìhǎo | Adv | had better | 26 |
| 最近 | zuìjìn | N | recently | 31 |
| 左右 | zuǒyòu | N | approximately; about; or so | 18 |
| 坐 | zuò | V | to sit; to travel by; to take | 18 |

# 专有名词表
## Index of Proper Nouns

| 词语 Word / Phrase | 拼音 *Pinyin* | 英文释义 Meaning in English | 课号 Lesson |
|---|---|---|---|
| **B** | | | |
| 北京 | Běijīng | Beijing, capital of China | 27 |

| | | | |
|---|---|---|---|
| **C** | | | |
| 成都 | Chéngdū | Chengdu, capital of Sichuan Province | 27 |
| 成龙 | Chéng Lóng | Jackie Chan, a Hong Kong actor | 29 |
| 春节 | Chūnjié | Spring Festival | 25 |
| **D** | | | |
| 杜甫草堂 | Dùfǔ Cǎotáng | Du Fu Thatched Cottage, a park and museum in honour of the Tang Dynasty poet Du Fu (712-770) | 28 |
| 端午节 | Duānwǔ Jié | Dragon Boat Festival | 25 |
| **E** | | | |
| 俄罗斯 | Éluósī | Russia | 31 |
| **L** | | | |
| 乐山大佛 | Lèshān Dà Fó | Leshan Giant Buddha, the largest stone Buddha in the world | 28 |
| 丽莎 | Lìshā | Lisa, name of a Russian girl. Please refer to "Introduction to the Main Characters" for details. | 32 |
| 龙井茶 | Lóngjǐngchá | Longjing tea, a variety of green tea from Hangzhou, Zhejiang Province | 21 |
| **M** | | | |
| 麻婆豆腐 | Mápó dòufu | Mapo tofu, spicy and hot bean curd | 20 |
| **Q** | | | |
| 乔丹 | Qiáodān | Michael Jordan, an American basketball player | 30 |
| **T** | | | |
| 天安门 | Tiān'ānmén | Tian'anmen, a famous monument in Beijing | 18 |
| **W** | | | |
| 武侯祠 | Wǔhóu Cí | Wuhou Temple Memorial, a temple in honour of the famous strategist Zhuge Liang (181-234) | 28 |
| **X** | | | |
| 西直门 | Xīzhímén | Xizhimen, a transportation node in Beijing | 18 |
| **Y** | | | |
| 姚明 | Yáo Míng | Yao Ming, a Chinese basketball player | 30 |
| 伊凡 | Yīfán | Ivan, name of a Russian boy. Please refer to "Introduction to the Main Characters" for details. | 31 |
| 意大利 | Yìdàlì | Italy | 17 |
| **Z** | | | |
| 中国 | Zhōngguó | China | 19 |
| 中秋节 | Zhōngqiū Jié | Mid-Autumn Festival | 25 |

# 生字表
## Index of New Characters

| | | |
|---|---|---|
| 奂 | huàn | 18 |
| 换 | huàn | 18 |
| 回 | huí | 24 |
| 会 | huì | 20 |
| 火 | huǒ | 20,28 |

**J**

| | | |
|---|---|---|
| 机 | jī | 23 |
| 及 | jí | 29 |
| 极 | jí | 29 |
| 急 | jí | 25 |
| 迹 | jì | 27 |
| 加 | jiā | 30 |
| 家 | jiā | 19 |
| 假 | jià | 31 |
| 简 | jiǎn | 22 |
| 见 | jiàn | 19 |
| 件 | jiàn | 21 |
| 健 | jiàn | 25 |
| 讲 | jiǎng | 25 |
| 交 | jiāo | 28 |
| 饺 | jiǎo | 17 |
| 较 | jiào | 26 |
| 教 | jiào | 21 |
| 接 | jiē | 31 |
| 街 | jiē | 28 |
| 结 | jié | 20 |
| 姐 | jiě | 32 |
| 介 | jiè | 29 |
| 斤 | jīn | 18,20 |
| 进 | jìn | 32 |
| 近 | jìn | 18 |
| 经 | jīng | 26 |
| 井 | jǐng | 21,25 |
| 景 | jǐng | 27 |
| 境 | jìng | 27 |
| 久 | jiǔ | 32 |
| 句 | jù | 28 |
| 觉 | jué | 21 |

**K**

| | | |
|---|---|---|
| 卡 | kǎ | 26 |
| 康 | kāng | 25 |
| 考 | kǎo | 31 |
| 咳 | ké | 24 |
| 可 | kě | 18 |
| 客 | kè | 24 |
| 款 | kuǎn | 26 |
| 况 | kuàng | 27 |

**L**

| | | |
|---|---|---|
| 辣 | là | 20 |
| 来 | lái | 20 |
| 篮 | lán | 30 |
| 浪 | làng | 26 |
| 了 | le | 17,25 |
| 累 | lèi | 31 |
| 冷 | lěng | 27 |
| 离 | lí | 26 |
| 礼 | lǐ | 21 |
| 李 | lǐ | 31 |
| 利 | lì | 17 |
| 隶 | lì | 25 |
| 良 | liáng | 17 |
| 亮 | liàng | 21 |
| 聊 | liáo | 21 |
| 零 | líng | 20 |
| 令 | lìng | 20 |
| 流 | liú | 22 |
| 龙 | lóng | 21 |
| 录 | lù | 20,23 |
| 路 | lù | 17 |
| 旅 | lǚ | 31 |
| 绿 | lǜ | 20 |
| 罗 | luó | 31 |

**M**

| | | |
|---|---|---|
| 妈 | mā | 21 |
| 麻 | má | 20 |
| 忙 | máng | 31 |
| 冒 | mào | 24 |
| 每 | měi | 26 |
| 美 | měi | 27 |
| 妹 | mèi | 32 |
| 门 | mén | 18 |
| 米 | mǐ | 17 |
| 面 | miàn | 17 |
| 皿 | mǐn | 30 |
| 母 | mǔ | 26 |

**N**

| | | |
|---|---|---|
| 男 | nán | 32 |
| 南 | nán | 18 |
| 难 | nán | 22 |
| 能 | néng | 20 |
| 暖 | nuǎn | 27 |

**O**

| | | |
|---|---|---|
| 哦 | ò | 32 |

**P**

| | | |
|---|---|---|
| 拍 | pāi | 28 |
| 排 | pái | 26 |
| 跑 | pǎo | 30 |
| 朋 | péng | 22 |
| 片 | piàn | 24 |
| 票 | piào | 31 |
| 漂 | piào | 21 |
| 婆 | pó | 20 |
| 普 | pǔ | 27 |

**Q**

| | | |
|---|---|---|
| 骑 | qí | 18 |
| 乞 | qǐ | 17 |
| 气 | qì | 18,24 |
| 汽 | qì | 18 |
| 前 | qián | 17 |
| 欠 | qiàn | 19 |
| 乔 | qiáo | 30 |
| 且 | qiě | 17 |
| 清 | qīng | 23 |
| 情 | qíng | 27 |
| 秋 | qiū | 25 |
| 取 | qǔ | 26 |
| 趣 | qù | 21 |
| 拳 | quán | 29 |
| 犬 | quǎn | 27 |

**R**

| | | |
|---|---|---|
| 然 | rán | 27 |
| 让 | ràng | 22 |
| 容 | róng | 22 |
| 如 | rú | 25 |
| 润 | rùn | 27 |

**S**

| | | |
|---|---|---|
| 赛 | sài | 30 |
| 散 | sàn | 19 |
| 嗓 | sǎng | 24 |
| 色 | sè | 21 |
| 莎 | shā | 32 |
| 绍 | shào | 29 |
| 谁 | shéi/shuí | 22 |
| 身 | shēn | 24 |
| 胜 | shèng | 27 |
| 失 | shī | 18 |
| 湿 | shī | 27 |
| 时 | shí | 20 |
| 拾 | shí | 31 |
| 食 | shí | 17 |

# 本册单音节声调表

## Tones of Monosyllables in This Book

| 声调<br>Tone | 例字<br>Example characters |
| --- | --- |
| ˉ | 喝 跟 歌 新 真 些 多 张 说 交 拍 街 刚 高 哎 接 出 穿 黑 |
| ˊ | 骑 南 门 从 鱼 和 能 茶 零 元 来 谁 难 学 查 头 疼 白 留 没 别 离 尝 条 投 球 忙 回 |
| ˇ | 北 往 走 请 等 种 碗 百 想 首 小 讲 卡 比 少 美 冷 给 演 早 晚 起 场 准 跑 写 考 |
| ˋ | 菜 贵 又 问 坐 外 站 到 换 近 见 位 辣 这 再 送 件 会 唱 爱 遍 棒 药 次 片 病 最 第 要 办 句 话 逛 部 睡 更 帅 快 喂 让 累 用 票 上 进 过 下 |
| ○ | 得 |

# 本册双音节声调组合表

## Tones of Disyllables in This Book

| ˉ ˉ | ˉ ˊ | ˉ ˇ | ˉ ˋ | ˉ ◦ |
|---|---|---|---|---|
| 出租　听说<br>抽烟　医生<br>分钟　应该<br>冬天　参加<br>公司　飞机 | 欢迎　花茶<br>中文　歌词<br>非常　当然<br>加油 | 中午　窗口<br>风景　开始<br>操场　机场 | 车站　医院　天气<br>湿润　因为　吃饭 | 包子　先生<br>妈妈　知道<br>清楚　舒服<br>功夫　收拾<br>衣服 |
| ˊ ˉ | ˊ ˊ | ˊ ˇ | ˊ ˋ | ˊ ◦ |
| 聊天儿<br>回家　时间<br>南方　停车 | 食堂　常常<br>红茶　流行<br>同学　着急<br>留学　篮球<br>回国　原来 | | 学校　不错　一会儿<br>结账　颜色　不过<br>不用　节日　一下<br>排队　环境　一样<br>一定　合适　然后<br>习惯　情况 | 便宜　朋友<br>觉得　咳嗽<br>时候　回来<br>咱们　行李 |
| ˇ ˉ | ˇ ˊ | ˇ ˇ | ˇ ˋ | ˇ ◦ |
| 好吃　简单<br>好听　手机<br>打针　已经<br>好好儿<br>每天　普通<br>火锅　小吃 | 以前　小时<br>可能　比如<br>语言<br>好玩儿<br>有名　演员<br>旅游 | 有点儿<br>可以<br>所以<br>久等<br>晚点 | 以后　米饭　左右<br>点菜　礼物　感冒<br>总是　可是　比较<br>暖气　比赛　马上<br>土豆 | 饺子　怎么<br>北边　喜欢<br>嗓子　有的<br>暖和　早上<br>姐姐 |
| ˋ ˉ | ˋ ˊ | ˋ ˇ | ˋ ˋ | ˋ ◦ |
| 汽车　下车<br>唱歌　大家<br>一边　录音<br>卫生　健康<br>电梯　大厅 | 面条　一直<br>特别　绿茶<br>复习　自然<br>问题 | 地铁<br>一点儿<br>上网<br>字典<br>最好<br>电影<br>汉语 | 附近　现在　教室<br>电视　再见　浪费<br>照片　下次　睡觉<br>正在　放假　最近<br>汉字　见面　地下 | 路上　看看<br>味道　豆腐<br>爸爸　漂亮<br>谢谢　客气<br>弟弟　地方<br>告诉　妹妹<br>那边　这边<br>这么　那么 |

# 本册多音节声调组合表

# Tones of Polysyllables in This Book

ˉˉˉ　ˉˊˋ
出租车　开玩笑

ˊˉˇ　ˊˉ○　ˊˊ○　ˊˋ○　ˊ○○
停车场　没关系　男朋友　不客气　什么的

ˇˉˋ　ˇˇˉ　ˇˋˋ　ˇˋ○　ˇ○ˋ　ˇ○ˋ
普通话　取款机　感兴趣　有意思　怎么办　怎么样

ˋˉˉ　ˋˊˉ　ˋˊˊ　ˋˊˊ　ˋˊ○　ˋ○ˇ
卫生间　自行车　教学楼　太极拳　为什么　对不起

ˉˋˋˉ　ˊˋˊˋ　ˊˋˇˋ
公共汽车　不见不散　名胜古迹

# 汉字常用部件表
## Frequently-Used Components of Chinese Characters

| 序号<br>No. | 部件<br>Component | | 义类<br>Meaning | 例字<br>Example characters | |
|---|---|---|---|---|---|
| 1 | 亻 | dānrénpáng | person | 你 (you)<br>nǐ | 住 (to live)<br>zhù |
| 2 | 彳 | shuāngrénpáng | two persons | 行 (to walk)<br>xíng | 往 (to go)<br>wǎng |
| 3 | 冫 | liǎngdiǎnshuǐ | ice | 冷 (cold)<br>lěng | 冰 (ice)<br>bīng |
| 4 | 氵 | sāndiǎnshuǐ | water | 海 (sea)<br>hǎi | 洗 (to wash)<br>xǐ |
| 5 | 彡 | sānpiěr | ornament | 彩 (colour)<br>cǎi | 须 (beard)<br>xū |
| 6 | 口 | kǒuzìpáng | mouth | 吃 (to eat)<br>chī | 叫 (to shout)<br>jiào |
| 7 | 讠 | yánzìpáng | speech | 语 (language)<br>yǔ | 说 (to speak)<br>shuō |
| 8 | 禾 | hézìpáng | cereal | 秋 (autumn)<br>qiū | 种 (to plant)<br>zhòng |
| 9 | 木 | mùzìpáng | wood | 林 (forest)<br>lín | 楼 (building)<br>lóu |
| 10 | 米 | mǐzìpáng | rice | 糖 (sugar)<br>táng | 糕 (cake)<br>gāo |
| 11 | 扌 | tíshǒupáng | hand | 打 (to hit)<br>dǎ | 找 (to look for)<br>zhǎo |
| 12 | 日 | rìzìpáng | sun; time | 明 (bright)<br>míng | 星 (star)<br>xīng |
| 13 | 月 | yuèzìpáng | time; light; flesh | 胖 (fat)<br>pàng | 期 (period)<br>qī |
| 14 | 目 | mùzìpáng | eye | 眼 (eye)<br>yǎn | 睡 (to sleep)<br>shuì |

| | | | | | |
|---|---|---|---|---|---|
| 15 | 田 | tiánzìtóu | field; farm | 男 (male)<br>nán | 累 (tired)<br>lèi |
| 16 | 火 | huǒzìpáng | fire | 灯 (light)<br>dēng | 烤 (to bake)<br>kǎo |
| 17 | 灬 | sìdiǎndǐ | fire | 点 (to burn)<br>diǎn | 热 (hot)<br>rè |
| 18 | 心 | xīnzìdǐ | thinking; feeling | 您 (you, *the respectful form of* "你")<br>nín | 想 (to think)<br>xiǎng |
| 19 | 忄 | shùxīnpáng | heart | 怕 (to fear)<br>pà | 怪 (strange)<br>guài |
| 20 | 礻 | shìzìpáng | ritual | 祝 (to wish)<br>zhù | 福 (happiness)<br>fú |
| 21 | 衤 | yīzìpáng | clothes | 裤 (trousers)<br>kù | 衫 (shirt)<br>shān |
| 22 | 艹 | cǎozìtóu | grass | 花 (flower)<br>huā | 茶 (tea)<br>chá |
| 23 | ⺮ | zhúzìtóu | bamboo | 笔 (pen)<br>bǐ | 简 (simple)<br>jiǎn |
| 24 | 广 | guǎngzìpáng | room | 床 (bed)<br>chuáng | 店 (store)<br>diàn |
| 25 | 疒 | bìngzìpáng | illness | 疼 (painful)<br>téng | 病 (illness)<br>bìng |
| 26 | 纟 | jiǎosīpáng | silk | 绣 (to embroider)<br>xiù | 绳 (rope)<br>shéng |
| 27 | 钅 | jīnzìpáng | metal | 钱 (money)<br>qián | 银 (silver)<br>yín |
| 28 | 宀 | bǎogàitóu | roof | 家 (home)<br>jiā | 宿 (to stay overnight)<br>sù |
| 29 | 穴 | xuézìtóu | cave | 窗 (window)<br>chuāng | 空 (empty)<br>kōng |
| 30 | 廴 | jiànzhīpáng | to build | 延 (to extend)<br>yán | 建 (to build)<br>jiàn |

| | | | | | |
|---|---|---|---|---|---|
| 31 | 辶 | zǒuzhīpáng | to walk/road | 过 (to pass)<br>guò | 进 (to enter)<br>jìn |
| 32 | 走 | zǒuzìpáng | running | 越 (to exceed)<br>yuè | 赶 (to catch up with)<br>gǎn |
| 33 | 卩 | dān'ěrdāo | sb. on his knees | 却 (but)<br>què | 印 (to print)<br>yìn |
| 34 | 阝 | shuāng'ěrdāo | fence; city | 院 (courtyard)<br>yuàn | 都 (all; both)<br>dōu |
| 35 | 耳 | ěrzìpáng | ear/to listen | 聊 (to chat)<br>liáo | 聪 (smart)<br>cōng |
| 36 | 其 | qízìpáng | his; her; its; their | 期 (period)<br>qī | 基 (base)<br>jī |
| 37 | 女 | nǚzìpáng | female | 她 (she; her)<br>tā | 妈 (mother)<br>mā |
| 38 | 方 | fāngzìpáng | place | 放 (to put)<br>fàng | 旁 (side)<br>páng |
| 39 | 尸 | shīzìtóu | room; body | 屋 (room)<br>wū | 居 (to live)<br>jū |
| 40 | 户 | hùzìtóu | door | 房 (house)<br>fáng | 扇 (fan)<br>shàn |
| 41 | 欠 | qiànzìpáng | mouth; mood | 歌 (song)<br>gē | 歉 (apology)<br>qiàn |
| 42 | 攵 | fǎnwénpáng | action | 教 (to teach)<br>jiāo | 数 (to count)<br>shǔ |
| 43 | 又 | yòuzìpáng | again | 对 (right)<br>duì | 双 (double)<br>shuāng |
| 44 | 饣 | shízìpáng | food | 饭 (meal)<br>fàn | 饱 (full)<br>bǎo |
| 45 | 王 | wángzìpáng | jade | 球 (ball)<br>qiú | 理 (veins)<br>lǐ |
| 46 | 土 | tǔzìpáng | soil | 地 (ground)<br>dì | 场 (field)<br>chǎng |
| 47 | 工 | gōngzìpáng | work | 功 (work)<br>gōng | 差 (bad)<br>chà |

| | | | | | |
|---|---|---|---|---|---|
| 48 | 舌 | shézìpáng | tongue | 乱 (random)<br>luàn | 甜 (sweet)<br>tián |
| 49 | 𧾷 | zúzìpáng | foot | 跳 (to jump)<br>tiào | 跑 (to run)<br>pǎo |
| 50 | 石 | shízìpáng | stone | 碗 (bowl)<br>wǎn | 破 (broken)<br>pò |
| 51 | 犭 | fǎnquǎnpáng | animal | 狗 (dog)<br>gǒu | 猫 (cat)<br>māo |
| 52 | 牛 | niúzìpáng | ox | 物 (object)<br>wù | 牲 (animal sacrifice)<br>shēng |
| 53 | 虫 | chóngzìpáng | insect | 虾 (shrimp)<br>xiā | 蛋 (egg)<br>dàn |
| 54 | 马 | mǎzìpáng | horse | 骑 (to ride)<br>qí | 驾 (to drive)<br>jià |
| 55 | 见 | jiànzìpáng | to see | 观 (to observe)<br>guān | 视 (to watch)<br>shì |
| 56 | 贝 | bèizìpáng | money | 账 (account)<br>zhàng | 贵 (expensive)<br>guì |
| 57 | 页 | yèzìpáng | head | 预 (beforehand)<br>yù | 颜 (face)<br>yán |
| 58 | 巾 | jīnzìpáng | cloth | 带 (belt)<br>dài | 帽 (hat)<br>mào |
| 59 | 舟 | zhōuzìpáng | boat | 船 (boat)<br>chuán | 航 (to navigate)<br>háng |
| 60 | 车 | chēzìpáng | vehicle | 辆 (*a measure word*)<br>liàng | 输 (to convey)<br>shū |
| 61 | 弓 | gōngzìpáng | bow | 张 (*a measure word*)<br>zhāng | 弹 (bomb)<br>dàn |
| 62 | 矢 | shǐzìpáng | arrow | 短 (short)<br>duǎn | 知 (knowledge)<br>zhī |
| 63 | 力 | lìzìpáng | strength | 加 (to add)<br>jiā | 动 (to move)<br>dòng |
| 64 | 刀 | dāozìpáng | knife | 分 (to divide)<br>fēn | 切 (to chop)<br>qiē |

| | | | | | |
|---|---|---|---|---|---|
| 65 | 刂 | lìdāopáng | knife | 刻 (to engrave)<br>kè | 别 (to part)<br>bié |
| 66 | 门 | ménzìkuàng | door | 间 (*a measure word*)<br>jiān | 问 (to ask)<br>wèn |
| 67 | 鸟 | niǎozìpáng | bird | 鸡 (chicken)<br>jī | 鸭 (duck)<br>yā |
| 68 | 鱼 | yúzìpáng | fish | 鲜 (fresh)<br>xiān | 鲤 (carp)<br>lǐ |
| 69 | 囗 | guózìkuàng | the country frame | 国 (country)<br>guó | 图 (picture)<br>tú |

## 本册注释、语法总结

## Summary of Notes and Grammar in This Book

| 课号 Lesson | 注释 Note | 页码 Page No. | 例句 Example sentence | 我的句子 My sentence |
|---|---|---|---|---|
| 第17课 | "又……又……" | 5 | 不贵，又好吃又便宜。 | |
| | "太……了" | | 太好了，中午人多吗？ | |
| | 连词"和" | | 今天中午我和杰克一起去吃意大利面条。 | |
| 第18课 | 介词"从" | 21 | 从学校到天安门，坐出租车要多少钱？ | |
| 第19课 | 连词"那" | 37 | 那我请你唱歌。 | |
| | 连词"还是" | | 在东门还是在南门？ | |
| 第20课 | "有(一)点儿"和"(一)点儿" | 53 | 你们的鱼有点儿贵。<br>喝点儿什么？ | |
| 第21课 | "对……感兴趣" | 69 | 他们对中国的东西都很感兴趣。 | |
| 第22课 | 动量词"遍" | 84 | 请你唱一遍。 | |
| | 副词"还" | | 我还不会。 | |
| 第23课 | 副词"真" | 100 | 你的新手机真棒！ | |
| | "……是……，不过……" | | 能是能，不过太小，不清楚。 | |
| 第24课 | 量词"些" | 116 | 你吃（一）些药就行了。 | |
| | 动量词"次" | | 红的一天两次，一次两片。 | |
| | 副词"好好儿" | | 回家以后好好儿休息。 | |

| 课号 Lesson | 注释 Note | 页码 Page No. | 例句 Example sentence | 我的句子 My sentence |
|---|---|---|---|---|
| 第25课 | “A+多了” | 131 | 好多了。 | |
| | “比如＋a、b、c……什么的” | | 讲“中国的节日”了，比如春节、端午节、中秋节什么的。 | |
| | “V＋一下” | | 我晚上要好好复习一下。 | |
| | “别＋V/VP/A/AP” | | 别抽烟。　别着急。 | |
| | “第＋Num” | | 健康第一。 | |
| 第26课 | “A+（一）点儿” | 153 | 什么时候人少一点儿？ | |
| | “每（+M）+N+都+V/VP/AP” | | 我每天上午都有课。 | |
| | 动词“离” | | 我觉得那儿离学校太远。 | |
| 第27课 | 代词“有的” | 168 | 有的人觉得成都好，有的人觉得北京好。 | |
| | 介词“给” | | 我晚上给弟弟打电话。 | |
| 第28课 | “可……了” | 185 | （成都好玩儿的地方）可多了！ | |
| 第29课 | 副词“刚” | 204 | 我刚开始学。 | |
| | “咱们”和“我们” | | 咱们学校的王老师打得非常好。 | |
| | 介词“跟” | | 你跟他学吧。 | |
| 第30课 | “又”和“再” | 221 | 我昨天又看了一场篮球比赛。 | |
| | 副词“更” | | 不过我更喜欢乔丹。 | |
| | 能愿动词“会”（表示擅长） | | 你真会开玩笑。 | |
| 第31课 | 某人＋“那儿/这儿” | 238 | 你那儿十二点了吧。 | |
| | “……的时候” | | 我原来打算放假的时候去旅游。 | |
| 第32课 | “先……，然后……” | 253 | 咱们先坐电梯上去，然后从左边的门进去。 | |
| | “N/Pr＋呢” | | 你男朋友呢？ | |
| | 副词“就”（表示承接） | | 他晚上有课，就先回学校去了。 | |
| | 指示代词“这么” | | 听你这么说，我也想去中国。 | |

| 课号 Lesson | 语法 Grammar | 页码 Page No. | 例句 Example sentence | 我的句子 My sentence |
|---|---|---|---|---|
| 第17课 | 疑问代词“怎么样” | 8 | 学校食堂怎么样？ | |
| | 正反疑问句 | | 贵不贵？ | |
| 第18课 | “是”字句（表示存在） | 22 | 天安门北边就是故宫。 | |
| | 疑问代词“怎么” | | 怎么去？ | |
| | 方位词 | | 天安门北边就是故宫。 | |
| 第19课 | “有”字句（表示存在） | 39 | 听说学校附近有一家好吃的饭馆。 | |
| | 介词结构做状语 | | 下午四点我在学校东门等你。 | |
| 第20课 | “的”字短语 | 55 | 有什么好吃的？ | |
| | 能愿动词“能”（表示有能力做某事） | | 我不能吃辣的。 | |
| 第21课 | 能愿动词“想” | 70 | 我想送爸爸妈妈一件礼物。 | |
| | 双宾语动词谓语句 | | 我想送爸爸妈妈一件礼物。<br>你可以送他们茶。 | |
| | 能愿动词“可以”（表示建议） | | 你可以送他们茶。 | |
| 第22课 | 能愿动词“会”（表示技能的习得） | 85 | 我们只会唱《祝你生日快乐》。 | |
| | 疑问代词“谁” | | 你们谁会唱中文歌？ | |
| | 兼语句 | | 请您再教我们一遍吧。 | |
| 第23课 | 能愿动词“能”（表示功能、准许） | 102 | 我的手机能录音、查字典。<br>你们不能在这儿抽烟。 | |
| | 离合动词 | | 两个学生一边抽烟，一边聊天儿。<br>图书馆里能上网。 | |
| 第24课 | 能愿动词“要”（表示需要） | 118 | 要打针吗？ | |
| | 主谓谓语句 | | 我嗓子疼。 | |

| 课号 Lesson | 语法 Grammar | 页码 Page No. | 例句 Example sentence | 我的句子 My sentence |
|---|---|---|---|---|
| 第25课 | 句末“了” | 134 | 老师今天讲什么了？ | |
| | 能愿动词“要”（表示意愿或将要） | | 我晚上要好好儿复习一下。 | |
| | 能愿动词“应该” | | 我觉得你应该好好儿休息。 | |
| | “不”和“没（有）” | | 老师今天没留作业。 | |
| 第26课 | “比”字句 | 155 | 自动取款机比银行方便。 | |
| | “什么时候” | | 什么时候人少一点儿？ | |
| 第27课 | “跟……一样／不一样” | 170 | 成都的天气跟北京不一样。<br>我觉得北京跟成都一样好。<br>他觉得看电视跟上网一样浪费时间。 | |
| | “为什么” | | 为什么（有人觉得成都好，有人觉得北京好）？ | |
| | “因为……，所以……” | | 因为他学汉语时间不长，所以他只会说几句汉语。 | |
| 第28课 | “V＋了＋数量＋O” | 186 | 我们吃了一次火锅。 | |
| | 主谓结构做定语 | | 这是我们在成都买的小吃。 | |
| | 动词重叠 | | 你尝尝吧。 | |
| 第29课 | 情态补语 | 206 | 他演得不错。听说他歌也唱得非常好。 | |
| | 汉语的主要句子成分：补语 | | 我睡得晚，起得也晚。 | |
| 第30课 | 情态补语的扩展用法 | 223 | 我跑得没有乔丹快，长得没有姚明高，可是我篮球打得比他们好。 | |
| 第31课 | 副词“正在”“在” | 239 | 我正在收拾行李。<br>我也在学汉语。 | |
| 第32课 | 简单趋向补语“（V＋）来／去” | 256 | 咱们从哪儿上去？ | |
| | 连动句（表示方式） | | 咱们先坐电梯上去。 | |

“十二五”国家重点出版物出版规划项目

汉语言专业本科系列教材·综合类

# BASIC CHINESE: COMPREHENSIVE COURSE (II)

# 基础汉语综合教程 下

本册主编：全　军

编　　者：全　军　徐京梅　柯润兰　李靖华

翻　　译：何　洁

## Worksheets 练习活页

ERYA CHINESE 尔雅中文

北京语言大学出版社

BEIJING LANGUAGE AND CULTURE UNIVERSITY PRESS

# 编写说明

## 一、总体介绍

练习活页与《尔雅中文·基础汉语综合教程》课本配套使用，可作为课后作业布置给学生完成。在练习的设计和编写上注重针对性、实用性、科学性、趣味性的原则，题量丰富，题型新颖。语音阶段练习重在辨音和诵读，语法阶段的练习从字到词、短语、句、句群、段落，层层推进，由易到难、由浅入深、由固定到开放，层次鲜明。练习设计从复习巩固所学的基本知识入手，到训练学生对所学知识进行综合掌握，最后使学生熟练自如地生成正确的语句，目的在于让学生全面复习和巩固本课所学的汉字、词汇、语法、课文。

## 二、练习形式

1. 语音阶段

包括“辨音”“双音节连读”“声调组合”等。

2. 语法阶段

包括“读一读，记一记”“写汉字，先描后写”“写生词”“组词”“朗读与书写（短语、句子）”“选词填空”“给括号中的词选择恰当的位置”“组句”“完成对话”“根据实际情况回答问题”“综合填空”等。

## 三、特色练习

1. 朗读与书写（短语、句子）

这一练习形式不仅好学易用，而且使学习者无形中习得了许多能产的结构，从而增强了话语生成的能力。另一方面，它还弥补了不适合放在语法、注释里的语法延伸形式的学习空白，方便学生更加灵活地使用。

同时，为了帮助学生更深入、更灵活地掌握课文，编者还根据课文内容重新组合了若干个句子，并保证每一项都包括两个有语义逻辑关系的分句，构成一个相对独立的语段表达，增强学习者正确掌握汉语语意连贯和衔接的能力，并使学习者从中学到一些灵活的语法延伸形式。

2. 根据实际情况回答问题

这一练习贴近学生（多数学习者）的生活，问题涉及面广而且幽默有趣，话题现实，使学生有话可说，能增强学生的表达欲望。

3. 其他

本册的练习都注意将"语境"巧妙融入其中，利用"语境"的规定加强学生对词语的理解和正确使用。

## 四、使用说明

1 到 8 课是语音阶段，集中学习拼音，重点练习发音以及汉语拼音的书写，学习和考查过程主要在课上进行，因此作业中只设有拼音认读，供学生课后复习时作为口头练习使用，同时也可供教师检查学生复习情况时使用。为了突出重点，也为了不给学生过重的负担，前 8 课只让学生接触一些汉字的笔画和简单的汉字，课文中的汉字只要求认读，书写不作为这一部分的考核内容，因此，前 8 课作业不设相关的汉字练习。

从第 9 课开始，正式要求学生掌握每一课的汉字书写，因此作业中设有较多的汉字书写练习。练习一、二、三可供所有学生课前预习时使用；练习四、五根据学生的具体情况可在预习或者学习之后完成；从第六项练习开始都是学完本课复习时使用。每课作业在学习完该课之后一次性提交。作业题目的设置顺序原则上是由易到难、由固定到开放、由记忆到生成，循序渐进。为了考查学生的学习效果，从第 9 课之后每 4 课设一次单元练习，也可作为单元测试使用。每次单元练习要求两课时之内完成。因此，教师应在授课之初就请学生抽出所有单元练习（上册两套、下册四套）以备其后使用。

所有练习均采取活页形式，便于教师收取和批改。

## 五、鸣谢

本书为北京语言大学本科系列教材项目的一部分。感谢本套系列教材的编委会成员和北京语言大学出版社的编辑组成员，感谢他们为本书的出版所作的一切支持和努力。同时，恳请各位教材使用者提出批评、建议和指正，使得本书不断完善。

编　者

2013 年 3 月

# A Guide to the Use of the Worksheets

**I. Introduction**

The worksheets are designed to be used together with the textbook *Basic Chinese: Comprehensive Course*, which can be used as students' after-class assignments. In writing and designing the exercises, the authors observe such principles as pertinence, practicability, scientific soundness and interestingness. The exercises of the phonetic part focus on sound discrimination and reading aloud, while those of the grammar part proceed from characters to words, phrases, sentences, sentence clusters and paragraphs, demonstrating a step-by-step increase in difficulty, depth and flexibility. The exercises are designed to help students review and reinforce the basic knowledge they've learned first, then improve their integrated mastery of the knowledge learned and finally enable them to generate correct expressions and sentences fluently without difficulty. In this way, students will have a comprehensive review and reinforcement of the characters, vocabulary, grammar and text taught in each lesson.

**II. Forms of Exercises**

(A) Phonetics:

Including "Distinguish the syllables", "Practice the liaison of the disyllabic words" and "Combination of tones", etc.

(B) Grammar:

Including "Read and memorize", "Write the characters after tracing them", "Write the new words", "Use the characters provided to make up words or phrases", "Read aloud and write (the phrases and sentences)", "Choose the words to fill in the blanks", "Put the words in the brackets in the right positions", "Make sentences", "Complete the following dialogue", "Answer the questions based on the actual situations" and "Cloze", etc.

**III. Highlights of Exercises**

1. Read aloud and write (the phrases and sentences)

This form of exercise is not only easy to learn and use, but also enables learners to learn many productive structures unconsciously, thereby enhancing their ability to generate discourses. Besides, it fills a gap by adding some extended grammatical forms which are not suitable to be included in grammar and notes, thus enabling students to use the structures more flexibly.

In order to help students have a better and more flexible understanding of the text, sentences are rearranged in this exercise according to the content of the text so that two clauses which are semantically and logically related are included in every independent discourse. This enhances learners' ability to correctly grasp the semantic coherence and cohesion in Chinese discourses and enables them to learn some flexible and extended grammatical forms.

2. Answer the questions based on the actual situations

This form of exercise is close to students' (the majority of them) real life, involving a wide range of humorous and interesting questions and practical topics. It triggers students' flow of thoughts and enhances their desire to express themselves.

3. Others

Contexts are provided in most of the exercises. The employment of "context" helps students better understand the words and use them correctly.

**IV. Instructions for Users**

Lessons 1-8, the phonetic part, focus on pronunciation practice and the writing of *pinyin*. The study and check-out are mainly carried out in class. Only reading and sound discriminating exercises are designed for students to do oral practice after class or for teachers to test their students. With phonetics being the focus, and to lighten the burden on students, the first eight lessons only teach a few strokes of Chinese characters and simple Chinese characters. Students are only required to know how to read the characters in the text. Character writing is not a requirement in this part. Therefore, there are no exercises on Chinese characters in the first eight lessons.

From Lesson 9 onwards, students are required to write characters and therefore character writing exercises are included. Exercises 1, 2 and 3 are designed for preview and Exercises 4 and 5 for either preview or review according to students' individual needs; Exercise 6 and the exercises following it are for review use after the whole lesson is finished and the homework is required to be submitted after each lesson. Basically the exercises are arranged in a progressive order, from easy to difficult, from fixed to open, from memorizing learned knowledge to generating new expressions. In order to examine students' learning progress, exercises for every unit (or every four lessons) are available starting Lesson 9, which are also used as a unit test. The exercises are supposed to be completed within two class hours. Therefore, teachers should collect all the exercises for the units (2 sets for Volume 1 and 4 sets for Volume 2) at the beginning of the semester for future use.

For convenience purposes, all exercises are put in loose-leaf sheets.

**V. Acknowledgements**

This book is part of the project of undergraduate textbook series developed by Beijing Language and Culture University. Thanks go to the members of the authors' committee of this textbook series and the editors in Beijing Language and Culture University Press for their support and hard work. Any criticism and suggestions from our readers will be highly appreciated.

The authors

March, 2013

# 目 录 Contents

# 17 食堂怎么样

## How Is the Cafeteria

Name: ____________

### 一、读一读，记一记 Read and memorize

| | | |
|---|---|---|
| 食 | shí | food |
| 堂 | táng | hall |
| 怎 | zěn | how |
| 样 | yàng | shape; pattern |
| 了 | le | *a modal particle* |
| 路 | lù | road |
| 错 | cuò | wrong/mistake |
| 常 | cháng | often |
| 菜 | cài | dish; cuisine |
| 贵 | guì | expensive |
| 又 | yòu | *indicating that several conditions or qualities exist at the same time* |
| 吃 | chī | to eat |
| 宜 | yí | suitable |
| 太 | tài | too; excessively |
| 中 | zhōng | middle; centre |
| 以 | yǐ | (*used before words of locality to indicate the limits of time, place, direction or number*) from a point on |
| 前 | qián | before; ago |
| 米 | mǐ | rice |

| | | |
|---|---|---|
| 饭 | fàn | meal |
| 面 | miàn | flour |
| 条 | tiáo | slip; strip |
| 包 | bāo | to wrap/bag |
| 饺 | jiǎo | dumpling |
| 味 | wèi | taste |
| 道 | dào | way; route |
| 和 | hé | and; with |

二、写汉字，先描后写　**Write the characters after tracing them**

食

食 食 食

堂

堂 堂 堂

怎

怎 怎 怎

样

样 样 样

了

了 了 了

路

路路路

错

错错错

常

常常常

菜

菜菜菜

贵

贵贵贵

又

又又又

吃

吃吃吃

宜

宜宜宜

太 一 ナ 大 太

太太太

中 丨 冂 口 中

中中中

以 𠄌 ㇾ 以 以

以以以

前 丶 丷 䒑 广 产 前 前 前 前

前前前

米 丶 丷 䒑 半 米 米

米米米

饭 丿 ⺈ 饣 饣 饤 饬 饭

饭饭饭

面 一 丆 丆 丙 丙 而 而 而 面

面面面

条 丿 ク 夂 冬 夅 条 条

条条条

包 丿 勹 勺 匂 包

| | | | | | | | | | | | |
|---|---|---|---|---|---|---|---|---|---|---|---|
| 包 | 包 | 包 | | | | | | | | | |

饺 丿 𠂊 饣 饣 饣 饣 饣 饺 饺

| | | | | | | | | | | | |
|---|---|---|---|---|---|---|---|---|---|---|---|
| 饺 | 饺 | 饺 | | | | | | | | | |

味 丨 口 口 口 口 吽 味 味

| | | | | | | | | | | | |
|---|---|---|---|---|---|---|---|---|---|---|---|
| 味 | 味 | 味 | | | | | | | | | |

道 丶 丷 丷 丷 广 首 首 首 首 首 道 道

| | | | | | | | | | | | |
|---|---|---|---|---|---|---|---|---|---|---|---|
| 道 | 道 | 道 | | | | | | | | | |

和 丿 二 千 禾 禾 和 和 和

| | | | | | | | | | | | |
|---|---|---|---|---|---|---|---|---|---|---|---|
| 和 | 和 | 和 | | | | | | | | | |

三、写生词 **Write the new words/phrase**

| | | | | | | | | | | | |
|---|---|---|---|---|---|---|---|---|---|---|---|
| 食 | 堂 | | | | | | | | | | |
| 怎 | 么 | 样 | | | | | | | | | |
| 路 | 上 | | | | | | | | | | |
| 学 | 校 | | | | | | | | | | |
| 不 | 错 | | | | | | | | | | |
| 常 | 常 | | | | | | | | | | |

| | | | | | | | | | | | | |
|---|---|---|---|---|---|---|---|---|---|---|---|---|
| 好 | 吃 | | | | | | | | | | | |
| 便 | 宜 | | | | | | | | | | | |
| 中 | 午 | | | | | | | | | | | |
| 以 | 前 | | | | | | | | | | | |
| 以 | 后 | | | | | | | | | | | |
| 米 | 饭 | | | | | | | | | | | |
| 面 | 条 | | | | | | | | | | | |
| 包 | 子 | | | | | | | | | | | |
| 饺 | 子 | | | | | | | | | | | |
| 味 | 道 | | | | | | | | | | | |

## 四、组词 Use the characters provided to make up words or phrases

食：________ 学：________ 面：________ 便：________

以：________ 饺：________ 包：________ 好：________

## 五、朗读与书写 Read aloud and write

1. 朗读并抄写短语

Read aloud the phrases and copy them

我 常 吃 ________________________________
wǒ cháng chī

他 常 看 ________________________________
tā cháng kàn

我 不 常 去
wǒ bù cháng qù

我们 不 常 住
wǒmen bù cháng zhù

太 贵 了
tài guì le

太 好 了
tài hǎo le

太 高兴 了
tài gāoxìng le

太 方便 了
tài fāngbiàn le

星期五 以前
xīngqīwǔ yǐqián

十五 号 以前
shíwǔ hào yǐqián

下课 以前
xiàkè yǐqián

买 东西 以前
mǎi dōngxi yǐqián

2. 在汉字上方标出调号，朗读并抄写句子

Place the tonal mark above each character, and then read aloud the sentences and copy them

（1）你们 学校 的 食堂 怎么样？ 贵 不 贵？
Nǐmen xuéxiào de shítáng zěnmeyàng? Guì bu guì?

（2）不 贵，又 便宜 又 好吃！
Bú guì, yòu piányi yòu hǎochī!

______________________________

（3）十二 点 以前 人 不 太 多，十二 点 以后 人 很 多。
Shí'èr diǎn yǐqián rén bú tài duō, shí'èr diǎn yǐhòu rén hěn duō.

______________________________

（4）意大利 面条 味道 很 好，我 常常 吃。
Yìdàlì miàntiáo wèidao hěn hǎo, wǒ chángcháng chī.

______________________________

## 六、选词填空 Choose the words to fill in the blanks

1. 学校食堂________？（怎么样 什么）
2. 中午食堂有________菜？（怎么样 什么）
3. 留学生食堂的菜好吃________？（吗 呢）
4. 今天我吃饺子，你________？（吗 呢）
5. 那个银行________远了。（太 很）
6. 意大利面条________好吃。（太 很）

## 七、给括号中的词选择恰当的位置 Put the words in brackets in proper positions

1. ___A___我的___B___宿舍___C___不___D___大。（太）
2. ___A___周末___B___我___C___去图书馆___D___看书。（常常）
3. ___A___下课___B___我们一起___C___去___D___吃饭吧。（以后）
4. ___A___今天___B___我___C___有___D___多作业。（很）

## 八、组句 Rearrange the words to make sentences

1. 老师 你们 的 怎么样

______________________________

2. 食堂 怎么样 的 饺子 ? 不 好吃 好吃

______________________________________

3. 了 银行 远 那个 太 , 不 我 去 常

______________________________________

4. 便宜 面条 又 好吃 又 这儿 的

______________________________________

5. 我们 图书馆 四 去 点 以后 吧

______________________________________

## 九、完成对话 Complete the following dialogue

A：你常常去学校的食堂吗？

B：是啊（a, *a modal particle*），我常常去。

A：______________________________？

B：不错，又好吃又便宜。

A：______________________________？

B：人很多。

A：食堂什么菜好吃？

B：______________________________。

A：我们中午一起去食堂吧。

B：______________________________。

## 十、根据实际情况回答问题 Answer the questions based on the actual situations

1. 你常去食堂吃饭吗？

2. 你们学校有几个食堂？

3. 食堂的菜多不多？好吃不好吃？有什么菜？

4. 中午食堂人多不多？

## 十一、综合填空 Cloze

我们学校的留学生食堂很（1）________，我（2）________去，那儿菜（3）________多，又（4）________又（5）________。有米饭、饺子、面条、包子，（6）________很好。十二点（7）________人（8）________多，十二点以后人（9）________多，今天中午我们打算（10）________食堂吃饭。

# 18 天安门北边就是故宫

# The Forbidden City Is Located to the North of Tian'anmen

Name: ____________

## 一、读一读，记一记 Read and memorize

| | | |
|---|---|---|
| 北 | běi | north |
| 边 | biān | side |
| 骑 | qí | to ride (an animal or a bicycle) |
| 自 | zì | self; one's own |
| 车 | chē | vehicle |
| 坐 | zuò | to sit; to travel by; to take |
| 汽 | qì | steam; vapour |
| 南 | nán | south |
| 门 | mén | door; gate |
| 站 | zhàn | stop; station |
| 到 | dào | to arrive; to reach; to get to |
| 换 | huàn | to change; to exchange; to transfer |
| 地 | dì | earth; ground |
| 铁 | tiě | iron; railway |
| 直 | zhí | straight |
| 往 | wǎng | toward |
| 走 | zǒu | to walk |

| | | |
|---|---|---|
| 近 | jìn | near; close |
| 从 | cóng | from |
| 租 | zū | to rent; to hire; to charter |
| 左 | zuǒ | left |
| 右 | yòu | right |
| 说 | shuō | to say; to speak; to talk |

二、写汉字，先描后写 **Write the characters after tracing them**

北 丨 ㇀ ... 北

北 北 北

边 ... 力 边

边 边 边

骑 ... 马 ... 骑

骑 骑 骑

自 ... 白 自 自

自 自 自

车 一 ... 车

车 车 车

坐 丿 人 从 从 丛 坐 坐

坐坐坐

汽 丶 冫 氵 氵 汽 汽 汽

汽汽汽

南 一 十 𠂇 冂 冂 冂 冂 冂 南

南南南

门 丶 丨 门

门门门

站 丶 亠 亠 六 立 立 立 立 站 站

站站站

到 一 ㄗ 云 至 至 至 到 到

到到到

换 一 扌 扌 扌 扌 扌 扌 扌 换 换

换换换

地 一 十 土 地 地 地

地地地

铁 丿 𠂉 𠂉 钅 钅 钅 钅 钅 铁 铁

铁 铁 铁

直 一 十 十 冇 冇 有 直 直

直 直 直

往 丿 彳 彳 彳 彳 彳 往 往

往 往 往

走 一 十 土 土 丰 丰 走

走 走 走

近 丿 厂 斤 斤 斤 近 近

近 近 近

从 丿 人 从 从

从 从 从

租 丿 二 千 禾 禾 利 和 和 和 租

租 租 租

左 一 ナ ナ 左 左

左 左 左

右 一ナ才右右

| | | | | | | | | | | | |
|---|---|---|---|---|---|---|---|---|---|---|---|
| 右 | 右 | 右 | | | | | | | | | |

说 丶 讠 讠 讠 讠 讠 讠 讠 说

| | | | | | | | | | | | |
|---|---|---|---|---|---|---|---|---|---|---|---|
| 说 | 说 | 说 | | | | | | | | | |

三、写生词　Write the new words/phrases

| | | | | | | | | | | | |
|---|---|---|---|---|---|---|---|---|---|---|---|
| 北 | 边 | | | | | | | | | | |
| 自 | 行 | 车 | | | | | | | | | |
| 公 | 共 | 汽 | 车 | | | | | | | | |
| 汽 | 车 | | | | | | | | | | |
| 怎 | 么 | | | | | | | | | | |
| 车 | 站 | | | | | | | | | | |
| 地 | 铁 | | | | | | | | | | |
| 下 | 车 | | | | | | | | | | |
| 一 | 直 | | | | | | | | | | |
| 出 | 租 | 车 | | | | | | | | | |
| 左 | 右 | | | | | | | | | | |

四、组词　Use the characters provided to make up words or phrases

骑：________　汽：________　公：________　地：________

怎：________　边：________　租：________　直：________

## 五、朗读与书写 Read aloud and write

1. 朗读并抄写短语

Read aloud the phrases and copy them

在这儿换 地铁 ______
zài zhèr huàn dìtiě

在那儿换 公共 汽车 ______
zài nàr huàn gōnggòng qìchē

在哪儿换 车 ______
zài nǎr huàn chē

在哪儿换 钱 ______
zài nǎr huàn qián

一直 往 前 走 ______
yìzhí wǎng qián zǒu

一直 往 西去 ______
yìzhí wǎng xī qù

一直 往 北骑 ______
yìzhí wǎng běi qí

一直 往 下 看 ______
yìzhí wǎng xià kàn

从 宿舍 到 教学楼 ______
cóng sùshè dào jiàoxuélóu

从 周一 到 周五 ______
cóng zhōuyī dào zhōuwǔ

从 八 点 半 到 十二 点 半 ______
cóng bā diǎn bàn dào shí'èr diǎn bàn

从 左 到 右
cóng zuǒ dào yòu

一百 块 左右
yìbǎi kuài zuǒyòu

两 点 左右
liǎng diǎn zuǒyòu

一个 星期 左右
yí ge xīngqī zuǒyòu

二十 个 人 左右
èrshí ge rén zuǒyòu

2. 在汉字上方标出调号，朗读并抄写句子

Place the tonal mark above each character, and then read aloud the sentences and copy them

（1）骑 自行车 去 太 远 了，坐 公共 汽车 去 吧。
Qí zìxíngchē qù tài yuǎn le, zuò gōnggòng qìchē qù ba.

（2）我们 到 西直门 换 地铁，到 天安门 西 下 车。
Wǒmen dào Xīzhímén huàn dìtiě, dào Tiān'ānmén Xī xià chē.

（3）一直 往 东 走， 天安门 北边 就 是 故宫。
Yìzhí wǎng dōng zǒu, Tiān'ānmén běibian jiù shì Gùgōng.

（4）从 学校 到 天安门， 坐 出租车 要 五十 块 左右。
Cóng xuéxiào dào Tiān'ānmén, zuò chūzūchē yào wǔshí kuài zuǒyòu.

## 六、选词填空 Choose the words to fill in the blanks

换　往　近　左右　怎么

1. 我不知道________去天安门。
2. 下车以后，一直________西走就是银行。
3. 学校很________，我们骑自行车去吧。
4. 这本（běn, *a measure word for books*）书要五十块钱________。
5. 你到西直门________地铁吧。

## 七、给括号中的词选择恰当的位置 Put the words in brackets in proper positions

1. __A__坐__B__公共汽车__C__去__D__吗？（行）
2. __A__从西直门__B__到故宫__C__坐__D__车？（什么）
3. __A__请问，__B__去__C__办公楼__D__？（怎么）
4. __A__昨天我从__B__八点到十一点半__C__学习__D__。（一直）
5. 你们__A__学校__B__南门的车站__C__坐车__D__吧。（从）

## 八、组句 Rearrange the words and phrases to make sentences

1. 从　一直　晚上　我　图书馆　在　上午　到

________________________________________

2. 就是　中国　东边　日本　的

________________________________________

3. 往　东　下车　一直　走　以后

________________________________________

4. 我　去　坐　你们　怎么　学校　车

________________________________________

5. 坐车　从　你们　南门　吧　，　三　坐　站

________________________________________

## 九、完成对话　Complete the following dialogue

A：明天我们去天安门吧。

B：好，________________________________？

A：骑车去怎么样？要 40 分钟左右。

B：太远了，______________________________。

A：坐车去也行。

B：__________________________________？

A：学校南门外有车站，东门外也有车站。

B：__________________________________？

A：南门近，从南门的车站坐车吧。

## 十、根据实际情况回答问题　Answer the questions based on the actual situations

1. 你怎么去学校 / 教室（jiàoshì, classroom）？走路（zǒulù, to walk）？骑自行车？坐公共汽车？

2. 你常坐公共汽车吗？你坐公共汽车方便吗？

3. 你们学校外边有没有公共汽车站？远不远？

4. 你住的城市（chéngshì, city）坐出租车贵不贵？一公里（gōnglǐ, kilometre）多少钱？

## 十一、综合填空　Cloze

金大成打算（1）________自行车去故宫，李明说太（2）________了，（3）________公共汽车去吧。学校南门外（4）________车站，到西直门（5）________地铁，到天安门西（6）________车。车站的东边（7）________天安门，天安门的北边（8）________故宫，很近。从学校（9）________天安门，坐出租车要五十块（10）________。

# 19 我在学校东门等你

## I'll Wait for You at the East Gate of the University

Name: ____________

### 一、读一读，记一记 Read and memorize

| | | |
|---|---|---|
| 等 | děng | to wait |
| 听 | tīng | to listen |
| 附 | fù | to add; to attach; to be near |
| 家 | jiā | *a measure word for families or business establishments*/ home; family |
| 鱼 | yú | fish |
| 豆 | dòu | bean |
| 腐 | fǔ | rotten; putrid |
| 唱 | chàng | to sing |
| 歌 | gē | song |
| 特 | tè | special; extraordinary |
| 别 | bié | other; else |
| 喜 | xǐ | to like |
| 欢 | huān | joyous |
| 见 | jiàn | to meet; to see |
| 散 | sàn | to become separate; to break up |

二、写汉字，先描后写 Write the characters after tracing them

等

听

附

家

鱼

豆

腐

唱

歌 一 丅 丆 可 可 可 哥 哥 哥 哥 哥 哥 歌 歌 歌

歌 歌 歌

特 ノ 𠂉 牛 牛 牜 牪 牪 特 特 特

特 特 特

别 丨 冂 口 号 另 别 别

别 别 别

喜 一 十 士 吉 吉 吉 吉 吉 喜 喜 喜 喜

喜 喜 喜

欢 フ 又 又 欢 欢 欢

欢 欢 欢

见 丨 冂 贝 见

见 见 见

散 一 十 卄 艹 艹 昔 昔 昔 昔 昔 散 散

散 散 散

三、写生词　Write the new words/phrase

听说

附近

| | | | |
|---|---|---|---|
| 饭 | 馆 | | |
| 豆 | 腐 | | |
| 唱 | 歌 | | |
| 特 | 别 | | |
| 喜 | 欢 | | |
| 还 | 是 | | |
| 不 | 见 | 不 | 散 |

## 四、组词 Use the characters provided to make up words or phrases

听：________ 还：________ 唱：________ 别：________

附：________ 馆：________ 喜：________ 豆：________

## 五、朗读与书写 Read aloud and write

1. 朗读并抄写短语、句子

Read aloud the phrases and sentences and copy them

学校 附近 ________________
xuéxiào fùjìn

银行 附近 ________________
yínháng fùjìn

办公楼 附近 ________________
bàngōnglóu fùjìn

图书馆 附近 ________________
túshūguǎn fùjìn

在　学校　东　门　等　你
zài xuéxiào dōng mén děng nǐ

在　图书馆　看　书
zài túshūguǎn kàn shū

在　学校　食堂　吃饭
zài xuéxiào shítáng chīfàn

在　车站　等　车
zài chēzhàn děng chē

我　请　你　吃饭。
Wǒ qǐng nǐ chīfàn.

你　请　我　唱歌。
Nǐ qǐng wǒ chànggē.

他　请　我　吃　饺子。
Tā qǐng wǒ chī jiǎozi.

我　请　你们　吃　蛋糕。
Wǒ qǐng nǐmen chī dàngāo.

2. 在汉字上方标出调号，朗读并抄写句子

Place the tonal mark above each character, and then read aloud the sentences and copy them

（1）听说　学校　附近　有　一　家　好吃　的　饭馆，　我们　一起　去
Tīngshuō xuéxiào fùjìn yǒu yì jiā hǎochī de fànguǎn(r), wǒmen yìqǐ qù

那儿　吃　吧。
nàr chī ba.

（2）那儿　的　鱼　和　豆腐　都　不错，你　请　我　吃饭　吧，我　请　你　唱歌。
Nàr de yú hé dòufu dōu búcuò, nǐ qǐng wǒ chīfàn ba, wǒ qǐng nǐ chànggē.

（3）我们　在哪儿见？东　门　还是　南　门？
Wǒmen zài nǎr jiàn? Dōng mén háishi nán mén?

______________________________

（4）下午　四　点　我　在　学校　东　门　等　你，不　见　不　散。
Xiàwǔ sì diǎn wǒ zài xuéxiào dōng mén děng nǐ, bú jiàn bú sàn.

______________________________

## 六、选词填空 Choose the words to fill in the blanks

很　吧　在　有　家　听说

1. 他________书店里买书，我们也去吧。
2. 学校附近________一个地铁站。
3. 学校食堂________不错，我每天都去。
4. 那________饭馆在学校南门附近。
5. ________那儿的菜不错，我们一起去吃________。

## 七、组句 Rearrange the words and phrases to make sentences

1. 有　书店　一个　地铁站　附近

______________________________

2. 哪儿　在　我们　见

______________________________

3. 喜欢　中国菜　你　吃　日本菜　还是

______________________________

4. 在　东西　商店　买　我　，　学习　在　他　图书馆

______________________________

5. 唱歌　我　吧　你　请　，　喜欢　我　唱歌　特别

______________________________

6. 那　不错　家　饭馆　的　很　饺子　，　便宜　好吃　又　又

______________________________

## 八、改写句子　Rewrite the sentences using the words in brackets

1. 我们学校有一个图书馆。（没有）

______________________________

2. 下午四点我们在图书馆门口见。（哪儿）

______________________________

3. 我要水果蛋糕，不要咖啡蛋糕。（还是）

______________________________

## 九、完成对话　Complete the following dialogue

A：听说______________________。

B：是吗？

A：______________________。

B：好的。

A：几点去？

B：______________________。

A：我们在哪儿见？

B：______________________。

## 十、根据实际情况回答问题　Answer the questions based on the actual situations

1. 你们学校附近有韩国饭馆吗？

2. 你常去中国饭馆吃饭吗？

3. 你喜欢吃什么中国菜？

4. 你喜欢唱歌吗？你们常去哪儿唱歌？

## 十一、综合填空 Cloze

学校南门的银行附近（1）________一家饭馆，那儿的菜很（2）________，（3）________很便宜。我特别（4）________那儿的鱼和豆腐。昨天（5）________爱子的生日，我请她（6）________那儿吃饭，她也说很不错。

# 20 有什么好吃的
## What Is Good Here

Name: ____________

### 一、读一读，记一记 Read and memorize

| | | |
|---|---|---|
| 先 | xiān | first; before |
| 位 | wèi | *a polite measure word for people* |
| 现 | xiàn | present; current |
| 会 | huì | moment |
| 能 | néng | can; to be able to; to be capable of |
| 辣 | là | spicy; hot |
| 种 | zhǒng | type; kind |
| 斤 | jīn | *a measure word for weight* (=500g) |
| 炒 | chǎo | to stir-fry |
| 土 | tǔ | soil |
| 丝 | sī | slice; shred |
| 再 | zài | again; once more |
| 碗 | wǎn | bowl |
| 喝 | hē | to drink |
| 茶 | chá | tea |
| 绿 | lǜ | green |
| 小 | xiǎo | small; little |
| 时 | shí | time; hour |

| | | |
|---|---|---|
| 结 | jié | to settle; to conclude |
| 账 | zhàng | account |
| 百 | bǎi | hundred |
| 零 | líng | zero |
| 元 | yuán | *unit of Chinese currency* |
| 迎 | yíng | to meet; to greet |
| 来 | lái | to come |

## 二、写汉字，先描后写 Write the characters after tracing them

先 丿 𠂉 𠂒 生 ⺈ 先

先 先 先

位 丿 亻 亻 亻 亻 位 位

位 位 位

现 一 二 干 王 玑 玑 现 现

现 现 现

会 丿 人 亼 会 会 会

会 会 会

能 ∠ 厶 ⺈ 台 台 育 ⺈ 能 能 能

能 能 能

辣

| 辣 | 辣 | 辣 | | | | | | | | | | |
|---|---|---|---|---|---|---|---|---|---|---|---|---|

种

| 种 | 种 | 种 | | | | | | | | | | |
|---|---|---|---|---|---|---|---|---|---|---|---|---|

斤

| 斤 | 斤 | 斤 | | | | | | | | | | |
|---|---|---|---|---|---|---|---|---|---|---|---|---|

炒

| 炒 | 炒 | 炒 | | | | | | | | | | |
|---|---|---|---|---|---|---|---|---|---|---|---|---|

土 一 十 土

| 土 | 土 | 土 | | | | | | | | | | |
|---|---|---|---|---|---|---|---|---|---|---|---|---|

丝

| 丝 | 丝 | 丝 | | | | | | | | | | |
|---|---|---|---|---|---|---|---|---|---|---|---|---|

再

| 再 | 再 | 再 | | | | | | | | | | |
|---|---|---|---|---|---|---|---|---|---|---|---|---|

碗

| 碗 | 碗 | 碗 | | | | | | | | | | |
|---|---|---|---|---|---|---|---|---|---|---|---|---|

喝 丨 口 口 口' 口ㄇ 口曰 口曰 口月 喝 喝 喝 喝

| | | | | | | | | | | | |
|---|---|---|---|---|---|---|---|---|---|---|---|
| 喝 | 喝 | 喝 | | | | | | | | | |

茶 一 十 艹 艹 艾 苁 苓 茶 茶

| | | | | | | | | | | | |
|---|---|---|---|---|---|---|---|---|---|---|---|
| 茶 | 茶 | 茶 | | | | | | | | | |

绿 ㄥ 幺 纟 纟 纡 纡 绿 绿 绿 绿 绿

| | | | | | | | | | | | |
|---|---|---|---|---|---|---|---|---|---|---|---|
| 绿 | 绿 | 绿 | | | | | | | | | |

小 亅 小 小

| | | | | | | | | | | | |
|---|---|---|---|---|---|---|---|---|---|---|---|
| 小 | 小 | 小 | | | | | | | | | |

时 丨 冂 日 日 日一 时 时

| | | | | | | | | | | | |
|---|---|---|---|---|---|---|---|---|---|---|---|
| 时 | 时 | 时 | | | | | | | | | |

结 ㄥ 幺 纟 纟一 纡 纡 结 结 结

| | | | | | | | | | | | |
|---|---|---|---|---|---|---|---|---|---|---|---|
| 结 | 结 | 结 | | | | | | | | | |

账 丨 冂 贝 贝 贝' 贝一 账 账

| | | | | | | | | | | | |
|---|---|---|---|---|---|---|---|---|---|---|---|
| 账 | 账 | 账 | | | | | | | | | |

百 一 丆 了 百 百 百

| | | | | | | | | | | | |
|---|---|---|---|---|---|---|---|---|---|---|---|
| 百 | 百 | 百 | | | | | | | | | |

零 一 𠂉 ⺈ 帀 币 雨 雨 雨 雨 雯 雯 零 零

| | | | | | | | | | | | |
|---|---|---|---|---|---|---|---|---|---|---|---|
| 零 | 零 | 零 | | | | | | | | | |

元 一 二 テ 元

| | | | | | | | | | | | |
|---|---|---|---|---|---|---|---|---|---|---|---|
| 元 | 元 | 元 | | | | | | | | | |

迎 ′ 𠄌 卬 卬 卬 迎 迎

| | | | | | | | | | | | |
|---|---|---|---|---|---|---|---|---|---|---|---|
| 迎 | 迎 | 迎 | | | | | | | | | |

来 一 𠂉 ⺈ 平 平 来 来

| | | | | | | | | | | | |
|---|---|---|---|---|---|---|---|---|---|---|---|
| 来 | 来 | 来 | | | | | | | | | |

三、写生词 **Write the new words/phrases**

| | | | | | | | | | | | |
|---|---|---|---|---|---|---|---|---|---|---|---|
| 先 | 生 | | | | | | | | | | |
| 现 | 在 | | | | | | | | | | |
| 点 | 菜 | | | | | | | | | | |
| 一 | 会 | 儿 | | | | | | | | | |
| 看 | 看 | | | | | | | | | | |
| 有 | 点 | 儿 | | | | | | | | | |
| 一 | 点 | 儿 | | | | | | | | | |
| 绿 | 茶 | | | | | | | | | | |

| | | | | | | | | | | | |
|---|---|---|---|---|---|---|---|---|---|---|---|
| 小 | 时 | | | | | | | | | | |
| 结 | 账 | | | | | | | | | | |
| 欢 | 迎 | | | | | | | | | | |

## 四、组词 Use the characters provided to make up words or phrases

先：________ 喝：________ 小：________ 欢：________

点：________ 绿：________ 结：________ 现：________

## 五、朗读与书写 Read aloud and write

1. 朗读并抄写短语、句子

Read aloud the phrases and sentences and copy them

喝 点儿 咖啡
hē diǎnr kāfēi
________________

吃 点儿 饺子
chī diǎnr jiǎozi
________________

要 点儿 米饭
yào diǎnr mǐfàn
________________

买 点儿 东西
mǎi diǎnr dōngxi
________________

我 买 便宜 的。
Wǒ mǎi piányi de.
________________

她 要 贵 的。
Tā yào guì de.
________________

我 喜欢 好吃 的。
Wǒ xǐhuan hǎochī de.
________________

他 喝 红 的。
Tā hē hóng de .

有点儿 大
yǒudiǎnr dà

有点儿 远
yǒudiǎnr yuǎn

有点儿 贵
yǒudiǎnr guì

有点儿 不 方便
yǒudiǎnr bù fāngbiàn

2. 在汉字上方标出调号，朗读并抄写句子

Place the tonal mark above each character, and then read aloud the sentences and copy them

（1）我们 先 看看，一会儿再 点 菜。
Wǒmen xiān kànkan，yíhuìr zài diǎn cài.

（2）这 种 鱼 不错，就 是 有点儿 贵，吃 那 种 吧。
Zhè zhǒng yú búcuò，jiù shì yǒudiǎnr guì，chī nà zhǒng ba.

（3）我们 要一个鱼、一个豆腐，再 要 两 碗 米饭。
Wǒmen yào yí ge yú、 yí ge dòufu，zài yào liǎng wǎn mǐfàn.

（4）我们 喝点儿绿茶吧，又 便宜 又 好喝。
Wǒmen hē diǎnr lǜchá ba，yòu piányi yòu hǎohē.

## 六、选词填空 Choose the words/phrase to fill in the blanks

位　个

1. A：您好！请问，几________？

   B：我们四________人。

2. 我们有三________老师。

3. 那________学生是日本人吧？

一点儿　有点儿

1. 办公楼____________远，你骑车去吧。

2. 这个房间____________大，换一个小的吧。

3. 今天我很高兴，要吃____________好吃的。

## 七、给括号中的词选择恰当的位置 Put the words/phrase in brackets in proper positions

1. ＿A＿我们＿B＿现在＿C＿去＿D＿图书馆吧。（先）

2. 服务员，＿A＿我＿B＿要＿C＿一瓶水＿D＿。（再）

3. ＿A＿今天下午你＿B＿我们一起＿C＿去＿D＿游泳吧。（和）

4. ＿A＿我们先＿B＿休息＿C＿再做饭＿D＿。（一会儿）

## 八、组句 Rearrange the words and phrases to make sentences

1. 这儿　什么　好吃的　有

______________________________________________

2. 书　去　我们　现在　图书馆　看

______________________________________________

3. 您　点儿　什么　买

______________________________________________

4. 要　两　杯　再　我们　咖啡

______________________________

5. 红的　不　他的　是　，　我的　是

______________________________

6. 饭馆　都　那　个　的　菜　很　贵　，　便宜　没有　的

______________________________

7. 今天　高兴　他　有点儿　不

______________________________

8. 不　我　辣的　能　吃　，　她　辣的　能　吃

______________________________

## 九、完成对话　Complete the following dialogue

A：服务员，点菜。

B：__________，这是我们饭馆的菜单（càidān, menu），您先看看。

A：听说你们的鱼不错，哪种鱼好吃？

B：______________________。

A：太贵了。有__________________？

B：这种很便宜，也很好吃。

A：______________________？

B：二十八块一斤。

A：好吧，______________________，再要一个豆腐和两碗米饭。

B：好的，一会儿就好。

## 十、根据实际情况回答问题 Answer the questions based on the actual situations

1. 你常常去饭馆吃饭吗?

2. 你常去的饭馆的菜味道怎么样？ 贵不贵?

3. 你喜欢吃鱼吗？ 豆腐呢?

4. 说说你喜欢吃的菜的名字。

5. 饭馆和食堂，哪儿的菜好吃?

## 十一、综合填空 Cloze

今天我们去饭馆吃饭，在那儿我们（1）________服务员有（2）________好吃的。服务员说鱼（3）________豆腐都不错，鱼（4）________贵，六十二块钱一斤。我们不要贵的，我们要了一个（5）________便宜（6）________好吃的鱼，（7）________要了三（8）________菜和两（9）________米饭，饭菜（10）________很好吃，我们很高兴。

# 单元练习（三）（第 17 课 ~ 第 20 课）

## Exercises for Unit 3 (Lesson 17 ~ Lesson 20)

Name: ____________ Score: ____________

### 一、听写句子（每句 2 分，共 10 分）

**Dictate the sentences (with 2 points for each and altogether 10 points)**

1. ______________________________

______________________________

2. ______________________________

______________________________

3. ______________________________

______________________________

4. ______________________________

______________________________

5. ______________________________

______________________________

### 二、组词（每空 1 分，共 10 分）

**Use the characters provided to make up words or phrases (with 1 point for each and altogether 10 points)**

食：________ 校：________ 便：________ 味：________

车：________ 饭：________ 唱：________ 特：________

喜：________ 附：________

## 三、给括号中的词选择恰当的位置（每题 1 分，共 10 分）

Put the words in brackets in proper positions (with 1 point for each and altogether 10 points)

1. 中午十二点__A__以前__B__食堂的人__C__太__D__多。（不）
2. 我们__A__今天下午__B__去__C__图书馆__D__吧。（一起）
3. 从学校到天安门__A__，坐出租车__B__要__C__五十块钱__D__。（左右）
4. 昨天__A__杰克__B__问我__C__去__D__西直门。（怎么）
5. 听说__A__那家__B__中国__C__饭馆的鱼__D__豆腐很不错。（和）
6. 金大成说__A__他__B__喜欢__C__唱__D__中文歌。（特别）
7. 明天__A__下午四点我__B__学校__C__东门__D__等你吧。（在）
8. 我们__A__在哪儿__B__吃？__C__在中国饭馆__D__在韩国饭馆？（还是）
9. 我们__A__想先看看__B__有__C__好吃__D__的。（什么）
10. __A__我们觉得__B__这种鱼__C__贵__D__。（有点儿）

## 四、选词填空（每空 1 分，共 10 分）

Choose the words/phrases to fill in the blanks (with 1 point for each and altogether 10 points)

1. 爱子说那家中国饭馆的菜________便宜又好吃。（还　又）
2. 请问，去天安门________走？（怎么　什么）
3. ________学校到故宫很远，你们坐公共汽车去吧。（在　从）
4. 我们今天去________明天去？（还是　还要）
5. 你一直________东走，到天安门，天安门北边就是故宫。（往　从）
6. 他说的那个银行________远。（一点儿　有点儿）
7. 你们这儿有________好吃的？（什么　怎么）
8. 这种茶很好喝，________不贵。（都　也）
9. 麻婆豆腐太辣，我不________吃辣的。（都　能）
10. 你先坐地铁到天安门西，下车________一直往东走。（以前　以后）

## 五、用括号中的词语完成对话（每句 1 分，共 10 分）

**Complete the following dialogues using the words or structures in brackets (with 1 point for each and altogether 10 points)**

1. A：你觉得那家饭馆的菜怎么样？

   B：很好，______________________________。（又……又……）

2. A：你觉得这儿的东西怎么样？

   B：______________________________！（太……了）

3. A：______________________________？（A 不 A）

   B：我们学校很大。

4. A：明天上午你有课吗？

   B：有，______________________________。（从……到……）

5. A：那儿的咖啡多少钱一杯？

   B：______________________________。（左右）

6. A：______________________________？（还是）

   B：下午四点去吧。

7. A：先生，你们要点儿什么？

   B：________________，________________。（要……，还要……）

8. A：______________________________？（怎么）

   B：我们骑自行车去那儿吧。

9. A：今天是你的生日，我请你吃饭吧。

   B：______________________________。（那……）

10. A：这种鱼怎么样？贵吗？

    B：______________________________。（有点儿）

六、组句（每句 1 分，共 10 分）

Rearrange the words and phrases to make sentences (with 1 point for each and altogether 10 points)

1. 的　学校　菜　不错　很　食堂　，　便宜　又　又　好吃

______________________________

2. 以前　多　那儿　不　点　人　十二　太

______________________________

3. 打算　吃　他们　意大利面条　去　今天　一起　中午

______________________________

4. 自行车　远　太　骑　去　了　，　去　地铁　吧　坐　你们

______________________________

5. 出租车　从　学校　坐　左右　去　要　块　钱　三十　那儿

______________________________

6. 学校　我　他　三点　南门　等　下午　在

______________________________

7. 学校　韩国饭馆　有　听说　附近　一　好吃的　家

______________________________

8. 什么　有　先　看看　我们　好吃的

______________________________

9. 和　先　豆腐　个　要　一　鱼　一　我们　吧　个

______________________________

10. 喝　你们　茶　什么　一点儿

______________________________

七、完成对话（每句 2 分，共 20 分）

Complete the following dialogues (with 2 points for each blank and altogether 20 points)

1. A：星期六你们打算去哪儿？

B：______________________________。

A：______________________________？

B：我打算骑自行车，杰克打算坐出租车。

A：天安门有点儿远，坐出租车太贵，坐公共汽车去吧。

B：______________________________？

A：学校南门外有公共汽车站。我也跟你们一起去吧。

B：好。我们星期六几点见？

A：______________________________。

B：在哪儿见？

A：______________________________。

B：好。不见不散。

2\. A：你常常在哪儿吃饭？

B：______________________________。

A：食堂怎么样？

B：很好。

A：今天中午你去哪儿吃？

B：听说______________________________，我打算去那儿。

A：______________________________？

B：是中国饭馆。

A：______________________________？

B：那儿的鱼和豆腐很不错。

A：太好了，我特别喜欢吃鱼。______________________________？

B：他们说不贵。

A：好，一起去。

## 八、综合填空（每空 1 分，共 10 分）

Cloze (with 1 point for each blank and altogether 10 points)

今天是杰克的生日，他（1）________我们吃饭，我们请他唱歌。听说学校东门附近（2）________一家中国饭馆很不错，特别是那儿的鱼和豆腐很（3）________。我们中午（4）________去那儿吃饭。上午我们都有课，杰克说十二点半以前饭馆人（5）________多了，要等很久（jiǔ, a long time），十二点半以后再去。到那儿（6）________，我们要了一个鱼（7）________一个豆腐，鱼（8）________贵，（9）________好吃。我们很（10）________。

## 九、根据题目写一段话（10 分，可任选一题，100 字左右）

Write a composition (with 10 points; choose one of the following topics to write a composition of about 100 characters)

1. 我喜欢的一家饭馆
2. 我打算去……

80

100

# 21 我想送爸爸妈妈一件礼物

## I Want to Give My Parents a Gift

Name: ____________

### 一、读一读，记一记 Read and memorize

| | | |
|---|---|---|
| 想 | xiǎng | to want to; would like/to miss |
| 送 | sòng | to give (as a present); to send |
| 爸 | bà | father |
| 妈 | mā | mother |
| 件 | jiàn | piece |
| 礼 | lǐ | gift |
| 物 | wù | thing |
| 教 | jiào | to teach |
| 室 | shì | room |
| 跟 | gēn | with; to; from |
| 聊 | liáo | to chat |
| 知 | zhī | to know |
| 对 | duì | concerning; regarding |
| 感 | gǎn | to feel |
| 趣 | qù | interest; delight |
| 觉 | jué | to feel |
| 得 | dé | to get |
| 可 | kě | can; may |

| | | |
|---|---|---|
| 颜 | yán | colour |
| 色 | sè | colour |
| 漂 | piào | |
| 亮 | liàng | bright |
| 花 | huā | flower |

二、写汉字，先描后写 **Write the characters after tracing them**

想 一 十 才 木 木 机 机 相 相 相 想 想 想

想 想 想

送 丶 丷 丷 兰 关 关 关 关 送

送 送 送

爸 丿 八 夕 父 父 爷 爷 爸 爸

爸 爸 爸

妈 𡿨 女 女 妇 妈 妈

妈 妈 妈

件 丿 亻 亻 仁 仁 件

件 件 件

礼 丶 ㇇ 礻 礻 礼

礼 礼 礼

物

物物物

教

教教教

室

室室室

跟

跟跟跟

聊

聊聊聊

知

知知知

对

对对对

感

感感感

趣

趣 趣 趣

觉

觉 觉 觉

得

得 得 得

可

可 可 可

颜

颜 颜 颜

色

色 色 色

漂

漂 漂 漂

亮

亮 亮 亮

花　一 十 艹 艿 艿 芲 花

| | | |
|---|---|---|
| 花 | 花 | 花 |

三、写生词　Write the new words/phrase

| | | |
|---|---|---|
| 爸 | 爸 | |
| 妈 | 妈 | |
| 礼 | 物 | |
| 教 | 室 | |
| 聊 | 天 | 儿 |
| 知 | 道 | |
| 感 | 兴 | 趣 |
| 觉 | 得 | |
| 可 | 以 | |
| 颜 | 色 | |
| 漂 | 亮 | |
| 红 | 茶 | |
| 花 | 茶 | |

四、组词　Use the characters provided to make up words or phrases

礼：________　可：________　知：________　颜：________

漂：________　听：________　觉：________　东：________

## 五、朗读与书写 Read aloud and write

1. 朗读并抄写短语、句子

Read aloud the phrases and sentences and copy them

我 觉得 茶 不错。 ________________

Wǒ juéde chá búcuò.

他 觉得 饺子 不错。 ________________

Tā juéde jiǎozi búcuò.

我们 觉得 住 校内 不错。 ________________

Wǒmen juéde zhù xiàonèi búcuò.

他们 觉得 骑 自行车 去 不错。 ________________

Tāmen juéde qí zìxíngchē qù búcuò.

不 知道 送 什么 ________________

bù zhīdào sòng shénme

不 知道 怎么 走 ________________

bù zhīdào zěnme zǒu

不 知道 哪儿 便宜 ________________

bù zhīdào nǎr piányi

不 知道 多少 人 去 ________________

bù zhīdào duōshao rén qù

可以 送 他们 茶 ________________

kěyǐ sòng tāmen chá

可以 去 食堂 吃饭 ________________

kěyǐ qù shítáng chīfàn

可以 去 教室 学习 ________________

kěyǐ qù jiàoshì xuéxí

可以在那儿换 地铁
kěyǐ zài nàr huàn dìtiě

对 吃 感 兴趣
duì chī gǎn xìngqù

对 足球 感 兴趣
duì zúqiú gǎn xìngqù

对 做菜 感 兴趣
duì zuòcài gǎn xìngqù

对 中国 的 茶 感 兴趣
duì Zhōngguó de chá gǎn xìngqù

2. 在汉字上方标出调号，朗读并抄写句子

Place the tonal mark above each character, and then read aloud the sentences and copy them

（1）我 想 送 爸爸 妈妈 一 件 礼物。
Wǒ xiǎng sòng bàba māma yí jiàn lǐwù.

（2）我 爸爸 妈妈 对 中国 的 东西 都 很 感 兴趣。
Wǒ bàba māma duì Zhōngguó de dōngxi dōu hěn gǎn xìngqù.

（3）中国 的 茶 不错，你 可以 送 他们 茶。
Zhōngguó de chá búcuò, nǐ kěyǐ sòng tāmen chá.

（4）龙井茶 我 常 喝，味道 好，颜色 也 漂亮。
Lóngjǐngchá wǒ cháng hē, wèidao hǎo, yánsè yě piàoliang.

## 六、给括号中的词选择恰当的位置 Put the words in brackets in proper positions

1. ___A___你___B___明天下午两点来___C___我的宿舍。（可以）
2. ___A___我明天晚上___B___去图书馆___C___学习。（想）
3. 你___A___喝的茶___B___不错，我喝的茶味道___C___很好。（也）
4. 安娜___A___故宫___B___很___C___感兴趣。（对）
5. 大家___A___都___B___这儿的鱼和豆腐___C___很好吃。（觉得）

## 七、填量词（或用作量词的名词）
Fill in each blank with a proper measure word (or a noun used as a measure word)

1. 我每天上午有四________课，下午没课。
2. 下星期五是妈妈的生日，我想送妈妈一________礼物。
3. 我们要一________红茶，一________水果蛋糕。
4. 银行在那个楼的三________，我们一起去吧。
5. 听说你家附近有一________很好的饭馆。

## 八、组句 Rearrange the words and phrases to make sentences

1. 送　不　我　什么　知道　妈妈

________________________________________

2. 安娜　送　礼物　想　一　生日　金大成　件

________________________________________

3. 中国　感兴趣　他　的　对　绿茶　很

________________________________________

4. 喝　他　龙井茶　常常　，　好　觉得　味道　很

________________________________________

5. 天安门　可以　你们　坐　去　地铁

________________________________________

## 九、完成对话 Complete the following dialogue

A：下星期五是我妈妈的生日，________________________________。

B：你打算送她什么？

A：__________________________，你觉得送什么好？

B：__________________________________________？

A：她对中国的茶很感兴趣。

B：__________________________，龙井茶味道好，颜色也很漂亮。

A：我可以去哪儿买？

B：听说__________________________，那儿的茶很不错。

A：太好了！__________________________。

## 十、根据实际情况回答问题 Answer the questions based on the actual situations

1. 你爸爸的生日是几月几号？你妈妈呢？

2. 你想送他们什么生日礼物？

3. 你喜欢喝茶吗？你知道哪种中国茶？

4. 你对中国的什么东西感兴趣？

## 十一、综合填空 Cloze

明天（1）________爸爸的生日，爱子和哥哥（gēge, elder brother）（2）________送爸爸一件礼物。爸爸（3）________踢足球，爱子打算（4）________爸爸一个足球。哥哥说爸爸（5）________中国的茶很感兴趣，他（6）________送爸爸一盒（hé, box）龙井茶。

# 22 你会唱《朋友》吗

## Can You Sing the Chinese Song *Friends*

Name: ____________

### 一、读一读，记一记 Read and memorize

| | | |
|---|---|---|
| 谁 | shéi/shuí | who; whom |
| 只 | zhǐ | only; merely |
| 首 | shǒu | *a measure word for poems and songs* |
| 难 | nán | difficult |
| 词 | cí | word |
| 简 | jiǎn | simple |
| 单 | dān | single |
| 容 | róng | |
| 易 | yì | easy |
| 流 | liú | to spread |
| 爱 | ài | to love; to like/love |
| 遍 | biàn | (*for actions*) once through |
| 请 | qǐng | please |
| 让 | ràng | to let; to allow |

### 二、写汉字，先描后写 Write the characters after tracing them

谁 谁

谁 谁 谁

只

只只只

首

首首首

难

难难难

词

词词词

简

简简简

单

单单单

容

容容容

易

易易易

流 丶 冫 氵 氵 氵 汁 泞 浐 济 流

流 流 流

爱

爱 爱 爱

遍

遍 遍 遍

请 丶 讠 讠 讠 讠 讠 详 请 请 请

请 请 请

让 丶 讠 订 讠 让

让 让 让

三、写生词　Write the new words

中文

歌词

简单

容易

好听

流行

| 大 | 家 | | | | | | | | | | | |
|---|---|---|---|---|---|---|---|---|---|---|---|---|

## 四、组词 Use the characters provided to make up words or phrases

唱：________ 容：________ 简：________ 词：________

好：________ 以：________ 流：________ 家：________

## 五、朗读与书写 Read aloud and write

1. 朗读并抄写句子

Read aloud the sentences and copy them

好听 吗？ ________________
Hǎotīng ma?

好吃 吗？ ________________
Hǎochī ma?

好看 吗？ ________________
Hǎokàn ma?

我 还 不 会 唱。 ________________
Wǒ hái bú huì chàng.

我 还 不 会 写。 ________________
Wǒ hái bú huì xiě.

我 还 不 会 做。 ________________
Wǒ hái bú huì zuò.

请 你 再 唱 一 遍。 ________________
Qǐng nǐ zài chàng yí biàn.

请 你 再 说 一 遍。 ________________
Qǐng nǐ zài shuō yí biàn.

请 你再学一遍。
Qǐng nǐ zài xué yí biàn.

你会 唱 吗?
Nǐ huì chàng ma?

你会写吗?
Nǐ huì xiě ma?

你会 做 吗?
Nǐ huì zuò ma?

我 请 王 老师 教我 汉语。
Wǒ qǐng Wáng lǎoshī jiāo wǒ Hànyǔ.

老师 让 我们 唱 一 遍 《朋友》。
Lǎoshī ràng wǒmen chàng yí biàn《Péngyou》.

爸爸 妈妈 让 我 周末 给 他们 打 电话。
Bàba māma ràng wǒ zhōumò gěi tāmen dǎ diànhuà.

杰克 叫 我们 五 点 在 东 门 等 他。
Jiékè jiào wǒmen wǔ diǎn zài dōng mén děng tā.

爸爸 妈妈 不 让 我 一个人 去 游泳。
Bàba māma bú ràng wǒ yí ge rén qù yóuyǒng.

爸爸 妈妈 不 让 我 抽烟（to smoke）。
Bàba māma bú ràng wǒ chōuyān.

______________________________

我 不 让 妈妈 给 我 买 东西。
Wǒ bú ràng māma gěi wǒ mǎi dōngxi.

______________________________

他 不 让 我 晚上 十 点 以后 给 他 打 电话。
Tā bú ràng wǒ wǎnshang shí diǎn yǐhòu gěi tā dǎ diànhuà.

______________________________

2. 在汉字上方标出调号，朗读并抄写句子

Place the tonal mark above each character, and then read aloud the sentences and copy them

（1）我们 都 不 会 唱 中文 歌，我们 想 学 中文 歌。
Wǒmen dōu bú huì chàng Zhōngwén gē, wǒmen xiǎng xué Zhōngwén gē.

______________________________

（2）我们 请 王 老师 教 我们 唱 中文 歌。
Wǒmen qǐng Wáng lǎoshī jiāo wǒmen chàng Zhōngwén gē.

______________________________

（3）《朋友》 这 首 歌 很 好听，歌词 也 很 简单，很 容易 学。
《Péngyou》zhè shǒu gē hěn hǎotīng, gēcí yě hěn jiǎndān, hěn róngyì xué.

______________________________

（4）我 会 唱 《朋友》，我 还 想 再 学 一 首 中文 歌。
Wǒ huì chàng《Péngyou》, wǒ hái xiǎng zài xué yì shǒu Zhōngwén gē.

______________________________

## 六、给括号中的词选择恰当的位置 Put the words in brackets in proper positions

1. __A__ 你们 __B__ 说 __C__ 英文吗？ （会）

2. 他__A__会__B__做__C__中国菜。（不）

3. 我__A__这家饭馆__B__很__C__不错。（觉得）

4. 听说__A__他__B__没有__C__女朋友，是吗？（还）

5. __A__我们__B__老师__C__再说一遍。（请）

6. __A__你__B__唱__C__一遍吧。（再）

## 七、选择适当的词填空 Choose the words to fill in the blanks

1. 你不去，我________不去。（还　也）

2. 咖啡________，好喝吗？（怎么样　怎么）

3. ________是你们的汉语老师？（谁　什么）

4. 我________下午去图书馆学习。（觉得　想）

5. 我们________老师唱一首中文歌。（说　请）

6. 这首歌很________学。（容易　简单）

## 八、组句 Rearrange the words and phrases to make sentences

1. 会　你们　菜　中国　做　吗

________________________________________

2. 一首　我　你们　吧　《朋友》　教

________________________________________

3. 是　今天　生日　的　谁

________________________________________

4. 说　遍　你　一　再　请　，　吗　好

________________________________________

5. 中国　他　在　听说　汉语　还　学习

________________________________________

## 九、完成对话 Complete the following dialogue

王老师：你们会______________________________？

学生们：不会。

王老师：我教你们包（to wrap）饺子吧。

学生们：______________________________！

王老师：杰克，你______________________________。

杰　克：我还不会。______________________________，____________？

王老师：好，我再教一遍。

五分钟（fēnzhōng, minute）以后

王老师：现在______________________________，好吗？

杰　克：好，我包一个。

## 十、模仿例句写对话 Write dialogues following the example

例：A：你会做意大利面条吗？

B：不会。你教我做意大利面条吧。

A：好！

1. 做中国菜

A：________________________________________

B：________________________________________

A：________________________________________

2. 游泳

A：________________________________________

B：________________________________________

A：________________________________________

3. 说中文

A：________________________________________

B：________________________________________

A：________________________________________

4. 做蛋糕

A：________________________________________

B：________________________________________

A：________________________________________

## 十一、综合填空　Cloze

我们都不（1）________唱中文歌，今天老师教了我们一（2）________。那首中文歌的名字（3）________《朋友》，大家觉得很（4）________。那首歌以前很（5）________，很多人都（6）________唱。老师教了三遍以后请金大成唱，金大成说他（7）________不会，请老师（8）________教一遍。

# 23 这儿不能抽烟

## You Can't Smoke Here

Name: ____________

### 一、读一读，记一记 Read and memorize

| | | |
|---|---|---|
| 抽 | chōu | to obtain by drawing; to draw |
| 烟 | yān | tobacco; cigarette; smoke |
| 网 | wǎng | net |
| 手 | shǒu | hand |
| 机 | jī | machine |
| 新 | xīn | new |
| 真 | zhēn | really |
| 棒 | bàng | good; amazing |
| 录 | lù | to record |
| 音 | yīn | sound |
| 查 | chá | to look up; to consult |
| 典 | diǎn | standard |
| 视 | shì | to watch; to look |
| 清 | qīng | pure; clear |
| 楚 | chǔ | clear; neat |
| 同 | tóng | same; together |
| 卫 | wèi | to defend; to protect |

二、写汉字，先描后写 Write the characters after tracing them

抽 一 十 扌 扌 扣 扣 抽 抽

| 抽 | 抽 | 抽 | | | | | | | | | |
|---|---|---|---|---|---|---|---|---|---|---|---|

烟 丶 丷 火 火 灯 灯 炯 炯 烟 烟

| 烟 | 烟 | 烟 | | | | | | | | | |
|---|---|---|---|---|---|---|---|---|---|---|---|

网 丨 冂 冂 冈 冈 网

| 网 | 网 | 网 | | | | | | | | | |
|---|---|---|---|---|---|---|---|---|---|---|---|

手 一 二 三 手

| 手 | 手 | 手 | | | | | | | | | |
|---|---|---|---|---|---|---|---|---|---|---|---|

机 一 十 才 木 札 机

| 机 | 机 | 机 | | | | | | | | | |
|---|---|---|---|---|---|---|---|---|---|---|---|

新 丶 亠 亠 立 立 辛 辛 辛 亲 亲 新 新 新

| 新 | 新 | 新 | | | | | | | | | |
|---|---|---|---|---|---|---|---|---|---|---|---|

真 一 十 十 古 古 有 有 直 真 真

| 真 | 真 | 真 | | | | | | | | | |
|---|---|---|---|---|---|---|---|---|---|---|---|

棒 一 十 才 木 木 木 朩 栲 栲 桂 棒 棒

| 棒 | 棒 | 棒 | | | | | | | | | |
|---|---|---|---|---|---|---|---|---|---|---|---|

录

录录录

音

音音音

查

查查查

典

典典典

视

视视视

清

清清清

楚

楚楚楚

同

同同同

卫 ㇆ 卩 卫

卫 卫 卫

三、写生词 Write the new words

抽烟
一边
上网
教学楼
手机
录音
字典
电视
不过
清楚
同学
对不起
卫生间

四、组词 Use the characters provided to make up words or phrases

聊：________ 字：________ 录：________ 手：________

电：________ 上：________ 同：________ 清：________

## 五、朗读与书写 Read aloud and write

1. 朗读并抄写句子

Read aloud the sentences and copy them

这儿 能 抽烟 吗？
Zhèr néng chōuyān ma?

这儿 不 能 抽烟。
Zhèr bù néng chōuyān.

哪儿 能 抽烟？
Nǎr néng chōuyān?

楼 外边 可以。
Lóu wàibian kěyǐ.

教室 里 能 上网 吗？
Jiàoshì li néng shàngwǎng ma?

教室 里 不 能 上网。
Jiàoshì li bù néng shàngwǎng.

哪儿 能 上网？
Nǎr néng shàngwǎng?

图书馆 可以。
Túshūguǎn kěyǐ.

学生 宿舍 能 做饭 吗？
Xuéshēng sùshè néng zuòfàn ma?

学生 宿舍 不 能 做饭。
Xuéshēng sùshè bù néng zuòfàn.

哪儿 能 做饭？
Nǎr néng zuòfàn?

金 大成 家 可以。
Jīn Dàchéng jiā kěyǐ.

宿舍 便宜 是 便宜，不过 有点儿 小。
Sùshè piányi shì piányi, búguò yǒudiǎnr xiǎo.

东西 好 是 好，不过 太 贵 了！
Dōngxi hǎo shì hǎo, búguò tài guì le!

这 本 字典 贵 是 贵，不过 特别 有用。
Zhè běn zìdiǎn guì shì guì, búguò tèbié yǒuyòng.

那儿 远 是 远，不过 很 方便。
Nàr yuǎn shì yuǎn, búguò hěn fāngbiàn.

2. 在汉字上方标出调号，朗读并抄写句子

Place the tonal mark above each character, and then read aloud the sentences and copy them

（1）图书馆 能 上网，教学楼 一 层 也 可以。
Túshūguǎn néng shàngwǎng, jiàoxuélóu yī céng yě kěyǐ.

（2）她 的 手机 好 是 好，不过 太 贵 了。
Tā de shǒujī hǎo shì hǎo, búguò tài guì le.

（3）同学，你们 不 能 在 这儿 抽烟。
Tóngxué, nǐmen bù néng zài zhèr chōuyān.

（4）卫生间　里也不能　抽烟，　这个楼里都不能　抽烟。
Wèishēngjiān li yě bù néng chōuyān, zhège lóu li dōu bù néng chōuyān.

________________________________________

## 六、填动词　Fill in each blank with a verb

例：__踢__足球（V+O）

1. ______生日　2. ______字典　3. ______电视　4. ______中文歌

5. ______礼物　6. ______东西　7. ______录音　8. ______自行车

## 七、给括号中的词选择恰当的位置　Put the words in brackets in proper positions

1. __A__星期六上午我__B__图书馆__C__学习。（在）

2. __A__你知道__B__哪儿__C__买中国茶吗？（能）

3. 这个手机能__A__上网，__B__能__C__看电影。（还）

4. __A__听说我们__B__去的那家饭馆里__C__唱歌。（可以）

5. 那个汉字我还不__A__写__B__，再教__C__我们一遍吧。（会）

6. 这本字典__A__贵__B__，我不__C__想买。（真）

7. 这首歌很__A__好听，不过我__B__不__C__唱。（会）

8. 坐出租车__A__方便是方便__B__，__C__太贵了。（不过）

## 八、选词填空　Choose the words to fill in the blanks

聊天儿　上网　查　真　清楚

1. 那个字我也不认识，你________字典吧。

2. 下课以后，我们一边________，一边吃东西。

3. 这个房间不好，不能________，我想找一个能________的房间。

4. 这是谁做的蛋糕？________好吃！

5. 这个字典上的字太小，不________。

## 九、组句 Rearrange the words and phrases to make sentences

1. 抽烟　地铁　不能　里

______________________________________

2. 做　手机　你　什么　还　的　能

______________________________________

3. 真　今天　的　好吃　点　菜

______________________________________

4. 便宜　的　那儿　便宜　菜　是　，　好吃　不　不过

______________________________________

5. 的　能　手机　录音　吗　你

______________________________________

## 十、完成对话 Complete the following dialogue

A：这儿能发（fā, to send）传真（chuánzhēn, fax）吗？

B：对不起，______________________________。

A：你知道______________________________？

B：图书馆一层能发传真。

A：那这儿可以上网吗？

B：______________________________。

A：______________________________？

B：两块钱一小时。

## 十一、根据实际情况回答问题　Answer the questions based on the actual situations

1. 你的手机能做什么？

2. 什么人不能喝酒？

3. 哪儿不能抽烟，你知道吗？

4. 你们学校图书馆能上网吗？多少钱一个小时？

5. 你常常在哪儿上网？

6. 你常上网做什么？

## 十二、综合填空　Cloze

中午我在卫生间外边抽烟，王老师说这儿不（1）________抽烟，这个教学楼里（2）________不能抽烟。这时（zhèshí, at the moment）金在元来找（zhǎo, to look for）王老师，说今天他的房间（3）__________上网，教学楼里（4）__________不能，（5）他__________王老师哪儿能上网，王老师说图书馆（6）________上网，（7）________中午不开门（kāimén, to open），下午两点开门。

# 24 我头疼

## I've Got a Headache

Name: ____________

## 一、读一读，记一记 Read and memorize

| | | |
|---|---|---|
| 头 | tóu | head |
| 疼 | téng | painful; aching |
| 医 | yī | doctor; medicine/to cure |
| 院 | yuàn | *designation for certain government offices and public places* |
| 舒 | shū | easy; leisurely |
| 嗓 | sǎng | throat; voice |
| 咳 | ké | to cough |
| 嗽 | sòu | to cough |
| 冒 | mào | to emit; to give off |
| 药 | yào | medicine; drug |
| 分 | fēn | minute |
| 钟 | zhōng | clock; time |
| 针 | zhēn | needle; injection |
| 用 | yòng | to use |
| 些 | xiē | some; a few |
| 次 | cì | time; occasion |
| 片 | piàn | (flat, thin) piece |
| 白 | bái | white |

| | | |
|---|---|---|
| 回 | huí | to come or go back |
| 谢 | xiè | to thank |
| 客 | kè | guest; visitor |
| 气 | qì | air; gas; manners |

## 二、写汉字，先描后写 Write the characters after tracing them

头

头 头 头

疼

疼 疼 疼

医

医 医 医

院

院 院 院

舒

舒 舒 舒

嗓

嗓 嗓 嗓

咳

咳咳咳

嗽

嗽嗽嗽

冒

冒冒冒

药

药药药

分

分分分

钟

钟钟钟

针

针针针

用

用用用

些 丨 ⺊ 止 止 此 此 此 些

| 些 | 些 | 些 | | | | | | | | | |
|---|---|---|---|---|---|---|---|---|---|---|---|

次 丶 冫 冫 冫 次 次

| 次 | 次 | 次 | | | | | | | | | |
|---|---|---|---|---|---|---|---|---|---|---|---|

片 丿 丿 ⺦ 片

| 片 | 片 | 片 | | | | | | | | | |
|---|---|---|---|---|---|---|---|---|---|---|---|

白 丿 亻 白 白 白

| 白 | 白 | 白 | | | | | | | | | |
|---|---|---|---|---|---|---|---|---|---|---|---|

回 丨 冂 冂 冋 冋 回

| 回 | 回 | 回 | | | | | | | | | |
|---|---|---|---|---|---|---|---|---|---|---|---|

谢 丶 讠 讠 讠 讠 讠 讠 讠 讠 谢 谢 谢

| 谢 | 谢 | 谢 | | | | | | | | | |
|---|---|---|---|---|---|---|---|---|---|---|---|

客 丶 丶 宀 宀 安 安 安 客 客

| 客 | 客 | 客 | | | | | | | | | |
|---|---|---|---|---|---|---|---|---|---|---|---|

气 丿 𠂉 气 气

| 气 | 气 | 气 | | | | | | | | | |
|---|---|---|---|---|---|---|---|---|---|---|---|

## 三、写生词　Write the new words/phrase

| | | |
|---|---|---|
| 医 | 院 | |
| 医 | 生 | |
| 舒 | 服 | |
| 嗓 | 子 | |
| 咳 | 嗽 | |
| 可 | 能 | |
| 感 | 冒 | |
| 打 | 针 | |
| 不 | 用 | |
| 分 | 钟 | |
| 好 | 好 | 儿 |
| 谢 | 谢 | |
| 不 | 客 | 气 |
| 客 | 气 | |
| 再 | 见 | |

## 四、组词　Use the characters provided to make up words or phrases

咳：__________　舒：__________　怎：__________　客：__________

分：__________　打：__________　感：__________　回：__________

## 五、朗读与书写 Read aloud and write

1. 朗读并抄写短语、句子

Read aloud the phrases and sentences and copy them

头疼
tóuténg

嗓子 疼
sǎngzi téng

牙（tooth）疼
yá téng

要 点 菜 吗？
Yào diǎn cài ma?

要 喝酒 吗？
Yào hē jiǔ ma?

要 住院（to be in hospital）吗？
Yào zhùyuàn ma?

去 一次 韩国
qù yí cì Hánguó

打 一次 电话
dǎ yí cì diànhuà

吃 三 次药
chī sān cì yào

他 可能 是 日本 人。
Tā kěnéng shì Rìběn rén.

妈妈 下 星期 可能 来 北京。
Māma xià xīngqī kěnéng lái Běijīng.

这个 周五 可能 有 考试(test)。 ______________________________
Zhège zhōuwǔ kěnéng yǒu kǎoshì.

买 一些 吃的 东西 ______________________________
mǎi yìxiē chī de dōngxi

说 一些 好听 的 话 ______________________________
shuō yìxiē hǎotīng de huà

点 一些 不辣的 菜 ______________________________
diǎn yìxiē bú là de cài

好好儿 学习 ______________________________
hǎohāor xuéxí

好好儿 吃 ______________________________
hǎohāor chī

好好儿 唱 ______________________________
hǎohāor chàng

2. 在汉字上方标出调号，朗读并抄写句子

Place the tonal mark above each character, and then read aloud the sentences and copy them

(1) 同学， 你 哪儿 不 舒服？
Tóngxué, nǐ nǎr bù shūfu?

______________________________

(2) 我 头疼， 嗓子 疼， 还 咳嗽， 可能 是 感冒。
Wǒ tóuténg, sǎngzi téng, hái késou, kěnéng shì gǎnmào.

______________________________

(3) 不用 打针， 你 吃 点儿 药 吧。
Búyòng dǎzhēn, nǐ chī diǎnr yào ba.

______________________________

（4）回 家 以后 要 好好儿 休息。
Huí jiā yǐhòu yào hǎohāor xiūxi.

______________________________

（5）这些 药 你 回 家 吃，一共 三 种， 都 是 一 天 三 次，一 次
Zhèxiē yào nǐ huí jiā chī，yígòng sān zhǒng，dōu shì yì tiān sān cì， yí cì

一 片。
yí piàn.

______________________________

## 六、选词填空 Choose the words to fill in the blanks

好好儿　可能　要　不用　舒服　怎么

1. 他今天不__________，不能上课。
2. 这两天你__________好好儿休息，多喝水。
3. 你__________打针，吃点儿药吧。
4. 我们明天__________去？骑自行车还是坐公共汽车？
5. 杰克的电话号码__________是13851518826，你再问一下爱子吧，她知道。
6. 明天我们考试，老师说："你们要__________复习（fùxí, to review）。"

## 七、给括号中的词选择恰当的位置 Put the words in brackets in proper positions

1. __A__我__B__买了咖啡、牛奶、水，__C__买了蛋糕。（还）
2. 他__A__喜欢__B__颜色漂亮的__C__手机。（可能）
3. __A__药我__B__都要吃__C__吗？（这些）
4. __A__你__B__知道这个手机__C__录音吗？（怎么）

## 八、组句　Rearrange the words and phrases to make sentences

1. 头疼　我　，　咳嗽　还

______________________________

2. 嗓子　你　红　的　有点儿　，　感冒　是　可能

______________________________

3. 说　我　是　感冒　医生　，　打针　不用

______________________________

4. 种　这　吃　晚饭　以后　药　，　一　两　次　片

______________________________

5. 给　点儿　你　吧　药　，　你　不　抽烟　能　这个　星期

______________________________

6. 知道　怎么　我　不　这　吃　种　药　，　要　问　我　打电话　妈妈

______________________________

## 九、完成问答　Answer the questions

1. A：你哪儿不舒服？

   B：______________________________。

2. A：你身体（shēntǐ, body; health）怎么样？

   B：______________________________。

3. A：你们学校食堂怎么样？

   B：______________________________。

4. A：你口语怎么样？

   B：______________________________。

5. A：你们学校留学生多吗？

   B：______________________________。

6. A：你们学校里的商店东西贵吗？

B：________________________________________________。

## 十、完成对话 Complete the following dialogue

A：你朋友哪儿不舒服？

B：____________________________。

A：____________________________？

B：不发烧（fāshāo, to have a fever）。

A：我看看。他嗓子有点儿红，是感冒。

B：____________________________？

A：要打针，也要吃药。

B：怎么打针？

A：今天打一针，明天再打一针，一共打两针。

B：____________________________？

A：一天三次，一次一片。

B：饭前吃还是饭后吃？

A：____________________________。

## 十一、根据实际情况回答问题 Answer the questions based on the actual situations

1. 这个星期你身体怎么样？

2. 你感冒的时候（shíhou, time; moment）去医院吗？

3. 你去的医院远吗？在哪儿？

4. 你感冒的时候（shíhou, time; moment）觉得哪儿不舒服？

5. 你感冒以后吃药吗？

## 十二、综合填空 Cloze

昨天我去爱子家，我（1）________和她一起去买书，可是（but）她说她头疼、嗓子疼，（2）________是感冒，不想出去（to go out）。她家（3）________药，我让她去医院。到医院以后，医生也说她嗓子（4）________红，是（5）________，不过（6）________打针，医生只让她吃（7）________药。爱子（8）________吃两种药，红的一天两（9）________，一次两片；白的一天三次，一次一（10）________。

# 单元练习（四）（第 21 课 ~ 第 24 课）

## Exercises for Unit 4 (Lesson 21 ~ Lesson 24)

Name: ____________ Score: ____________

### 一、听写句子（每句 2 分，共 10 分）

**Dictate the sentences (with 2 points for each and altogether 10 points)**

1. ______________________________

______________________________

2. ______________________________

______________________________

3. ______________________________

______________________________

4. ______________________________

______________________________

5. ______________________________

______________________________

### 二、组词（每空 1 分，共 10 分）

**Use the characters provided to make up words or phrases (with 1 point for each and altogether 10 points)**

聊：________ 礼：________ 简：________ 烟：________

典：________ 漂：________ 歌：________ 流：________

清：________ 舒：________

## 三、给括号中的词选择恰当的位置（每题 1 分，共 10 分）

Put the words in brackets in proper positions (with 1 point for each and altogether 10 points)

1. __A__我__B__给__C__你两__D__种药。（只）
2. __A__这首歌__B__好听__C__，我想__D__再听一遍。（真）
3. __A__去她家我们__B__先给她__C__打电话__D__吗？（要）
4. __A__这__B__是__C__的手机__D__？（谁）
5. __A__这首歌__B__我__C__不会__D__唱。（还）
6. 我想再去__A__那儿__B__唱一__C__歌__D__。（次）
7. __A__这__B__东西一共__C__一百块钱__D__。（些）
8. __A__你__B__在中国__C__要__D__学习汉语。（好好儿）
9. __A__这种日本面条__B__很好吃，__C__有点儿__D__贵。（不过）
10. 你__A__打针__B__，__C__吃点儿药就__D__行了。（不用）

## 四、选词填空（每空 1 分，共 10 分）

Choose the words/phrases to fill in the blanks (with 1 point for each and altogether 10 points)

1. 那本书很好看，我想再看________。（一遍　一次）
2. 这个手机是________的？（谁　什么）
3. 他是一个________好的汉语老师。（真　很）
4. 这首歌真棒，我________想听一遍。（打算　还）
5. 做这个菜________半个小时。（要　想）
6. 你们学生宿舍________做饭吗？（会　能）
7. 他今年 3 岁，只________吃感兴趣。（对　跟）
8. 今天我要________过一个生日。（好　好好儿）
9. 医生说我的感冒________打针。（不用　不想）

10. A：我不想吃饺子。

B：________我们吃米饭和菜吧。（那儿　那）

## 五、用括号中的词语完成对话（每句 1 分，共 10 分）

Complete the following dialogues using the words or structures in brackets (with 1 point for each and altogether 10 points)

1. A：________________________？（对……感兴趣）

B：他们很喜欢中国的东西。

2. A：下课以后你打算去哪儿吃饭？

B：________________________。（想）

3. A：________________________？（会）

B：我不会做饭。

4. A：明天是妈妈的生日，我不知道送她什么东西。

B：________________________。（可以）

5. A：________________________？（能）

B：早上九点你不能给我打电话，我有课。

6. A：________________________？（谁）

B：这是我的书。

7. A：________________________？（让）

B：老师让我们周末去她家吃饺子。

8. A：医生，________________________？（要）

B：不用打针。

9. A：你觉得他是哪国人？

B：________________________。（可能）

10. A：住校外怎么样？好不好？

B：________________________。（……是……，不过……）

## 六、组句（每句 1 分，共 10 分）

Rearrange the words and phrases to make sentences (with 1 point for each and altogether 10 points)

1. 天安门　周末　朋友们　去　想　我　一起　跟

______________________________

2. 你　爸爸　送　中国　可以　东西　一些　的

______________________________

3. 还　我　会　不　中文歌　唱

______________________________

4. 教学楼　不　抽烟　里　能　能

______________________________

5. 上网　他　手机　的　能　，　还　电视　看　能

______________________________

6. 嗓子　舒服　我　不

______________________________

7. 这　好喝　好喝　茶　种　是　，　太　了　不过　贵

______________________________

8. 谁　本　字典　的　是　这

______________________________

9. 你　在　汉语　好好儿　要　学习　中国

______________________________

10. 三次　种　这　一天　药　，　两片　一次

______________________________

## 七、完成对话（每句 2 分，共 20 分）

Complete the following dialogues (with 2 points for each blank and altogether 20 points)

1. A：明天是我爸爸的生日。

B：是吗？他今年多大岁数？

A：________________________________________。

B：________________________________________？

A：我不知道送他什么。

B：________________________________________？

A：他对足球、做饭和电脑（diànnǎo, computer）都很感兴趣。

B：________________________________________。

A：你知道哪儿卖（mài, to sell）足球吗？

B：________________________________________。

A：好，我下午去看看。谢谢你。

B：________________________________________。

2. 医生：同学，你哪儿不舒服？

学生：________________________________________。

医生：来，我看看，啊——。你嗓子很红，是感冒。

学生：________________________________________？

医生：要打针，还要吃些药。来，我给你点儿药。

学生：________________________________________？

医生：这种药一天三次，一次两片。回去以后好好儿休息。

学生：________________________________________。

医生：再见。

## 八、综合填空（每空 1 分，共 10 分）

**Cloze (with 1 point for each blank and altogether 10 points)**

来中国以后，我很想爸爸妈妈，常常（1）________给他们打电话。但是（dànshì, but）没有手机很不方便，在外边打电话也很贵，所以（suǒyǐ, so）我

（2）________去买一个手机。我（3）________我们学校附近有一家手机店，那儿的手机很好。下午我去了那个手机店。服务员问我（4）________哪种手机感兴趣。我说我特别想要那种（5）________上网的手机，他说这种手机有（6）________有，（7）________有点儿贵。我说爸爸不（8）________我买贵的手机，他说那他（9）________看看，有没有又便宜又好的手机，半个小时（10）________我买了一个很棒的手机，只要1000块钱。今天我太高兴了。

**九、根据题目写一段话（10分，可任选一题，100字左右）**

**Write a composition (with 10 points; choose one of the following topics to write a composition of about 100 characters)**

1. 我想送爸爸一件礼物
2. 我有点儿感冒
3. 我的手机

80

100

# 25 健康第一

## Health Comes First

Name: ____________

### 一、读一读，记一记 Read and memorize

| | | |
|---|---|---|
| 健 | jiàn | healthy; strong |
| 康 | kāng | health; well-being |
| 第 | dì | *a prefix indicating ordinal numbers* |
| 病 | bìng | illness; disease/to be ill; to be sick |
| 讲 | jiǎng | to explain; to make clear |
| 比 | bǐ | to draw an analogy; to compare |
| 如 | rú | for example |
| 思 | sī | thought; thinking |
| 最 | zuì | most; to the greatest extent |
| 重 | zhòng | heavy |
| 要 | yào | to want; must; should |
| 复 | fù | to repeat |
| 着 | zháo | to feel; to suffer |
| 急 | jí | anxious; worried |
| 应 | yīng | should |
| 该 | gāi | should |

二、写汉字，先描后写 **Write the characters after tracing them**

健

健健健

康

康康康

第

第第第

病

病病病

讲

讲讲讲

比

比比比

如

如如如

思

思思思

最 丨 ㄇ 日 旦 早 昰 昰 最 最 最 最 最

最 最 最

重 ㇒ 二 千 壬 壬 亩 亩 重 重

重 重 重

复 丿 ㇒ 𠂉 攵 复 复 复 复 复

复 复 复

着 丶 丷 丷 𦍌 𦍌 羊 羊 着 着 着 着

着 着 着

急 丿 ⺈ 刍 刍 刍 急 急 急 急

急 急 急

应 丶 亠 广 广 广 应 应

应 应 应

该 丶 讠 讠 讠 讠 该 该 该

该 该 该

三、写生词　**Write the new words/phrase**

| | |
|---|---|
| 健 | 康 |
| 节 | 日 |

| | | | | | | | | | | | |
|---|---|---|---|---|---|---|---|---|---|---|---|
| 比 | 如 | | | | | | | | | | |
| 什 | 么 | 的 | | | | | | | | | |
| 有 | 意 | 思 | | | | | | | | | |
| 意 | 思 | | | | | | | | | | |
| 重 | 要 | | | | | | | | | | |
| 复 | 习 | | | | | | | | | | |
| 一 | 下 | | | | | | | | | | |
| 着 | 急 | | | | | | | | | | |
| 应 | 该 | | | | | | | | | | |

## 四、组词　Use the characters provided to make up words or phrases

应：________　节：________　比：________　思：________

春：________　健：________　第：________　急：________

## 五、朗读与书写　Read aloud and write

1. 朗读并抄写句子

Read aloud the sentences and copy them

学　了　吗？　____________________
Xué le ma?

学　了。　____________________
Xué le.

学　什么　了？　____________________
Xué shénme le?

学 拼音 了。
Xué pīnyīn le.

学 汉字 了 没有?
Xué Hànzì le méiyǒu?

没 学。
Méi xué.

买 了 吗?
Mǎi le ma?

买 了。
Mǎi le.

买 什么 了?
Mǎi shénme le?

买 茶 了。
Mǎi chá le.

买 咖啡 了 没有?
Mǎi kāfēi le méiyǒu?

没 买。
Méi mǎi.

吃 了 吗?
Chī le ma?

吃 了。
Chī le.

吃 什么 了?
Chī shénme le?

吃 饺子 了。
Chī jiǎozi le.

吃 菜 了 没有?
Chī cài le méiyǒu?

没　吃。
Méi chī.

上　个　周末　我　很　想　家。
Shàng ge zhōumò wǒ hěn xiǎng jiā.

昨天　晚上　我　很　高兴。
Zuótiān wànshang wǒ hěn gāoxìng.

前天　下午　我　在　图书馆。
Qiántiān xiàwǔ wǒ zài túshūguǎn.

昨天　老师　说　下　周五　考试。
Zuótiān lǎoshī shuō xià zhōuwǔ kǎoshì.

早上　老师　问　我　吃　没　吃　早饭。
Zǎoshang lǎoshī wèn wǒ chī méi chī zǎofàn.

上　周五　妈妈　告诉　我　她　这个　周末　来　中国。
Shàng zhōuwǔ māma gàosu wǒ tā zhège zhōumò lái Zhōngguó.

2. 在汉字上方标出调号，朗读并抄写句子

Place the tonal mark above each character, and then read aloud the sentences and copy them

（1）爱子　病　了，没　去　上课。
Àizǐ bìng le, méi qù shàngkè.

（2）爱子　好　多　了，明天　去　上课。
Àizǐ hǎo duō le, míngtiān qù shàngkè.

（3）老师　今天　讲　中国　的　节日　了，没有　留　作业。
Lǎoshī jīntiān jiǎng Zhōngguó de jiérì le, méiyǒu liú zuòyè.

（4）爱子 想　好好儿 复习 一下，金　大成　说 她 应该　好好儿 休息。
Àizǐ xiǎng hǎohāor fùxí yíxià, Jīn Dàchéng shuō tā yīnggāi hǎohāor xiūxi.

______________________________

## 六、给括号中的词选择恰当的位置 Put the words in brackets in proper positions

1. 谁__A__介绍__B__一下__C__？（先）
2. 这是__A__今年__B__流行的__C__中文歌。（最）
3. 你__A__病了，__B__应该__C__踢足球。（不）
4. __A__你__B__着急，今天回家好好儿休息，明天再__C__去上课。（别）
5. 爱子__A__可能__B__在中国过春节，__C__不回日本。（要）
6. 我不想休息__A__，我打算__B__好好儿复习__C__今天的新课。（一下）

## 七、选词填空 Choose the words to fill in the blanks

应该　留　好好儿　第　讲　健康　病　节日　好　了　有意思

1. 昨天我去故宫________，这是我________一次去故宫。
2. 下周一要考试，我要________复习一下。
3. 杰克说他的病________多了，明天能来上课。
4. 妈妈常常说，________第一，学习第二。
5. 能不能________一下您的电话号码？我想给您打电话。
6. 我觉得你________学几首中文歌。
7. 你知道哪些中国的________？能不能给大家________一下？
8. 我昨天________了，没去上课。老师讲什么了？
9. 听说那个电影很________，你看了吗？

## 八、用“不”“没”“别”填空 Fill in the blanks using “不”, “没” or “别”

1. 今天你要开车，________喝酒。

2. 他明天来________来？

3. 我________太喜欢那首歌，你呢？

4. 你________送她咖啡，她不喝咖啡。

5. 昨天我________去上课，________知道老师留什么作业了。

6. 现在他宿舍里可能________人，你晚上再打电话吧。

7. 我________认识你说的那个人。

8. 住校外________方便，我喜欢住校内。

9. 我对那些事（shì, thing; matter）________感兴趣。

## 九、组句 Rearrange the words to make sentences

1. 上课　爱子　去　没　今天

________________________________________

2. 爱子　没有　医院　去

________________________________________

3. 好　我　的　多　感冒　了

________________________________________

4. 节日　最　春节　是　中国　重要　的

________________________________________

5. 你　好好儿　今天　休息　宿舍　应该　在

________________________________________

## 十、完成对话 Complete the following dialogue

A：杰克，我病了，没去上课。你去了吗？

B：________________________________。

A：你也病了吗？

B：________________，我去故宫了。

A：今天老师讲什么了？你也不知道吧？

B：________________，我打电话问了，今天讲中国的节日了。

A：________________？

B：留了。

A：________________？

B：练习（liànxí, exercise）四和练习五。

## 十一、根据实际情况回答问题　Answer the questions based on the actual situations

1. 你知道中国有哪些节日吗？

2. 老师今天留作业了吗？

3. 你觉得每天的作业多不多？

4. 以前你的发音怎么样？现在呢？

5. 你昨天晚上看电视了没有？

6. 你现在最想做什么？

## 十二、综合填空　Cloze

昨天我喝酒（jiǔ, wine）（1）________，喝得很多。今天早上头（2）________疼，（3）________去上课。下周一要考试，我应该（4）________复习，真不应该喝酒。今天老师（5）________第十八课了。我看了一下，（6）________不太难，练习我差不多（chàbuduō, almost）都会做。下午我要打电话（7）________一下杰克，老师（8）________什么作业了。

# 26 自动取款机比银行方便
## It Is More Convenient to Use an ATM than to Go to the Bank

Name: ____________

## 一、读一读，记一记 Read and memorize

| | | |
|---|---|---|
| 张 | zhāng | *a measure word for flat objects* |
| 卡 | kǎ | card |
| 已 | yǐ | already |
| 经 | jīng | to pass through |
| 动 | dòng | to move |
| 取 | qǔ | to get; to fetch |
| 款 | kuǎn | fund |
| 机 | jī | machine |
| 总 | zǒng | always |
| 排 | pái | to put in order |
| 队 | duì | line; queue |
| 浪 | làng | unrestrained |
| 费 | fèi | to spend; to cost; to consume too much |
| 候 | hòu | time; season |
| 每 | měi | every; each; per |
| 窗 | chuāng | window |
| 较 | jiào | to compare |
| 离 | lí | to be away from |

## 二、写汉字，先描后写 Write the characters after tracing them

张 ㇆ コ 弓 弓′ 弞 张 张

张 张 张

卡 丨 ⺊ 上 卡 卡

卡 卡 卡

已 ㇆ コ 已

已 已 已

经 ㄥ 幺 纟 纟㇇ 纟ス 经 经 经

经 经 经

动 一 二 云 云 动 动

动 动 动

取 一 丅 丌 F 月 耳 取 取

取 取 取

款 一 十 士 壴 壴 亖 耒 款 款 款 款 款

款 款 款

机 一 十 才 木 朾 机

机 机 机

总

总总总

排

排排排

队

队队队

浪

浪浪浪

费

费费费

候

候候候

每

每每每

窗

窗窗窗

较 一 七 车 车 车` 车ˊ 软 较 较 较

| | | | | | | | | | | | |
|---|---|---|---|---|---|---|---|---|---|---|---|
| 较 | 较 | 较 | | | | | | | | | |

离 丶 亠 ナ 文 这 卤 卢 离 离 离

| | | | | | | | | | | | |
|---|---|---|---|---|---|---|---|---|---|---|---|
| 离 | 离 | 离 | | | | | | | | | |

三、写生词 **Write the new words/phrases**

| | | | | | | | | | | | |
|---|---|---|---|---|---|---|---|---|---|---|---|
| 已 | 经 | | | | | | | | | | |
| 自 | 动 | | | | | | | | | | |
| 取 | 款 | 机 | | | | | | | | | |
| 总 | 是 | | | | | | | | | | |
| 排 | 队 | | | | | | | | | | |
| 浪 | 费 | | | | | | | | | | |
| 时 | 间 | | | | | | | | | | |
| 时 | 候 | | | | | | | | | | |
| 最 | 好 | | | | | | | | | | |
| 可 | 是 | | | | | | | | | | |
| 每 | 天 | | | | | | | | | | |
| 怎 | 么 | 办 | | | | | | | | | |
| 窗 | 口 | | | | | | | | | | |

| | | | | | | | | | | | |
|---|---|---|---|---|---|---|---|---|---|---|---|
| 比 | 较 | | | | | | | | | | |

## 四、组词 Use the characters provided to make up words or phrases

经：________ 队：________ 浪：________ 时：________

总：________ 最：________ 每：________ 较：________

## 五、朗读与书写 Read aloud and write

1. 朗读并抄写短语、句子

Read aloud the phrases and sentences and copy them

已经 吃 了
yǐjīng chī le
________________

已经 来 了
yǐjīng lái le
________________

已经 知道 了
yǐjīng zhīdao le
________________

已经 没有 了
yǐjīng méiyǒu le
________________

还 没 去
hái méi qù
________________

还 没 吃
hái méi chī
________________

还 没 写
hái méi xiě
________________

还 没 办
hái méi bàn
________________

每 天 都 有 课 ____________________
měi tiān dōu yǒu kè

每 星期 都 看 ____________________
měi xīngqī dōu kàn

每 个 人 都 去 ____________________
měi ge rén dōu qù

每 次 都 不 来 ____________________
měi cì dōu bù lái

没 钱 怎么 办? ____________________
Méi qián zěnme bàn?

她 不 来 怎么 办? ____________________
Tā bù lái zěnme bàn?

不 会 唱 怎么 办? ____________________
Bú huì chàng zěnme bàn?

人 太 多 怎么 办? ____________________
Rén tài duō zěnme bàn?

2. 在汉字上方标出调号，朗读并抄写句子

Place the tonal mark above each character, and then read aloud the sentences and copy them

（1）我 还 没 办 银行卡，我 想 去 办 一 张。
Wǒ hái méi bàn yínhángkǎ, wǒ xiǎng qù bàn yì zhāng.

____________________

（2）现在 去 人 最 多，排队 可能 要 花 一 个 小 时 左右。
Xiànzài qù rén zuì duō, páiduì kěnéng yào huā yí ge xiǎoshí zuǒyòu.

____________________

（3）你 最好 上午 去，上午 人 少 一点儿。
Nǐ zuìhǎo shàngwǔ qù, shàngwǔ rén shǎo yìdiǎnr.

____________________

（4）校外　的　银行　比　校内　的大，　窗口　也比较　多。
Xiàowài de yínháng bǐ xiàonèi de dà, chuāngkǒu yě bǐjiào duō.

______________________________________________

（5）不过　我　觉得那儿离　学校　太　远，　没有　校内　方便。
Búguò wǒ juéde nàr lí xuéxiào tài yuǎn, méiyǒu xiàonèi fāngbiàn.

______________________________________________

## 六、比一比，写一写　Compare and write

请用“X+ 比 + Y+ A”、“ Y+ 没有 +X + A”句型改写句子

Rewrite the sentences using the patterns “X+ 比 +Y + A” and “Y+ 没有 +X + A”

例：我有十八本外文书，他有二十本外文书。

　　→他的外文书比我的外文书多。/ 我的外文书没有他的外文书多。

（1）杰克一米（mǐ, metre）八一，金大成一米八五。

　　→

（2）爱子十八岁，金大成十九岁。

　　→

（3）这种茶一斤一百块，那种茶一斤一百八十块。

　　→

（4）我们班（bān, class）有十八个学生，他们班有二十一个学生。

　　→

## 七、选词填空　Choose the words to fill in the blanks

总是　没有　最好　已经　比　还　比较　每　办　离

1. 饭卡很方便，你还没________饭卡吗？

2. 杰克________没来呢。我一个人在这儿等他，你们先去吧。

3. 我________会唱这首歌了，我给大家唱一遍吧。

4. 老师说我的发音（fāyīn, pronunciation）________以前好多了。

5. 我________周都看一两个中国电影（diànyǐng, film）。

6. 学校的商店________外边的商店便宜，不过很方便。

7. 他不喜欢晚上学习，他________下午写作业。

8. 我的宿舍________图书馆很近，去图书馆特别方便。

9. 一个人住________方便，你________一个人住。

## 八、组句 Rearrange the words and phrases to make sentences

1. 跟　去　她　总是　一起　爱子　食堂

____________________________________________

2. 要　我　小时　个　每天　花　作业　两　写

____________________________________________

3. 在　比　食堂　外边的饭馆　吃饭　便宜　在　吃饭

____________________________________________

4. 每天　喝　我　都　咖啡

____________________________________________

5. 好吃　这家　那家　饭馆　饭馆　没有　，　去　吧　那家　我们　饭馆

____________________________________________

6. 有点儿　龙井茶　贵　，　红茶　一点儿　便宜

____________________________________________

## 九、完成对话 Complete the following dialogue

A：你办银行卡了吗？

B：____________，________________________。

A：我也想办一张，你可以跟我一起去吗？

B：________________________。不过，现在人最多。

A：______________________？

B：上午人少。

A：______________________。

B：那就中午去吧。

A：在哪儿见？

B：______________________。

## 十、根据实际情况回答问题　Answer the questions based on the actual situations

1. 你有什么卡？你常用什么卡？

2. 你什么时候用（to use）自动取款机（ATM）？什么时候去银行？

3. 你常去什么银行？

4. 你们每天都有课吗？

5. 你们每天上午都有课吗？

## 十一、综合填空　Cloze

我每天（1）________有五六节课，作业也（2）________少，不过，我每天都很高兴。十月一号（3）________十月七号这七天学校放假（fàngjià, to have a holiday），不上课，我（4）________去上海玩儿（wánr, to play）玩儿。朋友告诉我，每年“十一”的时候，到外边玩儿的人都（5）________多，应该早（6）________去买票（piào, ticket）。我打算跟好朋友杰克（7）________去。我想坐飞机去，因为坐飞机（8）________坐火车快。但是（dànshì, but）杰克想坐火车去。他说："虽然（suīrán, although）坐火车（9）________坐飞机快，但是（10）________坐飞机便宜，还能看风景（fēngjǐng, scenery; view）。"所以，我们（11）________坐火车去。

# 27 北京的名胜古迹多，成都的自然风景美

# Beijing Is Famous for Its Historical Sites and Chengdu for Its Natural Beauty

Name: ____________

## 一、读一读，记一记 Read and memorize

| | | |
|---|---|---|
| 胜 | shèng | superb; wonderful |
| 古 | gǔ | ancient |
| 迹 | jì | remains; vestige |
| 然 | rán | so; like that |
| 风 | fēng | wind |
| 景 | jǐng | view |
| 美 | měi | beautiful |
| 弟 | dì | younger brother |
| 为 | wèi | for; for the sake of |
| 语 | yǔ | language |
| 言 | yán | speech |
| 环 | huán | to surround |
| 境 | jìng | condition; circumstance |
| 普 | pǔ | general; universal |
| 通 | tōng | common; general |
| 湿 | shī | wet |

| | | |
|---|---|---|
| 润 | rùn | moist |
| 雨 | yǔ | rain |
| 冬 | dōng | winter |
| 暖 | nuǎn | warm |
| 因 | yīn | cause; reason |
| 所 | suǒ | place |
| 冷 | lěng | cold |
| 玩 | wán | to play |
| 告 | gào | to tell |
| 诉 | sù | to tell |
| 情 | qíng | situation; circumstance |
| 况 | kuàng | condition; situation |

二、写汉字，先描后写 **Write the characters after tracing them**

胜

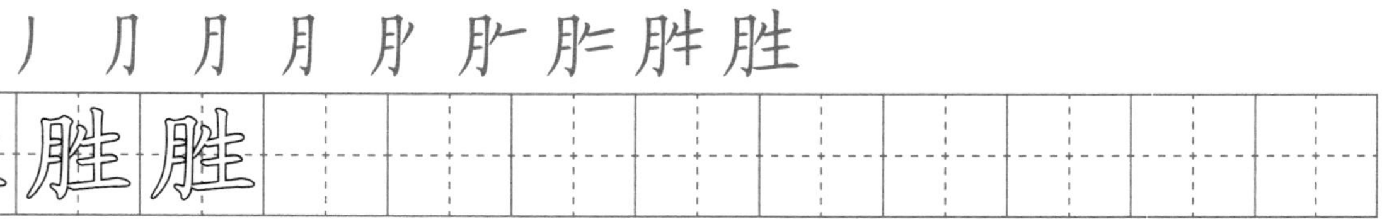

古

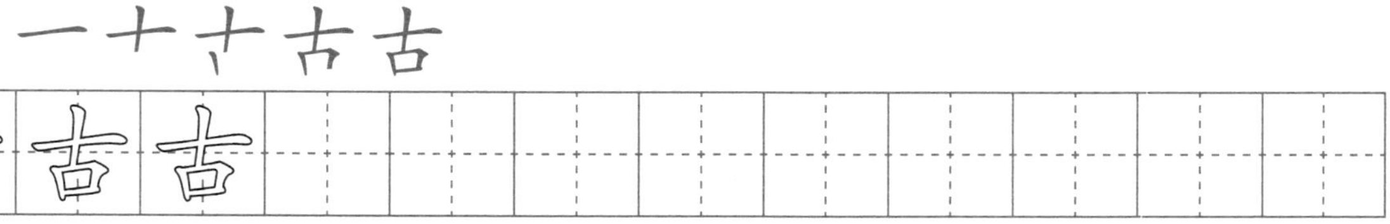

迹

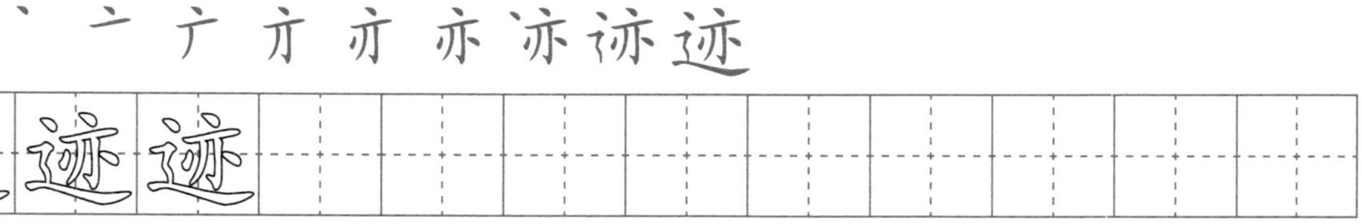

然 丿 ク 夕 夕 夕一 夘 伙 伙 然 然 然 然

然 然 然

风 丿 几 风 风

风 风 风

景 丶 冂 日 日 旦 早 㫒 㬌 㬌 景 景 景

景 景 景

美 丶 丷 䒑 兰 羊 主 王 美 美

美 美 美

弟 丶 丷 䒑 当 弓 弟 弟

弟 弟 弟

为 丶 丿 为 为

为 为 为

语 丶 讠 订 订 语 语 语 语 语

语 语 语

言 丶 亠 亠 亖 言 言 言

言 言 言

环 一 二 千 王 王一 玎 环 环

环 环 环

境 一 十 土 土丶 圹 圹 圹 培 培 培 培 培 境 境

境 境 境

普 丶 丷 䒑 䒑 并 并 並 並 並 普 普 普

普 普 普

通 乛 マ 乃 內 甬 甬 甬 涌 涌 通

通 通 通

湿 丶 冫 氵 氵 沪 沪 沪 浔 浔 浔 湿 湿

湿 湿 湿

润 丶 冫 氵 氵 氵 汌 汌 润 润 润

润 润 润

雨 一 丆 冂 币 币 雨 雨 雨

雨 雨 雨

冬 丿 ク 夂 冬 冬

冬 冬 冬

暖 丨 冂 日 日 日ˊ 日ˊ 日ˊ 日" 日 旷 昛 暖 暖

暖 暖 暖

因 丨 冂 冂 円 因 因

因 因 因

所 ˊ 厂 户 户 户ˊ 所 所 所

所 所 所

冷 丶 冫 冫 冫 冷 冷 冷

冷 冷 冷

玩 一 二 千 王 王ˊ 王 玩 玩

玩 玩 玩

给 ㄥ 纟 纟 纟 纟 纷 给 给 给

给 给 给

告 ノ ㄥ 牛 生 牛 告 告

告 告 告

诉 丶 讠 讠ˊ 讠 诉 诉 诉

诉 诉 诉

情 丶 忄 忄 忄 忄 忄 忄 忄 情 情 情

| | | | | | | | | | | | |
|---|---|---|---|---|---|---|---|---|---|---|---|
| 情 | 情 | 情 | | | | | | | | | |

况 丶 冫 冫 冫 冫 冴 况

| | | | | | | | | | | | |
|---|---|---|---|---|---|---|---|---|---|---|---|
| 况 | 况 | 况 | | | | | | | | | |

三、写生词　Write the new words/phrases

| | | | | | | | | | | | |
|---|---|---|---|---|---|---|---|---|---|---|---|
| 名 | 胜 | 古 | 迹 | | | | | | | | |
| 自 | 然 | | | | | | | | | | |
| 风 | 景 | | | | | | | | | | |
| 弟 | 弟 | | | | | | | | | | |
| 留 | 学 | | | | | | | | | | |
| 有 | 的 | | | | | | | | | | |
| 为 | 什 | 么 | | | | | | | | | |
| 语 | 言 | | | | | | | | | | |
| 环 | 境 | | | | | | | | | | |
| 普 | 通 | 话 | | | | | | | | | |
| 一 | 样 | | | | | | | | | | |
| 天 | 气 | | | | | | | | | | |
| 湿 | 润 | | | | | | | | | | |

| | | | | | | | | | | | |
|---|---|---|---|---|---|---|---|---|---|---|---|
| 多 | 雨 | | | | | | | | | | |
| 冬 | 天 | | | | | | | | | | |
| 暖 | 和 | | | | | | | | | | |
| 南 | 方 | | | | | | | | | | |
| 因 | 为 | | | | | | | | | | |
| 所 | 以 | | | | | | | | | | |
| 暖 | 气 | | | | | | | | | | |
| 玩 | 儿 | | | | | | | | | | |
| 地 | 方 | | | | | | | | | | |
| 告 | 诉 | | | | | | | | | | |
| 情 | 况 | | | | | | | | | | |

## 四、组词 Use the characters provided to make up words or phrases

自：________　景：________　北：________　言：________

环：________　气：________　暖：________　因：________

## 五、朗读与书写 Read aloud and write

1. 朗读并抄写短语、句子

Read aloud the phrases and sentences and copy them

我 也 要 去。　________________________
Wǒ yě yào qù.

他 也 要 喝。 ____________________

Tā yě yào hē.

你 也 要 来。 ____________________

Nǐ yě yào lái.

给 弟弟 过 生日 ____________________

gěi dìdi guò shēngrì

给 朋友 买 礼物 ____________________

gěi péngyou mǎi lǐwù

给 大家 唱歌 ____________________

gěi dàjiā chànggē

不 知道 吃 什么 ____________________

bù zhīdào chī shénme

不 知道 怎么 坐 车 ____________________

bù zhīdào zěnme zuò chē

不 知道 什么 时候 来 ____________________

bù zhīdào shénme shíhou lái

有的 人 喜欢，有的 人 不 喜欢。 ____________________

Yǒude rén xǐhuan, yǒude rén bù xǐhuan.

有的 东西 贵，有的 东西 便宜。 ____________________

Yǒude dōngxi guì, yǒude dōngxi piányi.

有的 时候 人 多，有的 时候 人 少。

Yǒude shíhou rén duō, yǒude shíhou rén shǎo.

________________________________________

2. 在汉字上方标出调号，朗读并抄写句子

Place the tonal mark above each character, and then read aloud the sentences and copy them

（1）有的 人 觉得 成都 好，有的 人 觉得 北京 好，你 觉得 呢？
Yǒude rén juéde Chéngdū hǎo, yǒude rén juéde Běijīng hǎo, nǐ juéde ne?

______________________________________________

（2）北京 的 语言 环境 比 成都 好， 成都 的 东西 比 北京
Běijīng de yǔyán huánjìng bǐ Chéngdū hǎo, Chéngdū de dōngxi bǐ Běijīng

便宜。
piányi.

______________________________________________

（3）成都 在 南方， 可是 为 什么 成都 冬天 房间 里
Chéngdū zài nánfāng, kěshì wèi shénme Chéngdū dōngtiān fángjiān li

没有 北京 暖和？
méiyǒu Běijīng nuǎnhuo?

______________________________________________

（4）因为 成都 冬天 没有 暖气， 房间 里 跟 房间 外
Yīnwèi Chéngdū dōngtiān méiyǒu nuǎnqì, fángjiān li gēn fángjiān wài

一样 冷。
yíyàng lěng.

______________________________________________

（5）成都 跟 北京 一样， 好玩儿 的 地方 也 很 多。
Chéngdū gēn Běijīng yíyàng, hǎowánr de dìfang yě hěn duō.

______________________________________________

## 六、选词填空 Choose the words/phrase to fill in the blanks

环境　暖和　暖气　普通　自然　有的　为什么　因为

1. 我在学校讲________话，在家讲成都话。
2. 你们学校附近的________怎么样？买东西方便吗？
3. 那里很美，________风景很好。
4. 因为房间里有________，所以很________。
5. 他来北京留学是________这儿的语言环境最好。
6. ________中文歌歌词很简单，你可以学一下。
7. 你昨天________不给我打电话？

## 七、组句 Rearrange the words to make sentences

1. 的　天气　天气　跟　不　我们　这儿　的　国家　一样

______________________________

2. 没有　成都　暖气　因为　，　没有　所以　冬天　北京　舒服

______________________________

3. 高　跟　你　一样　杰克　吗

______________________________

4. 他　给　地方　你　查　了　那个　没有

______________________________

5. 商店　因为　那个　有点儿　远　，　我　所以　常　不　去

______________________________

## 八、用括号中的词语完成对话

Complete the following dialogues using the words or structures in brackets

1. A：我在北京喜欢坐地铁。

B：______________________________。（……跟……一样，……）

2. A：我每天都上网聊天儿。

B：______________________________。（……跟……不一样，……）

3. A：______________________________？（为什么）

B：因为他爸爸妈妈来北京了。

4. A：你知道为什么很多人都想去北京学习汉语吗？

B：______________________________。（因为……，所以……）

5. A：这些汉字你都认识吗？

B：______________________________。（有的……，有的……）

## 九、完成对话　Complete the following dialogue

A：你住校内还是校外？

B：______________________________。

A：为什么？

B：______________________________。

A：还有呢？

B：______________________________。

A：住那儿有没有什么不方便的地方？

B：______________________________。

A：我也要去你们学校学习，你说，我住校内好还是住校外好？

B：______________________________。

## 十、根据实际情况回答问题　Answer the questions based on the actual situations

1. 你现在在哪儿学习？/你最想去哪儿留学？

2. 在你们国家，你住的地方天气怎么样？

3. 你们国家的首都（shǒudū, capital）是哪儿？那儿最有名的名胜古迹是什么？

4. 你觉得在你们国家学习汉语好还是在中国学习汉语好？为什么？

5. 你现在学的是不是普通话？

6. 你觉得你的发音比以前好一点儿还是好多了？

7. 你知道哪些中国的名胜古迹？说一说你都去了哪些地方。

8. 你常给爸爸妈妈打电话吗？

## 十一、综合填空 Cloze

我有一个朋友，他（1）________我一样大，都是一九九五年十二月二十一号出生。我一米七，他也一米七，我们（2）________高。可是我跟我的朋友爱好（àihào, hobby）（3）________，他喜欢唱歌、踢足球，我喜欢看书、游泳。来中国（4）________，在国内的时候，我们一直在一起学习，觉得每一天都很快乐。可是现在我在中国留学，他在国内，不知道为什么，有的（5）________我特别想他。想他的时候我就（6）________他打电话，上网聊天儿或者发（fā, to send）电子邮件（diànzǐ yóujiàn, e-mail）。他说他跟我（7）________，也很想我。我们也常常在网上见面（jiànmiàn, to meet）。他说我比以前胖（pàng, fat）了，我说这都是（8）________中国菜太好吃了。回国以前，我要给朋友买一些礼物，我问他要什么，他（9）________我给他买一只北京烤鸭（Běijīng kǎoyā, Beijing roast duck），我说没问题。

# 28 我们吃了一次火锅

## We Had Hotpot

Name: ___________

### 一、读一读，记一记　Read and memorize

| | | |
|---|---|---|
| 火 | huǒ | fire |
| 锅 | guō | pot; pan; boiler |
| 尝 | cháng | to taste |
| 交 | jiāo | to make (friends with) |
| 句 | jù | *a measure word for sentences* |
| 定 | dìng | surely; definitely |
| 拍 | pāi | to take (a picture) |
| 照 | zhào | to take a photograph/photograph |
| 逛 | guàng | to stroll; to roam |
| 街 | jiē | street |

### 二、写汉字，先描后写　Write the characters after tracing them

火　丶 丷 ⺌ 火

火 火 火

锅　丿 𠂉 𠂉 𠂉 钅 钅 钔 钔 钔 锅 锅 锅

锅 锅 锅

尝

尝尝尝

交

交交交

句

句句句

定

定定定

拍

拍拍拍

照

照照照

逛

逛逛逛

街

街街街

## 三、写生词　Write the new words/phrases

| | | | | | | | | | | | |
|---|---|---|---|---|---|---|---|---|---|---|---|
| 火 | 锅 | | | | | | | | | | |
| 回 | 来 | | | | | | | | | | |
| 小 | 吃 | | | | | | | | | | |
| 交 | 朋 | 友 | | | | | | | | | |
| 朋 | 友 | | | | | | | | | | |
| 一 | 定 | | | | | | | | | | |
| 照 | 片 | | | | | | | | | | |
| 下 | 次 | | | | | | | | | | |
| 好 | 玩 | 儿 | | | | | | | | | |
| 有 | 名 | | | | | | | | | | |

## 四、组词　Use the characters provided to make up words or phrases

话：________　定：________　拍：________　逛：________

交：________　句：________　片：________　锅：________

## 五、朗读与书写　Read aloud and write

1. 朗读并抄写短语、句子

Read aloud the phrases and sentences and copy them

拍了 三　张　照片　________________________

pāile sān zhāng zhàopiàn

交了 一些　中国　朋友　________________________

jiāole yìxiē Zhōngguó péngyou

逛了 一 条 小吃 街
guàngle yì tiáo xiǎochī jiē

那儿的 书 可 多 了！
Nàr de shū kě duō le!

他 女朋友 可 漂亮 了！
Tā nǚpéngyou kě piàoliang le!

成都 的 小吃 可 好吃 了！
Chéngdū de xiǎochī kě hǎochī le!

那个 地方 很 好玩儿。
Nàge dìfang hěn hǎowánr.

那个 人 很 好玩儿。
Nàge rén hěn hǎowánr.

那个 东西 很 好玩儿。
Nàge dōngxi hěn hǎowánr.

我 一定 要 去那儿。
Wǒ yídìng yào qù nàr.

你 一定 要 来 我 家。
Nǐ yídìng yào lái wǒ jiā.

她 一定 要 喝 咖啡。
Tā yídìng yào hē kāfēi.

你们 一定 很 高兴 吧？
Nǐmen yídìng hěn gāoxìng ba?

你们 一定 也 想 来 吧？
Nǐmen yídìng yě xiǎng lái ba?

你 一定 很 想 知道 吧？
Nǐ yídìng hěn xiǎng zhīdao ba?

2. 在汉字上方标出调号，朗读并抄写句子

Place the tonal mark above each character, and then read aloud the sentences and copy them

（1）成都　好玩儿 的 地方 可 多 了！你 真　应该 去那儿 看看。

Chéngdū hǎowánr de dìfang kě duō le! Nǐ zhēn yīnggāi qù nàr kànkan.

______________________________

（2）我们　逛了 一 条　小吃 街，吃了一次 火锅，　味道　真　不错！

Wǒmen guàngle yì tiáo xiǎochī jiē, chīle yí cì huǒguō, wèidao zhēn búcuò!

______________________________

（3）我们　交了 两　个　成都　朋友，　他们 教了 我们 几句　成都

Wǒmen jiāole liǎng ge Chéngdū péngyou, tāmen jiāole wǒmen jǐ jù Chéngdū

话。　成都　话　很　有 意思。

huà. Chéngdū huà hěn yǒu yìsi.

______________________________

（4）我们　还　买了 不　少　小 礼物，打算　送　朋友。

Wǒmen hái mǎile bù shǎo xiǎo lǐwù, dǎsuan sòng péngyou.

______________________________

## 六、给括号中的词选择恰当的位置 **Put the words/phrase in brackets in proper positions**

1. 这是我__A__在中国__B__买__C__绿茶，你尝尝怎么样。（的）
2. 这次我在成都__A__拍了__B__照片__C__，有时间给你们看看。（不少）
3. 我们逛__A__那条有名的街叫“南京路”__B__，晚上可漂亮了__C__。（的）
4. 下次到北京你__A__要__B__来我家__C__玩儿玩儿。（一定）
5. 我来__A__中国以后一共交__B__三个中国朋友__C__。（了）

## 七、选词填空 Choose the words or structure to fill in the blanks

不少　句　交　尝　条　逛　有名　可……了

1. 我说了一________不应该说的话，对不起！
2. 我昨天在王府井（Wángfǔjǐng, Wangfujing Street, a famous shopping street in Beijing）________了一天，买了很多东西。
3. 我来中国以后拍了________照片。
4. 北京最长（cháng, long）的一________街是什么街?
5. 我________了一个中国朋友，我们常常一起在图书馆学习。
6. 她在北京学了六年汉语，她的汉语________好________！
7. 他去了一个很________的大学（dàxué, university），在那儿工作（gōngzuò, to work）了二十年。
8. 你________一下我做的这个菜，看看味道怎么样。

## 八、组句 Rearrange the words and phrases to make sentences

1. 风景　那儿　听说　美　很　，　要　以后　玩儿玩儿　那儿　我　一定　去

____________________

2. 电影　一个　看　我　昨天　了　，　不错　很

____________________

3. 一点儿　我　了　吃　药　，　多　了　好　觉得

____________________

4. 成都　了　我　在　几　句　成都话　学

____________________

5. 有名　她　不少　去　了　的　地方　，　中国　了　不少　交　朋友

____________________

6. 你　照片　在　成都　吧　我们　照　的　看看

____________________

## 九、完成对话　Complete the following dialogue

A：你买什么了？

B：____________________________________。

A：你买了几两（liǎng, *a unit of weight*, 1 两 = 50g）饺子？

B：____________________________________。你买什么了？

A：我买包子了。

B：____________________________________？

A：我买了三个。

B：买菜了没有？

A：____________________________________。

B：____________________________________？

A：买了三个菜。

B：真多！

## 十、根据实际情况回答问题　Answer the questions based on the actual situations

1. 昨天上午你上了几节课？明天你有几节课？

2. 上周你给家里打电话了吗？打了几次电话？

3. 今天你学习了多少个生词（shēngcí, new word）？明天学生词吗？学几个？

4. 你一共买了几个作业本（zuòyèběn, exercise book）？

5. 听说人一天最好喝八杯水。昨天你喝了几杯？

6. 你每周都锻炼（duànliàn, to do physical exercise）吗？上周你锻炼了几次？

7. 你学中文歌了吗？学了几首中文歌？

## 十一、综合填空 Cloze

周末我跟同屋（tóngwū, roommate）去王府井逛（1）________ 一天。我们先逛服装店（fúzhāng diàn, clothing shop）。她买了一（2）________毛衣（máoyī, sweater）、一条牛仔裤（niúzǎikù, jeans）和一双运动鞋（yùndòng xié, sneakers），我买（3）________一件外衣（wàiyī, coat）。然后（ránhòu, then）我们去逛书店。我们（4）________那儿逛了两个多小时，买了（5）________书。中国的书比我们国家的书便宜。我们还买了几张 CD 和 DVD。十一点多的时候，我们去了一条有名（6）________小吃街，那儿的小吃真多，（7）________便宜（8）________好吃。下午，我们去看（9）________一个电影，很好看，可是票（10）________贵。回到家时已经晚上九点多了。我们很累（lèi, tired），可是玩儿得很高兴。

# 单元练习（五）（第 25 课 ~ 第 28 课）

## Exercises for Unit 5 (Lesson 25 ~ Lesson 28)

Name: ____________ Score: ____________

### 一、听写句子（每句 2 分，共 10 分）

Dictate the sentences (with 2 points for each and altogether 10 points)

1. ______________________________

______________________________

2. ______________________________

______________________________

3. ______________________________

______________________________

4. ______________________________

______________________________

5. ______________________________

______________________________

### 二、组词（每空 1 分，共 10 分）

Use the characters provided to make up words or phrases (with 1 point for each and altogether 10 points)

复：________ 景：________ 气：________ 话：________

定：________ 如：________ 留：________ 言：________

卡：________ 交：________

## 三、给括号中的词选择恰当的位置（每题 1 分，共 10 分）

**Put the words/phrases in brackets in proper positions (with 1 point for each and altogether 10 points)**

1. 那个地方__A__太远__B__，有没有__C__近__D__的地方？（一点儿）
2. __A__现在__B__开学（kāixué, term begins）__C__只有__D__三个星期。（离）
3. __A__我__B__喜欢北京，因为__C__北京的语言环境比成都__D__好。（比较）
4. __A__我们__B__每个人__C__想__D__去成都、上海（Shànghǎi, Shanghai）看看。（都）
5. 我__A__听说__B__你们班（bān, class）__C__同学不太喜欢__D__吃中国菜。（有的）
6. 你__A__去中国吗？我__B__可以__C__跟你__D__一起去。（要）
7. 我__A__听了__B__，这首歌很容易学__C__，你也听听__D__吧。（一下）
8. 你__A__给__B__我__C__成都小吃味道很不错__D__。（的）
9. 上星期我__A__去成都__B__玩儿了__C__，__D__在北京。（没有）
10. 我想跟__A__你聊__B__天儿__C__，你有时间__D__吗？（一会儿）

## 四、选词填空（每空 1 分，共 10 分）

**Choose the words/phrases to fill in the blanks (with 1 point for each and altogether 10 points)**

1. 你们________在这儿抽烟，医院里不能抽烟。（不　别）
2. 你________好好儿休息，病好了以后再学习。（想　应该）
3. 成都的自然风景________美了，有时间去看看吧。（可　真）
4. 那个地方冬天________冷，我不太喜欢。（有点儿　一点儿）
5. 我________说一点儿汉语，我去问问他怎么去天安门吧。（可能　能）
6. 你今年 22 岁？那我________你大，我 21 岁。（没有　比）
7. 我的课比较多，________没有玩儿的时间。（因为　所以）

8. 我不知道现在应该________好。（怎么　怎么办）

9. 北京________成都很远，坐飞机要两个多小时。（离　往）

10. 那个银行不远，________这儿一直往东走，走一会儿就到了。（离　从）

## 五、用括号中的词语完成对话（每句 1 分，共 10 分）

**Complete the following dialogues using the words, phrases or structures in brackets (with 1 point for each and altogether 10 points)**

1. A：________________________________？（什么时候）

   B：我不想去医院，我想先吃点儿药。

2. A：你为什么总是去那家饭馆吃饭？

   B：________________________________。（因为）

3. A：你的感冒怎么样了？

   B：________________________________。（……多了）

4. A：我们先去吃饭还是先去买东西？

   B：________________________________。（最好）

5. A：________________________________？（为什么）

   B：我晚上要复习，没有时间。

6. A：你们班同学都是第一次来中国吗？

   B：________________________________。（有的……，有的……）

7. A：________________________________？（V+ 一下）

   B：可以，你看吧。

8. A：________________________________？（跟……一样）

   B：不一样。北京话是北京话，普通话是普通话。

9. A：你知道杰克今天为什么没来上课吗？

   B：________________________________。（可能）

10. A：你下午复习还是晚上复习？

B：________________________________。（总是）

## 六、组句（每句 1 分，共 10 分）

**Rearrange the words and phrases to make sentences (with 1 point for each and altogether 10 points)**

1. 这　拍　是　我们国家　我　在　的　照片　，　看看　你　给

________________________________

2. 几　你　小时　每天　个　写　花　作业

________________________________

3. 了　生日礼物　你　杰克　买　给　没有

________________________________

4. 爱子　杰克　一样　跟　不　大

________________________________

5. 那家　这家　饭馆　比　饭馆　好吃　，　我们　这家　吃　在　吧

________________________________

6. 问　你　问　他　来　什么时候　中国

________________________________

7. 很　觉得　我　有意思　成都话　，　两　学　所以　了　句

________________________________

8. 去　中国　我　了　来　以后　不少　地方

________________________________

9. 我们　有名　小吃街　那　逛　了　的　条

________________________________

10. 不　他们　都　外国　是　留学生　，　也　中国　有　学生

________________________________

## 七、完成对话（每句 2 分，共 20 分）

**Complete the following dialogues (with 2 points for each blank and altogether 20 points)**

1. A：________________________________？

   B：昨天我去逛街了。

   A：________________________________？

   B：买了很多东西。比如书、吃的、衣服（yīfu, clothes）什么的。

   A：________________________________？

   B：吃北京烤鸭了，很不错。________________________________。

   A：好，我一定去尝尝。

   B：________________________________？

   A：明天学第二十二课。

   B：知道了。谢谢。

2. A：我想去中国留学，你觉得________________________________？

   B：我觉得去北京比去成都好。

   A：可是我听说________________________________。

   B：去北京留学贵是贵，可是那儿的语言环境最好。

   A：北京还有什么比成都好？

   B：________________________________。

   A：可是成都在南方，冬天应该比北京暖和啊！

   B：________________________________。

   A：啊！知道了。谢谢你。

   B：________________________________。

   A：好，我今天晚上再上网查查。

## 八、综合填空（每空 1 分，共 10 分）

Cloze (with 1 point for each blank and altogether 10 points)

来中国两个星期了，可是我（1）________没买手机。我（2）________明天去买一个。（3）________人喜欢功能（gōngnéng, function）特别多的手机，（4）________能录音、录像、（5）________、看电影、查字典什么的。（6）________我不太喜欢功能太多（7）________手机，因为我觉得手机最大的功能就是（8）________、发短信，能有这两个功能就行了。我打算买（9）________功能简单、又好用又便宜的手机。听说这种手机（10）________要六七百块钱，真不错！

## 九、根据题目写一段话（10 分，可任选一题，100 字左右）

Write a composition (with 10 points; choose one of the following topics to write a composition of about 100 characters)

1. ……还是……，去哪儿好？

2. 我住的城市（chéngshì, city）

3. 昨天我……了

80

100

# 29 他演得怎么样

## What Do You Think of His Acting

Name: ____________

### 一、读一读，记一记 Read and memorize

| | | |
|---|---|---|
| 演 | yǎn | to play; to act |
| 部 | bù | *a measure word for books, films, etc.* |
| 影 | yǐng | film; movie |
| 非 | fēi | not |
| 功 | gōng | skill |
| 夫 | fū | man; person engaged in manual labour |
| 极 | jí | extreme |
| 拳 | quán | fist; boxing |
| 刚 | gāng | just; only a short while ago |
| 始 | shǐ | to start; to begin |
| 咱 | zán | we; us (including both the speaker and the listener) |
| 早 | zǎo | early |
| 操 | cāo | drill; exercise |
| 场 | chǎng | place where people gather for a specific purpose |
| 哎 | āi | |
| 呀 | yā | |
| 睡 | shuì | to sleep |
| 合 | hé | to suit |

| | | |
|---|---|---|
| 适 | shì | fit; suitable; comfortable |
| 介 | jiè | to be situated between |
| 绍 | shào | |
| 员 | yuán | person engaged in a certain field of activity |

二、写汉字，先描后写 **Write the characters after tracing them**

演 丶 丷 氵 氵 氵 氵 沪 沪 涥 涥 渖 渖 演 演

演 演 演

部 丶 亠 亠 立 立 产 音 音 咅 部

部 部 部

影 丨 口 日 日 旦 早 早 星 昙 景 景 景 景 影 影

影 影 影

非 丨 ㅓ ㅕ ㅕ 非 非 非 非

非 非 非

功 一 丅 工 功 功

功 功 功

夫 一 二 夫 夫

夫 夫 夫

极 一 十 才 木 朸 极 极

极 极 极

拳 丶 丷 丷 兰 关 关 关 券 叁 拳

拳 拳 拳

刚 丨 冂 冂 冈 冈 刚

刚 刚 刚

始 ㄑ 女 女 女 好 始 始 始

始 始 始

咱 丨 口 口 口 叮 咱 咱 咱 咱

咱 咱 咱

早 丨 冂 日 日 旦 早

早 早 早

操 一 十 扌 扌 扌 扌 扌 扌 扌 扌 掃 掃 搡 搡 操 操

操 操 操

场 一 十 土 场 场 场

场 场 场

哎

哎哎哎

呀

呀呀呀

睡

睡睡睡

合

合合合

适

适适适

介

介介介

绍

绍绍绍

员

员员员

## 三、写生词 Write the new words

| | | | | | | | | | | | |
|---|---|---|---|---|---|---|---|---|---|---|---|
| 电 | 影 | | | | | | | | | | |
| 非 | 常 | | | | | | | | | | |
| 功 | 夫 | | | | | | | | | | |
| 太 | 极 | 拳 | | | | | | | | | |
| 开 | 始 | | | | | | | | | | |
| 咱 | 们 | | | | | | | | | | |
| 早 | 上 | | | | | | | | | | |
| 操 | 场 | | | | | | | | | | |
| 别 | 的 | | | | | | | | | | |
| 哎 | 呀 | | | | | | | | | | |
| 合 | 适 | | | | | | | | | | |
| 介 | 绍 | | | | | | | | | | |
| 演 | 员 | | | | | | | | | | |

## 四、组词 Use the characters provided to make up words or phrases

影：__________ 非：__________ 咱：__________ 操：__________

演：__________ 功：__________ 开：__________ 合：__________

## 五、朗读与书写 Read aloud and write

1. 朗读并抄写短语、句子

Read aloud the phrases and sentences and copy them

喝 一点儿 茶
hē yìdiǎnr chá

有 一点儿 时间
yǒu yìdiǎnr shíjiān

会 一点儿 太极拳
huì yìdiǎnr tàijíquán

跟 我 学 吧。
Gēn wǒ xué ba.

跟 我 来 吧。
Gēn wǒ lái ba.

跟 她 去 吧。
Gēn tā qù ba.

跟 他 走 吧。
Gēn tā zǒu ba.

学 得 怎么样
xué de zěnmeyàng

演 得 很 棒
yǎn de hěn bàng

唱 得 很 不错
chàng de hěn búcuò

拍 得 很 漂亮
pāi de hěn piàoliang

2. 在汉字上方标出调号，朗读并抄写句子

Place the tonal mark above each character, and then read aloud the sentences and copy them

（1）成　龙　演　得　不错，打　得　也　特别　棒。
Chéng Lóng yǎn de búcuò, dǎ de yě tèbié bàng.

______________________________

（2）他　歌　唱　得　也　很　好，很　多　人　都　喜欢　他。
Tā gē chàng de yě hěn hǎo, hěn duō rén dōu xǐhuan tā.

______________________________

（3）我　会　一点儿　太极拳，你　跟　我　学　吧。
Wǒ huì yìdiǎnr tàijíquán, nǐ gēn wǒ xué ba.

______________________________

（4）我　每　天　早上　六　点　在　学校　操场　打　太极拳，你　也　来　吧。
Wǒ měi tiān zǎoshang liù diǎn zài xuéxiào cāochǎng dǎ tàijíquán, nǐ yě lái ba.

______________________________

（5）我　跟　你　不　一样，我　睡　得　晚，起　得　也　晚。
Wǒ gēn nǐ bù yíyàng, wǒ shuì de wǎn, qǐ de yě wǎn.

______________________________

## 六、选词填空　Choose the words to fill in the blanks

不过　怎么样　功夫　都　也　吧　合适　刚　开始　非常

1. 成龙电影演得________？

2. 他唱歌唱得不错，跳舞（tiàowǔ, to dance）跳得也________好。

3. 杰克是美国人，________他喜欢吃中国菜。

4. 王老师太极拳打得很好，你可以跟他学中国________。

5. 我________特别喜欢吃饺子，每周都要吃一次。

6. 很多人________喜欢学中国功夫。

7. 你喝一点儿龙井茶________。

8. 你说我们现在学哪本书比较________？

9. 我________认识他，还不知道他住哪儿。

10. 他刚________学汉语，说得不太好。

## 七、组句 Rearrange the words and phrases to make sentences

1. 茶　和　喝　我妈妈　每天　一点儿　我爸爸　早上　都

________________________________________

2. 太极拳　打　王老师　打　好　非常　得

________________________________________

3. 得　他　好　演　，　得　好　也　唱

________________________________________

4. 就　是　会　他　中国功夫　的　留学生　那个

________________________________________

5. 唱　他　得　歌　好　中文　非常

________________________________________

6. 首　那　流行　开始　歌　刚　，　还　我　不　唱　会

________________________________________

## 八、给括号中的词选择恰当的位置 Put the words/phrase in brackets in proper positions

1. 他___A___会___B___说___C___韩语。（一点儿）

2. 我___A___认识___B___他，还___C___不知道他喜欢什么。（刚）

3. 他___A___唱___B___日语歌唱___C___很好。（得）

4. 我___A___觉得___B___汉语有___C___意思了，你呢？（开始）

## 九、用"V+ 得 +AP"造句 Make sentences using the pattern "V+ 得 +AP"

1. 喝啤酒（píjiǔ, beer）/ 很多

______________________________

2. 写汉字 / 很漂亮

______________________________

3. 说汉语 / 很快

______________________________

4. 睡 / 很好

______________________________

## 十、完成对话 Complete the following dialogue

A：你喜欢看中国电影吗？

B：______________________________。

A：______________________________？

B：成龙的电影《功夫之王》很好看。

A：你觉得成龙演得怎么样？

B：______________________________。

A：今天下午有成龙的电影，______________________________，好吗？

B：________________，______________________________？

A：下午四点学校门口见。

## 十一、根据实际情况回答问题 Answer the questions based on the actual situations

1. 你歌唱得好吗？

2. 你汉语说得怎么样？

3. 你昨天睡得晚吗？

4. 你们班今天谁来得最早？

5. 你觉得谁的汉字写得最漂亮？

6. 你觉得你们班谁汉语说得最流利？

7. 你的语法（yǔfǎ, grammar）学得好不好？

8. 你给家里打电话打得多吗？

## 十二、综合填空 Cloze

我和姐姐（1）________喜欢说汉语，中国人说汉语说得很快，有的（2）________我不明白（míngbai, to understand）。我汉语说（3）________不太好，我姐姐汉语说得（4）________，因为她每天都（5）________中国朋友说汉语。

我和姐姐都喜欢打太极拳，我姐姐打（6）________很不错，我（7）________开始学，只会（8）________太极拳。我喜欢看中国的功夫电影，我（9）________喜欢成龙，他的电影演得很好，歌（10）________唱得非常好。

# 30 我篮球打得比他们好

## I Play Basketball Better than They Do

Name: ____________

## 一、读一读，记一记 Read and memorize

| | | |
|---|---|---|
| 篮 | lán | basket |
| 场 | chǎng | *a measure word for recreational or sports activities* |
| 赛 | sài | match; competition; contest |
| 投 | tóu | to throw; to toss |
| 准 | zhǔn | accurate; precise |
| 更 | gèng | more; even more |
| 长 | zhǎng | to grow; to appear |
| 帅 | shuài | handsome; cute |
| 跑 | pǎo | to run |
| 笑 | xiào | to smile; to laugh |
| 参 | cān | to join; to take part in |
| 加 | jiā | to add |
| 当 | dāng | ought; should |
| 油 | yóu | oil |

## 二、写汉字，先描后写 Write the characters after tracing them

篮 ノ 𠂉 𥫗 ⺮ 竹 竹 竹 竹 竹 竹 竹 竹 笁 篮 篮 篮

篮 篮 篮

场

场场场

赛

赛赛赛

投

投投投

准

准准准

更

更更更

长

长长长

帅

帅帅帅

跑

跑跑跑

笑 ノ ㇒ 𥫗 𥫗 竹 竹 竺 竺 笑 笑

| | | | | | | | | | | | |
|---|---|---|---|---|---|---|---|---|---|---|---|
| 笑 | 笑 | | | | | | | | | | |

参 ㇜ 厶 厶 乡 矣 矣 叁 参

| | | | | | | | | | | | |
|---|---|---|---|---|---|---|---|---|---|---|---|
| 参 | 参 | 参 | | | | | | | | | |

加 ㇆ 力 加 加 加

| | | | | | | | | | | | |
|---|---|---|---|---|---|---|---|---|---|---|---|
| 加 | 加 | 加 | | | | | | | | | |

当 丨 ㇀ 屮 当 当 当

| | | | | | | | | | | | |
|---|---|---|---|---|---|---|---|---|---|---|---|
| 当 | 当 | 当 | | | | | | | | | |

油 丶 冫 氵 氵 汩 汩 油 油

| | | | | | | | | | | | |
|---|---|---|---|---|---|---|---|---|---|---|---|
| 油 | 油 | 油 | | | | | | | | | |

三、写生词　Write the new words/phrase

| | | | | | | | | | | | |
|---|---|---|---|---|---|---|---|---|---|---|---|
| 篮 | 球 | | | | | | | | | | |
| 比 | 赛 | | | | | | | | | | |
| 开 | 玩 | 笑 | | | | | | | | | |
| 参 | 加 | | | | | | | | | | |
| 当 | 然 | | | | | | | | | | |
| 加 | 油 | | | | | | | | | | |

## 四、组词 Use the characters provided to make up words or phrases

篮：________ 参：________ 然：________ 准：________

油：________ 赛：________ 笑：________ 帅：________

## 五、朗读与书写 Read aloud and write

1. 朗读并抄写短语

Read aloud the phrases and copy them

打了一 场 比赛 ________________
dǎle yì chǎng bǐsài

看了 一 场 京剧（Beijing opera） ________________
kànle yì chǎng jīngjù

看了 一 场 电影 ________________
kànle yì chǎng diànyǐng

听了 一 场 音乐会（concert） ________________
tīngle yì chǎng yīnyuèhuì

打 得 不错 ________________
dǎ de búcuò

学 得 不错 ________________
xué de búcuò

考（to test）得 不错 ________________
kǎo de búcuò

说 得 不错 ________________
shuō de búcuò

真 能 吃 ________________
zhēn néng chī

真 会 玩儿 ________________
zhēn huì wánr

真 能 睡
zhēn néng shuì

真 会 买
zhēn huì mǎi

长 得很 高
zhǎng de hěn gāo

长 得很 帅
zhǎng de hěn shuài

长 得很 漂亮
zhǎng de hěn piàoliang

长 得很 胖(fat)
zhǎng de hěn pàng

2. 在汉字上方标出调号，朗读并抄写句子

Place the tonal mark above each character, and then read aloud the sentences and copy them

(1) 我 昨天 看了一 场 篮球 比赛，打 得 不错。
Wǒ zuótiān kànle yì chǎng lánqiú bǐsài, dǎ de búcuò.

(2) 我 最 喜欢 姚 明，他 投 球 投 得 真 准！
Wǒ zuì xǐhuan Yáo Míng, tā tóu qiú tóu de zhēn zhǔn!

(3) 我 更 喜欢 乔丹，他 球 打 得 好，电影 演 得 不错，长
Wǒ gèng xǐhuan Qiáodān, tā qiú dǎ de hǎo, diànyǐng yǎn de búcuò, zhǎng

得 也 很 帅。
de yě hěn shuài.

（4）学校 下 星期 有 篮球 比赛，我 要 参加，你 去 给 我们
Xuéxiào xià xīngqī yǒu lánqiú bǐsài, wǒ yào cānjiā, nǐ qù gěi wǒmen

加油 吧。
jiāyóu ba.

________________

## 六、选词填空 Choose the words to fill in the blanks

比　更　得　没有　真　又　再

1. A：你今天为什么这么（zhème, so; like this）高兴？

   B：因为我的汉语考________比上次好。

2. 他唱歌唱得________好！

3. 张老师的男朋友长得________我帅，也比我高。

4. 杰克的爸爸是老师，妈妈是医生，杰克觉得爸爸的工作________有意思。

5. 马丁学了一个月汉语，杰克学了一年，所以马丁的汉语说得________杰克好。

6. 昨天我________去那家饭馆吃饭了，那儿的菜真好吃，我还想________去一次。

## 七、组句 Rearrange the words and phrases to make sentences

1. 篮球　好　我　得　姚明　打　没有

   ________________

2. 比　的　得　昨天　考试（kǎoshì, exam）　杰克　我　考　好　，高兴　真　我

   ________________

3. 又　我　买　个　手机　一　新　今天　了

   ________________

4. 会　我妈妈　很　饺子　包（bāo, to wrap）　，
   的　包　饺子　爱　我们　吃　她　都

   ________________

5. 我　说　没有　得　好　汉语　中国人

______________________________

## 八、根据提示，用"V＋得＋比"造句

**Make sentences using the pattern "V + 得 + 比" following the hints**

1. 小丽一米六，马丁一米九。

→

2. 老师看的书多，我看的书少。

→

3. 他喝三杯可乐（kělè, cola），我喝一杯可乐。

→

## 九、给括号中的词选择恰当的位置 **Put the words in brackets in proper positions**

1. 明天你__A__有篮球__B__比赛，我__C__要去给你加油。（当然）
2. 他__A__说了一遍以后__B__说__C__了一遍。（又）
3. 这儿的风景__A__太美了，我__B__一定要__C__来一次。（再）
4. 这家饭馆的菜__A__很辣，旁边（pángbiān, side）__B__那家饭馆的菜__C__辣。（更）
5. 今年冬天__A__去年__B__冬天__C__冷多了。（比）

## 十、完成对话 **Complete the following dialogue**

A：你喜欢看篮球比赛吗？

B：______________________________。

A：我也喜欢看，你喜欢看谁的比赛？

B：我______________________________姚明的。

A：昨天晚上______________________________。

B：我也看了，姚明________________。

A：对，他投篮投得真准。

B：今天晚上还有一场姚明的比赛呢。

A：那________________。

B：好！

## 十一、根据实际情况回答问题 Answer the questions based on the actual situations

1. 你的汉语比一个月以前说得好吗？

2. 你和你的中文老师比，谁长得高？

3. 你跑得快不快？你跑得比你妈妈快吗？

4. 你们班哪两个人汉语学得最好？ 他们两个人里谁的汉语学得更好？

5. 你们家谁做饭做得好？

6. 你在学校打篮球吗？你打得怎么样？

## 十二、综合填空 Cloze

金大成没课的时候常常（1）______朋友打球、聊天儿。他篮球打（2）______很好，但是汉语考试每次（3）______考得不太好。（4）______下个星期要考汉语，所以这个星期他不打球，（5）______不找朋友聊天儿。他每天（6）______得很早，睡得很晚，一个人（7）______图书馆看书。他的汉语学得（8）______他的朋友们好，说得也没有他们流利（liúlì, fluent）。他觉得语法（yǔfǎ, grammar）（9）______难了！不过他说这（10）______考试他一定要好好儿考。

# 31 我正在收拾行李
## I Am Packing

Name: ______________

## 一、读一读，记一记 Read and memorize

| | | |
|---|---|---|
| 正 | zhèng | in the process of |
| 收 | shōu | to gather together; to put in proper place |
| 拾 | shí | to pick up; to put in order |
| 李 | lǐ | plum |
| 喂 | wèi | hello; hey |
| 关 | guān | to involve; to concern |
| 系 | xì | to relate to |
| 原 | yuán | original; former |
| 放 | fàng | to release; to set free |
| 假 | jià | holiday; vacation |
| 旅 | lǚ | to travel |
| 司 | sī | to take charge of |
| 汉 | hàn | Chinese; the Han nationality |
| 忙 | máng | busy |
| 累 | lèi | tired |
| 写 | xiě | to write |
| 接 | jiē | to pick up; to receive; to meet |

| | | |
|---|---|---|
| 题 | tí | problem; topic; subject; title |
| 考 | kǎo | to test; to give or take a test |
| 票 | piào | ticket |

二、写汉字，先描后写　Write the characters after tracing them

正　一　丅　下　正

收　收

拾　一　十　扌　拾

李　一　十　才　木　李

喂　丨　口　喂

关　丶　丷　䒑　兰　关

系

系系系

原

原原原

放

放放放

假

假假假

旅

旅旅旅

司

司司司

汉

汉汉汉

忙

忙忙忙

累

| | | | | | | | | | | | |
|---|---|---|---|---|---|---|---|---|---|---|---|
| 累 | 累 | 累 | | | | | | | | | |

写

| | | | | | | | | | | | |
|---|---|---|---|---|---|---|---|---|---|---|---|
| 写 | 写 | 写 | | | | | | | | | |

接

| | | | | | | | | | | | |
|---|---|---|---|---|---|---|---|---|---|---|---|
| 接 | 接 | 接 | | | | | | | | | |

题

| | | | | | | | | | | | |
|---|---|---|---|---|---|---|---|---|---|---|---|
| 题 | 题 | 题 | | | | | | | | | |

考

| | | | | | | | | | | | |
|---|---|---|---|---|---|---|---|---|---|---|---|
| 考 | 考 | 考 | | | | | | | | | |

票

| | | | | | | | | | | | |
|---|---|---|---|---|---|---|---|---|---|---|---|
| 票 | 票 | 票 | | | | | | | | | |

三、写生词 **Write the new words/phrases**

| | | | | | | | | | | | |
|---|---|---|---|---|---|---|---|---|---|---|---|
| 正 | 在 | | | | | | | | | | |
| 收 | 拾 | | | | | | | | | | |
| 行 | 李 | | | | | | | | | | |
| 睡 | 觉 | | | | | | | | | | |

| | | | | | | | | | | | |
|---|---|---|---|---|---|---|---|---|---|---|---|
| 吃 | 饭 | | | | | | | | | | |
| 没 | 关 | 系 | | | | | | | | | |
| 回 | 国 | | | | | | | | | | |
| 原 | 来 | | | | | | | | | | |
| 放 | 假 | | | | | | | | | | |
| 旅 | 游 | | | | | | | | | | |
| 公 | 司 | | | | | | | | | | |
| 马 | 上 | | | | | | | | | | |
| 最 | 近 | | | | | | | | | | |
| 汉 | 语 | | | | | | | | | | |
| 汉 | 字 | | | | | | | | | | |
| 机 | 场 | | | | | | | | | | |
| 问 | 题 | | | | | | | | | | |
| 见 | 面 | | | | | | | | | | |

## 四、组词　Use the characters provided to make up words or phrases

拾：__________　　系：__________　　原：__________　　假：__________

旅：__________　　汉：__________　　面：__________　　题：__________

## 五、朗读与书写 Read aloud and write

1. 朗读并抄写短语、句子

Read aloud the phrases and sentences and copy them

在 老师 那儿
zài lǎoshī nàr

去 她那儿
qù tā nàr

到 我 这儿
dào wǒ zhèr

住 安娜那儿
zhù Ānnà nàr

你 是 不 是 要 回 国？
Nǐ shì bu shì yào huí guó?

他 是 不 是 要 回 宿舍？
Tā shì bu shì yào huí sùshè?

杰克 是 不 是 已经 去 食堂 了？
Jiékè shì bu shì yǐjīng qù shítáng le?

他们 是 不 是 正在 聊天儿？
Tāmen shì bu shì zhèngzài liáotiānr?

吃饭 的 时候 聊天儿
chīfàn de shíhou liáotiānr

坐 车 的 时候 看 书
zuò chē de shíhou kàn shū

排队 的 时候 打 电话
páiduì de shíhou dǎ diànhuà

休息的 时候　唱歌
xiūxi de shíhou chànggē

妈妈　让 我 好好儿 学习。
Māma ràng wǒ hǎohāor xuéxí.

老师　让 我 写 作业。
Lǎoshī ràng wǒ xiě zuòyè.

我　让 安娜 打　电话。
Wǒ ràng Ānnà dǎ diànhuà.

安娜　让　伊凡 去 接 她。
Ānnà ràng Yīfán qù jiē tā.

用　　汉语　说
yòng Hànyǔ shuō

用　卡 打　电话
yòng kǎ dǎ diànhuà

用　　电脑（computer）写　作业
yòng diànnǎo xiě zuòyè

用　　手机　　上网
yòng shǒujī shàngwǎng

到　　时候 告诉 你。
Dào shíhou gàosu nǐ.

到　　时候　打　电话。
Dào shíhou dǎ diànhuà.

到　　时候　去 接 你。
Dào shíhou qù jiē nǐ.

到　　时候　请 你 吃饭。
Dào shíhou qǐng nǐ chīfàn.

2. 在汉字上方标出调号，朗读并抄写句子

Place the tonal mark above each character, and then read aloud the sentences and copy them

（1）昨天 我 给 伊凡 打 电话 的 时候，他 正在 吃饭。
Zuótiān wǒ gěi Yīfán dǎ diànhuà de shíhou, tā zhèngzài chīfàn.

（2）我 原来 打算 放假 以后 去 旅游，可是 公司 让 我 马上
Wǒ yuánlái dǎsuan fàngjià yǐhòu qù lǚyóu, kěshì gōngsī ràng wǒ mǎshàng

回 国。
huí guó.

（3）我 最近 也 在 学 汉语，每 天 晚上 都 去 上课。
Wǒ zuìjìn yě zài xué Hànyǔ, měi tiān wǎnshang dōu qù shàngkè.

（4）见面 以后 咱们 用 汉语 聊聊天儿，你 看看 我 学 得
Jiànmiàn yǐhòu zánmen yòng Hànyǔ liáoliaotiānr, nǐ kànkan wǒ xué de

怎么样。
zěnmeyàng.

（5）我 可能 买 二十 号 左右 的 票，到 时候 我 打 电话
Wǒ kěnéng mǎi èrshí hào zuǒyòu de piào, dào shíhou wǒ dǎ diànhuà

告诉 你。
gàosu nǐ.

## 六、根据提示，用“正”或者“正在”回答问题。

Answer the question using “正” or “正在” based on the hints

问：他在做什么呢？

答：……

1. ________________________________。（看电视）
2. ________________________________。（上网）
3. ________________________________。（拍照片）
4. ________________________________。（逛街）
5. ________________________________。（上课）
6. ________________________________。（踢足球）

## 七、给括号中的词选择恰当的位置　Put the words in brackets in proper positions

1. ＿A＿我＿B＿做饭呢，你＿C＿一会儿再＿D＿给我打电话吧。（在）
2. 妈妈不＿A＿我睡觉＿B＿前＿C＿喝茶＿D＿。（让）
3. ＿A＿我爸爸＿B＿病＿C＿了，我要＿D＿回国。（马上）
4. ＿A＿已经十二点了，＿B＿他＿C＿在网上聊天儿呢＿D＿。（还）
5. ＿A＿我＿B＿汉语跟中国朋友＿C＿聊天儿的时候＿D＿有点儿累。（用）
6. 我＿A＿想＿B＿放假以后＿C＿马上去旅游，可是＿D＿妈妈让我先回国。（原来）
7. 他＿A＿让我们＿B＿等他，让我们＿C＿先＿D＿吃。（不）

## 八、选词填空　Choose the words to fill in the blanks

在　打算　原来　让　比如　左右　收拾

1. 今天去故宫的同学真不少，有四百人＿＿＿＿。
2. 我＿＿＿＿明天去办一张游泳卡。
3. 这个刚买的手机比我＿＿＿＿的手机贵多了。

4. 我______上网，你在做什么呢？

5. 我想明天______一下房间。

6. 最近很多东西都很便宜，________电脑、手机、MP5 什么的，我们明天去买吧。

7. 你______她在成都给你买吧，那儿比咱们这儿便宜多了。

## 九、组句 Rearrange the words and phrases to make sentences

1. 请　我　老师　我　教　汉语　想　一位

________________________________________

2. 踢　我　没　足球　，　我　太极拳　在　打

________________________________________

3. 杰克　去　叫　他家　我　今天晚上　吃饭

________________________________________

4. 原来　跟　我　她　想　去　逛街　，　作业　可是　多　太　了

____________________________________________________________

5. 电影　可　昨天　看　了　我们　的　有意思　，　真　看看　你　应该　去

____________________________________________________________

## 十、完成对话 Complete the following dialogue

A：__________________________________？

B：我在看旅游的书。

A：__________________________________？

B：对，我打算放假以后马上去上海旅游。

A：__________________________________？

B：我想查查上海有什么好吃的饭馆，不过这本书里介绍得不太多。

A：我知道一个旅游网站（wǎngzhàn, website），里边介绍的东西可多了。

B：太好了！__________________________________？

A：你看，就是这个网站。

B：谢谢！对了，________________________________？

A：当然想跟你们一起去旅游，不过我们放假的时间比你们晚，你能等我吗？

B：没问题。我可以先好好儿逛逛北京的名胜古迹。

## 十一、根据实际情况回答问题　Answer the questions based on the actual situations

1. 你常常什么时间给家里打电话？

2. 放假以后你有什么打算？

3. 坐飞机回家，你常常让谁去机场接你？

4. 你开始学习汉语以前工作过（guo, *a particle indicating past action or experience*）吗？做什么工作？

5. 你的家人或朋友里，还有人在学汉语吗？他们的汉语怎么样？

6. 你的家人或朋友在哪儿学汉语？是请一个老师到家里教还是到语言学校学习？还是在大学里学习？

7. 你家人或朋友的汉语老师教得怎么样？他们学得怎么样？

8. 你觉得刚开始学汉语和现在学汉语有什么不一样的地方？

## 十二、综合填空 Cloze

今天下午，我给杰克打电话（1）________时候，他（2）________听录音。他说他下个月要考HSK，现在每天都用很多（3）________复习，有时候觉得有点儿（4）________。我告诉他，我（5）________也打算考，可是老师说，我们（6）________开始学汉语，学（7）________东西还太少，考不考都没关系，所以我这次就不考了。杰克说他就是想看（8）________这两个多月他汉语学（9）________怎么样。我告诉他，我有一个朋友，学了八个多月的（10）________去考HSK，通过（tōngguò, to pass）了六级（jí, level），学得非常好，有问题可以打电话问他，也（11）________去他宿舍问他。杰克听了很高兴，说他很想（12）________我的这位朋友见见面、认识（13）________。我说（14）________问题，让他晚上给那位朋友打电话。

# 32 我姐姐出来了

## My Sister Is Coming Out

Name: ____________

### 一、读一读，记一记 Read and memorize

| | | |
|---|---|---|
| 姐 | jiě | elder sister |
| 妹 | mèi | younger sister |
| 停 | tíng | to stop |
| 梯 | tī | ladder; stairs |
| 进 | jìn | to enter |
| 厅 | tīng | hall |
| 穿 | chuān | to wear; to put on |
| 黑 | hēi | black; dark |
| 衣 | yī | clothes |
| 哦 | ò | (*indicating realization or understanding*) ah; oh |
| 久 | jiǔ | for a long time |
| 飞 | fēi | to fly |
| 男 | nán | man; male |
| 惯 | guàn | to be used to |

### 二、写汉字，先描后写 Write the characters after tracing them

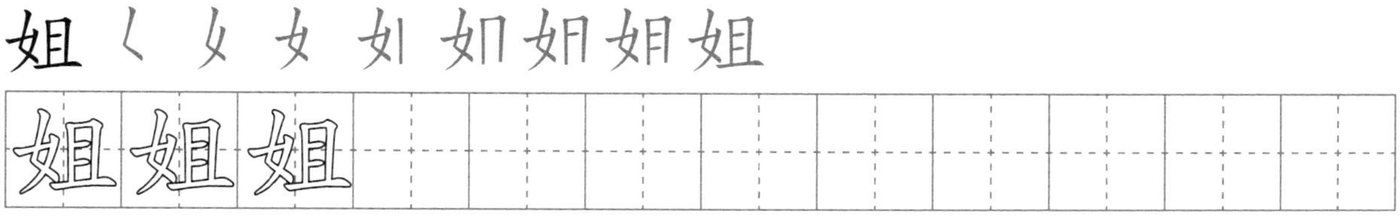

妹 ㄑ 女 女 女一 女二 奸 妹 妹

| | | | | | | | | | | | |
|---|---|---|---|---|---|---|---|---|---|---|---|
| 妹 | 妹 | 妹 | | | | | | | | | |

停 丿 亻 亻丶 亻亠 亻亡 亻古 亻宫 亻宫 停 停 停

| | | | | | | | | | | | |
|---|---|---|---|---|---|---|---|---|---|---|---|
| 停 | 停 | 停 | | | | | | | | | |

梯 一 十 才 木 木丶 木丷 木丷 木当 梯 梯 梯

| | | | | | | | | | | | |
|---|---|---|---|---|---|---|---|---|---|---|---|
| 梯 | 梯 | 梯 | | | | | | | | | |

进 一 二 チ 井 丶井 讲 进

| | | | | | | | | | | | |
|---|---|---|---|---|---|---|---|---|---|---|---|
| 进 | 进 | 进 | | | | | | | | | |

厅 一 厂 厂 厅

| | | | | | | | | | | | |
|---|---|---|---|---|---|---|---|---|---|---|---|
| 厅 | 厅 | 厅 | | | | | | | | | |

穿 丶 丶丶 宀 穴 穴 空 空 穿 穿

| | | | | | | | | | | | |
|---|---|---|---|---|---|---|---|---|---|---|---|
| 穿 | 穿 | 穿 | | | | | | | | | |

黑 丨 冂 冂 冂 四 甲 甲 里 里 黑 黑 黑

| | | | | | | | | | | | |
|---|---|---|---|---|---|---|---|---|---|---|---|
| 黑 | 黑 | 黑 | | | | | | | | | |

衣 丶 亠 ナ 衣 衣 衣

| | | | | | | | | | | | |
|---|---|---|---|---|---|---|---|---|---|---|---|
| 衣 | 衣 | 衣 | | | | | | | | | |

哦 丨 ㄇ 口 口' 口一 吁 吁 哦 哦 哦

哦 哦 哦

久 ノ ク 久

久 久 久

飞 ㄟ 飞 飞

飞 飞 飞

男 丨 ㄇ 日 田 田 男 男

男 男 男

惯 丶 丶 忄 忄 忄 忄 惯 惯 惯 惯 惯

惯 惯 惯

三、写生词　Write the new words

姐姐

妹妹

地下

停车场

停车

那边

| | | | | | | | | | | | |
|---|---|---|---|---|---|---|---|---|---|---|---|
| 这 | 边 | | | | | | | | | | |
| 电 | 梯 | | | | | | | | | | |
| 然 | 后 | | | | | | | | | | |
| 大 | 厅 | | | | | | | | | | |
| 看 | 见 | | | | | | | | | | |
| 久 | 等 | | | | | | | | | | |
| 飞 | 机 | | | | | | | | | | |
| 晚 | 点 | | | | | | | | | | |
| 男 | 朋 | 友 | | | | | | | | | |
| 女 | 朋 | 友 | | | | | | | | | |
| 习 | 惯 | | | | | | | | | | |
| 这 | 么 | | | | | | | | | | |

## 四、组词 Use the characters provided to make up words or phrases

梯：________ 衣：________ 惯：________ 厅：________

进：________ 久：________ 飞：________ 停：________

## 五、朗读与书写 Read aloud and write

1. 朗读并抄写短语、句子

Read aloud the phrases and sentences and copy them

从 哪儿进去 ____________________

cóng nǎr jìnqu

从　这儿 下去
cóng zhèr xiàqu

从　那儿 过去
cóng nàr guòqu

从　出口　出来
cóng chūkǒu chūlai

那个 买　咖啡 的
nàge mǎi kāfēi de

那个　穿　红　衣服的
nàge chuān hóng yīfu de

那个 叫　金　大成　的
nàge jiào Jīn Dàchéng de

那个 骑　自行车　的
nàge qí zìxíngchē de

你 也　应该　去　看看。
Nǐ yě yīnggāi qù kànkan.

你 也　应该 去 玩儿玩儿。
Nǐ yě yīnggāi qù wánrwanr.

你 也　应该　来　坐坐。
Nǐ yě yīnggāi lái zuòzuo.

你 也　应该　去　学习　学习。
Nǐ yě yīnggāi qù xuéxí xuéxí.

快　走 吧!
Kuài zǒu ba!

快　吃 吧!
Kuài chī ba!

快　睡 吧！
Kuài shuì ba!

快　来 吧！
Kuài lái ba!

2. 在汉字上方标出调号，朗读并抄写句子

Place the tonal mark above each character, and then read aloud the sentences and copy them

（1）咱们　坐 电梯　上去，　然后　从　左边 的 门 进去。
Zánmen zuò diàntī shàngqu, ránhòu cóng zuǒbian de mén jìnqu.

（2）我 姐姐 出来 了，就 是 那个　穿　黑 衣服 的。
Wǒ jiějie chūlai le, jiù shì nàge chuān hēi yīfu de.

（3）对不起，飞机 晚点 了，让　你们　久等 了。
Duìbuqǐ, fēijī wǎndiǎn le, ràng nǐmen jiǔděng le.

（4）北京　又 大 又　漂亮，　名胜　古迹 也 很 多，我 在 那儿 很
Běijīng yòu dà yòu piàoliang, míngshèng gǔjì yě hěn duō, wǒ zài nàr hěn

习惯。
xíguàn.

（5）我　拍了 很　多　照片，　还 买了 很 多 礼物。
Wǒ pāile hěn duō zhàopiàn, hái mǎile hěn duō lǐwù.

（6）我们　快　走 吧，回去 给 你们 看　那些 东西。
Wǒmen kuài zǒu ba, huíqu gěi nǐmen kàn nàxiē dōngxi.

## 六、选词填空 Choose the words to fill in the blanks

从　　这么　　习惯　　看见　　晚点　　穿

1. 刚来中国的时候，我很不________吃中国菜，不过现在好多了。
2. 我们________东门进去吧，那儿方便。
3. 你太极拳打得________好，可以教学生了。
4. 今天我________她的男朋友了，长得真帅！
5. 飞机________了，我们再等一会儿吧。
6. 今天你________得这么漂亮，是不是要去见男朋友？

## 七、给括号中的词选择恰当的位置 Put the words in brackets in proper positions

1. 爸爸__A__从国外__B__给我们__C__带__D__了很多好吃的东西。（来）
2. 他__A__下__B__课以后就回__C__宿舍__D__了。（去）
3. __A__你看，__B__是那个穿__C__红衣服的女生，她汉语说__D__得特别棒。（就）
4. __A__真__B__对不起，__C__你们__D__久等了。（让）

## 八、组句 Rearrange the words and phrases to make sentences

1. 种　这　药　吃　这么　应该　，　三次　一天　，　两片　一次

________________________________________

2. 可以　那边　小门　我们　从　进　去　的

________________________________________

3. 看书　我弟弟　那个　的　就　是　正在

________________________________________

4. 吃　我　习惯　了　已经　中国菜

________________________________________

5. 你　今天　穿　这么　为什么　漂亮　得

________________________________________

## 九、用“V+来/去”完成句子 Complete the sentences using the pattern “V+来/去”

1. 老师不让他在教室里打电话，让他________打。
2. 他上课的时候很不舒服，问老师能不能让他回宿舍，老师就让他________了。
3. 我男朋友今天从日本________，下午我要去机场接他。
4. 我看见他________教室________了，你去教室找他吧。
5. 他从日本________了一些漂亮的礼物。
6. 你看，电梯刚________，我们再等等吧。
7. 杰克，你________一下，我跟你说一句话。
8. 我们觉得那个电影不好看，所以看了十分钟就________了。你们现在在哪儿？我们去找你们。

## 十、用括号中的词语完成对话

Complete the following dialogues using the words or structures in brackets

1. A：________________________________，飞机晚点了。（让……久等）

   B：没关系。

2. A：听说学汉语很累，每天都要写很多汉字。

   B：是啊，不过________________________________。（习惯）

3. A：你下课以后做什么？

   B：我打算________________________________。（先……，然后……）

4. A：杰克呢？

   B：________________________________。（回……去）

## 十一、完成对话 Complete the following dialogue

A：杰克，你做什么呢？

B：______________________________。

A：______________________________？

B：我在北京很习惯。

A：听说北京____________________________________。

B：对，________________________________________。

A：好，我以后一定去北京玩儿玩儿。______________________________。

B：好啊，学一点儿汉语当然更方便了，不过你不会也没关系，有我呢。

## 十二、根据实际情况回答问题 Answer the questions based on the actual situations

1. 你觉得汉语有意思吗？什么最有意思？

2. 你觉得汉语的发音、语法、汉字哪个最难？

3. 你觉得这本汉语书好用不好用？

4. 你们老师教得怎么样？

5. 你喜欢怎么学汉语？

## 十三、综合填空 Cloze

今天我去接女儿（daughter），在回家的路上，女儿高兴地对我说，她给我带（1）________了一件礼物，我问她："是（2）________礼物啊？"她说："今天我考得很好，这（3）________是我的礼物。”我听了以后非常高兴，对她说：“今天我跟你一起玩儿，不过我们得先（4）________楼（5）________，妈妈想喝点儿水。”喝完（wán, to finish）水我们就下楼了。在路上，女儿看见了她爸爸，他正在往我们（6）________走呢。我（7）________他女儿现在学习很棒，汉字也写得（8）________以前漂亮多了。他说：“那我们今天一定要出（9）________吃饭，我请你们。女儿说：“你是爸爸，（10）________应该你请我们。”

# 单元练习（六）（第 29 课 ~ 第 32 课）
## Exercises for Unit 6 (Lesson 29 ~ Lesson 32)

Name: ____________ Score: ____________

### 一、听写句子（每句 2 分，共 10 分）
**Dictate the sentences (with 2 points for each and altogether 10 points)**

1. ____________________________________________

____________________________________________

2. ____________________________________________

____________________________________________

3. ____________________________________________

____________________________________________

4. ____________________________________________

____________________________________________

5. ____________________________________________

____________________________________________

### 二、组词（每空 1 分，共 10 分）
**Use the characters provided to make up words or phrases (with 1 point for each and altogether 10 points)**

非：__________ 然：__________ 篮：__________ 拾：__________

停：__________ 操：__________ 参：__________ 笑：__________

假：__________ 衣：__________

## 三、给括号中的词选择恰当的位置（每题 1 分，共 10 分）

Put the words/phrase in brackets in proper positions (with 1 point for each and altogether 10 points)

1. __A__那时候__B__我__C__来中国，__D__不会说汉语。（刚）

2. 金大成__A__唱__B__汉语__C__歌唱__D__很好。（得）

3. 我觉得__A__王老师__B__学太极拳最好，因为__C__他__D__教了很多学生。（跟）

4. 他说他不舒服，老师就__A__让他__B__回__C__宿舍__D__了。（去）

5. 我真的__A__不知道__B__成都的小吃__C__好吃，你一定要__D__尝尝！（这么）

6. __A__手机上网__B__有点儿贵，所以我__C__很少__D__上网。（用）

7. 我的__A__汉语比刚来__B__的时候__C__好__D__了。（一点儿）

8. 那个穿__A__黑__B__衣服__C__人__D__就是我姐姐。（的）

9. __A__咱们__B__现在去，现在路上人特别__C__多，再__D__等一会儿吧。（别）

10. 我__A__北京__B__学习汉语，__C__放假以后你__D__来我这儿玩儿吧。（正在）

## 四、选词填空（每空 1 分，共 10 分）

Choose the words/phrase to fill in the blanks (with 1 point for each and altogether 10 points)

1. 你们学校只有八百多个留学生吗？________学校有六千呢。（咱们　我们）

2. 听说爱子________病了，她可能不太习惯这里的天气。（再　又）

3. 她买的衣服又便宜又好看，她真________买衣服！（能　会）

4. 明天的比赛我一定去________你们加油，你们好好儿比赛吧。（给　让）

5. 他是个很爱________玩笑的人，我非常喜欢他。（讲　开）

6. 我打算春节________去成都玩儿玩儿。（时候　的时候）

7. 你看，这个汉字应该________写。（这么　那么）

8. 今天老师没留作业，爱子________跟朋友出去逛街了。（就　然后）

9. 我不上去了，你能________一下吗？给你东西以后我就走（to leave）。（下来　上来）

10. 我真不________告诉他我病了，他现在非常担心（dānxīn, to worry）。（应该　要）

## 五、用括号中的词语完成对话（每句 1 分，共 10 分）

**Complete the following dialogues using the words, phrase or structures in brackets (with 1 point for each and altogether 10 points)**

1. A：他汉语怎么样？

B：________________________________。（得）

2. A: 你跟爱子两个人谁的汉语好？

B：________________________________，不过我的汉语也不错。（比）

3. A：你觉得汉语难吗？

B：______________，____________________。（可是）

4. A：听说杰克的发音（fāyīn, pronunciation）特别棒，真的吗？

B：________________________________。（……跟……一样 A）

5. A：金大成说什么了？

B：________________________________。（让）

6. A：你现在能来一下我家吗？我想跟你聊聊天儿。

B：对不起，________________________。（正在）

7. A：放假以后你有什么打算？

B：________________________________。（先……，然后……）

8. A：你在那儿怎么样？

B：________________________________。（习惯）

9. A：他为什么又回国了？

B：________________________________。（所以）

10. A：你晚饭总是在家里吃吗？

B：________________________________。（有的时候）

## 六、组句（每句 1 分，共 10 分）

**Rearrange the words and phrases to make sentences (with 1 point for each and altogether 10 points)**

1. 开始　我们　学　太极拳　刚　，　不　打　太　得　好

________________________________________

2. 教　我　日语　想　您　请　我　，　合适　您　的　有　吗　时间

________________________________________

3. 杰克　我　长　得　没有　高　，　杰克　得　跑　没有　也　快

________________________________________

4. 先　一会儿　我　睡　想　觉　，　电话　你　打　以后　再　两个小时　吧

________________________________________

5. 我　想　跟　很　见　一个　男朋友　面　今天

________________________________________

6. 聊天儿　用　汉语　跟　有点儿　中国人　难

________________________________________

7. 我　字典　在　不　这儿　我的　，　金大成　那儿　在

________________________________________

8. 的　我　不忙　喜欢　时候　电影　逛逛　看看　街　什么的

________________________________________

9. 买　你　给　我　不用　药　，　已经　杰克　给　一些　买来　我　了　感冒药

________________________________________

10. 那　在　个　饭馆　最高层　，　坐　我们　上去　电梯　吧

________________________________________

## 七、完成对话（每句 2 分，共 20 分）

Complete the following dialogues (with 2 points for each blank and altogether 20 points)

1. A：________________________________？

B：我还不知道什么时候考试（kǎoshì, to have an examination），所以还不能买机票。

A：你们老师还没有告诉你们考试的时间吗？

B：______________，__________________________？

A：我们老师已经告诉我们了。咱们的考试时间一样。

B：__________________________________________？

A：六月二十七号到七月四号考试。

B：太好了！__________________________________。

A：那我下午跟你一起去买票，我们一起回国吧。

B：哈哈（hāha, aha）！那是不可能的！

A：为什么？

B：因为我不马上回国，________________________________________。

2. A：你说我学英语好还是学阿拉伯语（Ālābóyǔ, Arabic）好？

B：________________________________。

A：我不这么想（to think）。

B：________________________________？

A：我觉得会说英语的人已经太多了，可是会阿拉伯语的人还太少，所以学阿拉伯语更有用。

B：__________________________________________。

A：我知道，不过我觉得我很快就能习惯从右往左写字。

B：__________________________________________？

A：当然想认识！那我学阿拉伯语以后，你就给我介绍一个从阿拉伯国家来的同学吧，我教他汉语，他教我阿拉伯语。

B：好，________________________________。

## 八、综合填空（每空 1 分，共 10 分）

**Cloze (with 1 point for each blank and altogether 10 points)**

昨天晚上杰克来电话的时候我（1）________睡觉。杰克先说对不起，然后问我（2）________睡得这么早。我（3）________他我前一天复习了一个晚上，（4）________睡了两三个小时觉。他觉得我不（5）________这么做。我说我的汉语有很多问题，第一是发音，第二是听力，第三是口语。比如我想说一句话的（6）________，常常不知道（7）________说，所以很着急。杰克说我们都是（8）________开始学习汉语，问题当然多，（9）________着急，慢慢（mànmàn, slowly; gradually）来，听说两个月（10）________就好了。听了杰克的话，我觉得轻松（qīngsōng, relaxed）多了。

## 九、根据题目写一段话（10 分，可任选一题，100 字左右）

**Write a composition (with 10 points; choose one of the following topics to write a composition of about 100 characters)**

1. 我打算放假以后……
2. 我正在学习汉语
3. 我的朋友

| | | | | | | | | | |
|---|---|---|---|---|---|---|---|---|---|
| | | | | | | | | | |
| | | | | | | | | | |
| | | | | | | | | | |

80

100